国际儒学联合会教育系列丛书

汉唐书局

孙子兵法

中华传统文化经典教师读本

丛书指导委员会主任　滕文生

总主编　钱逊　执行总主编　张岂之　李学勤

于建福

国际儒学联合会　国家教育行政学院国学教育研究中心　组编

山东城市出版传媒集团·济南出版社

本书撰者　黄朴民

◎ 知彼知己　胜乃不殆

◎ 知天知地　胜乃不穷

◎ 上兵伐谋　其次伐交

　其次伐兵　其下攻城

◎ 百战百胜　非善之善

　者也　不战而屈人

　之兵　善之善者也

◎ 兵无常势　水无常形

图书在版编目（CIP）数据

孙子兵法 / 黄朴民撰. — 济南：济南出版社，
2020.3

（中华传统文化经典教师读本 / 钱逊，于建福主编）

ISBN 978-7-5488-3936-1

Ⅰ.①孙… Ⅱ.①黄… Ⅲ.①兵法—中国—春秋时代
②《孙子兵法》—研究 Ⅳ.①E892.25

中国版本图书馆CIP数据核字（2020）第042315号

出 版 人	崔　刚
丛书策划	冀瑞雪
责任编辑	殷　剑
图书审读	王　珏
装帧设计	李海峰　谭　正

出版发行　济南出版社

地　　址　济南市二环南路1号

编辑热线　0531—86131747（编辑室）

发行热线　82709072　86131701　86131729　82924885（发行部）

印　　刷　山东新华印刷厂潍坊厂

版　　次　2020年5月第1版

印　　次　2020年5月第1次印刷

开　　本　185 mm × 260 mm　16开

印　　张　16.75

字　　数　270千

印　　数　1—5000册

定　　价　69.00元

总序

　　党的十八大以来，以习近平同志为核心的党中央多次强调要大力弘扬中华优秀传统文化。习近平同志指出，"优秀传统文化是一个国家、一个民族传承和发展的根本，如果丢掉了，就割断了精神命脉"；"中华民族有着五千多年的文明史，创造和传承下来丰富的优秀文化传统"，"我们决不可抛弃中华民族的优秀文化传统，恰恰相反，我们要很好传承和弘扬，因为这是我们民族的'根'和'魂'，丢了这个'根'和'魂'，就没有根基了"。习近平同志的这些论述，是指导我们弘扬中华优秀传统文化，做好中华优秀传统文化的传承和教育工作的重要南针。近几年来，在习近平新时代中国特色社会主义思想指引下，国人文化自信得到彰显，中华优秀传统文化得以广泛弘扬，国家文化软实力和中华文化影响力大幅提升。

　　教育工作的光荣任务就是传授知识传承文化，而学校则是传授知识传承文化的主要场所。历史的经验反复说明，要做好教育工作，既取决于教师的文化知识积累和讲授水平，又取决于学校课程的合理设置和教材的编写质量。要做好传承中华优秀传统文化的教育工作，亦复如是。

　　习近平同志在视察北师大谈到有关教材编写工作时指出："我很不赞成把古代经典诗词和散文从课本中去掉，'去中国化'是很悲哀的。应该把这些经典嵌在学生脑子里，成为中华民族文化的基因。"中共中央办公厅、国务院办公厅颁布的《关于实施中华优秀传统文化传承发展工程的意见》，要求按照一体化、分学段、有序推进的原则，把中华优秀传统文化贯穿于启蒙教育、基础教育、职业教育、高等教育、继续教育各领域，以幼儿、小学、中学教材为重点，构建中华文化课程和教材体系，并要求实施中华文化经典诵读工程。教育部颁布的《完善中华优秀传统文化教育指导纲要》，要求从小学到大学，都要分学段由浅入深地贯穿中华优秀传统文化的教育，在小学、中学、大学的课程设置中要强化中华传统文化的教育内容；在教师培训、研修和资格考试中也要增加中华传统文化的内容，并要求修订中华传统文化的相关教材，组织编写中华优秀传统文化的普及读物。

从幼儿园、小学到中学和大学，各级各类学校的教师都需要具备基本的中华传统文化素养，方能成为合格传道、授业、解惑的"师者"。自己不懂，何以教人？"以其昏昏，使人昭昭"是不行的，正所谓"工欲善其事，必先利其器"。要提高教师的传统文化素养，编写一套供广大教师学习和传授的中华传统文化经典教师读本，很有必要，也是当前亟需的。为此，国家教育行政学院国学教育研究中心、国际儒学联合会联合济南出版社，共同推出这套《中华传统文化经典教师读本》系列丛书。

这套丛书第一辑包括《论语》（上下册）、《孟子》（上下册）、《大学》（朱熹本）、《大学》（古本）、《中庸》、《三字经》、《百家姓》、《千字文》、《弟子规》、《声律启蒙》、《龙文鞭影》共10种读本合13册，已由济南出版社出版。第二辑拟包括《周易》（上下册）、《诗经》（上下册）、《孝经》、《孔子家语》（上下册）、《老子》、《庄子》、《荀子》、《孙子兵法》、《史记》、《近思录》、《传习录》、《六祖坛经》、《颜氏家训》、《笠翁对韵》、《千家诗》（上下册）等读本，成熟一部出版一部，将由济南出版社于2020年全印出齐。由于文本内容各异，在编写体例上也不尽相同。每册大致按照原文、注释、大意、解读这样的体例进行编写。简介主要是扼要地介绍经典文本的基本情况；原文注重选择流传较广、认可度高的经典底本；注释、译文力求做到准确、精练和通俗易懂；解读是编者对经典文本的内容及其思想价值的综合理解和阐释。同时，书中还设置了"教学引导""释疑解惑""成语探源""思考辨析题""知识扩展""延伸阅读""生活实践"等栏目，为教师们制定教学方案提供参考。

编写这样的教师读本，是一个新的尝试。是否符合需要，还要在教师的自修与教学实践中进行检验。令人欣慰的是，第一辑出版后，深受读者欢迎，也赢得多方好评。祈望读者能把学习和使用这套丛书的体会与意见及时反馈给我们，以便进一步修订，使之能够真正成为广大教师爱读爱用之书。

文化兴则国运兴，文化强则民族强。没有高度的文化自信，没有文化的繁荣兴盛，就没有中华民族伟大复兴。具有里程碑意义的党的十九大确立的"习近平新时代中国特色社会主义思想"，为中华优秀传统文化传承发展提供了精神支柱和力量源泉。作为新时代学人，传承和发展中华优秀传统文化，恰逢其时，时不我待，任重道远。我们应按十九大报告提出的要求，深入挖掘和阐发中华优秀传统文化，尤其是经典中蕴含的思想观念、人文精神、道德规范，结合时代要求继承创新，让中华文化展现出永久魅力和时代风采。

编委会

2017 年 9 月

目录

篇章体例

◎ 原文

◎ 注释

◎ 大意

◎ 教学引导

◎ 释疑解惑

◎ 思考辨析题

导言

成书于春秋战国之际的《孙子兵法》，是我国古代兵学的杰出代表，中华优秀传统文化的重要组成部分，其内容精博深邃，问世以来，对中国古代军事文化的形成和发展有着极其深远的影响，被后人尊奉为"百世兵家之师"。直到今天，《孙子兵法》的许多合理内容仍然闪烁着真理的光泽，对现代军事理论的建设和发展，具有重大的借鉴意义。与此同时，《孙子兵法》的基本原则和思想方法，还渗透到军事以外的社会生活领域，在商业经营、企业管理、体育竞赛、外交谈判等活动中得到广泛的重视和应用。从这个意义上说，《孙子兵法》已超越时空的界限而具有永恒的魅力。

一、《孙子兵法》的成书年代和作者

（一）关于《孙子兵法》的种种质疑

孙武身后在很长一段时期里遭到了不少人的怀疑和攻讦。所谓怀疑，就是对他本人的有无及其著作的真伪心存疑虑；所谓攻讦，就是以儒学的观点对他的思想体系进行批判。对于后者，我们这里暂不做讨论，而重点就其人其书的真实性与年代进行考析，旨在推倒加在他和他的著作上的种种不实之词，涣释疑窦，明其真相。

对孙武其人其书的怀疑事出有因。这主要是基于以下三方面的因素：第一，详细记载春秋史事的原始史籍《左传》《国语》等书，对孙武的生平事迹丝毫不曾涉及；第二，《孙膑兵法》在魏晋以后悄然亡佚，杳无踪影，两个孙子因而被人们混淆；第三，现存的《孙子兵法》一书中带有某些战国时代色彩。加上北宋以来疑古思潮的勃兴，孙武及其著作的真实与否便成为一桩疑案，众说纷纭，莫衷一是。

的确，由于文献资料的匮乏，现在孙子生平问题尚存在着许多难以解释的疑窦。《史记·孙子吴起列传》过于简略，仅说"孙子武者，齐人也。以兵法见于吴王阖庐"。然后，就是一则"吴宫教战"的故事，迹近"小说家"言。最后来个概括性的评论："西破强楚，入郢，北威齐、晋，显名诸侯，孙子与有力焉。"不少问题都无法确切说明。其家世背景、入吴动因、最后下落，都是后世追叙甚至是有可能杜撰的，方枘圆凿，难以自圆其说。

例如孙子为田书（孙书）之孙的观点，所依据的主要是《新唐书·宰相世系表》、邓名世《古今姓氏书辩证》等材料，多有可疑。如田书"因伐莒有功，景公赐姓孙氏，食采于乐安"的记载。按《春秋左氏传》所记，田书若参与齐国伐莒，当在公元前523年。从其统兵"缒城克莒"的表现看，田书此时应当青壮之年，否则"缒城"这样的行动，恐怕难以胜任；而孙子见吴王阖闾，至迟不会晚于公元前506年，能写出这样杰出的兵法，当时的孙子也当在30岁之后。尽管古时早婚，但祖孙之间年龄之隔，按常理推算，实不太能契合。另外，先秦时期并无乐安之地名，乐安之名，始见于《汉书·地理志》，汉代有"乐安县"，隶属于千乘郡，春秋时期既然无"乐安"，那么，所谓"食采于乐安"，又何从谈起？

又如，据《新唐书·宰相世系表》等记载，孙子"以田、鲍四族谋为乱，奔吴，为将军"，也就是说他奔吴是为了躲避齐国的内乱，这同样不合情理。田氏是齐国内部政治斗争的胜利者，最后代替姜氏成为齐国统治者，将姜氏之齐变为田氏之齐，这就是史上著名的"田氏代齐"。作为田氏的支孽，孙子完全可以坐享田氏的胜利成果，而不必跋山涉水，为避祸南逃吴国。因此，避祸奔吴之说，似乎也从逻辑上讲不通。

再如，孙子最后的结局，历史上也是说法多样。《唐太宗李卫公问对》"卷下"云："若张良、范蠡、孙武，脱然高引，不知所往。"这是说孙子和张良、范蠡一样功成身退，不知所终。《汉书·刑法志》则云："孙、吴、商、白之徒，皆身诛戮于前，而国灭亡于后。报应之势，各以类至，其道然矣。"这是说孙子同商鞅等人一样，不得善终。两种说法分歧甚大，让人无所适从。其实，这都是很正常的，毕竟连2000多年前的司马迁也讲不清楚的事情，我们今天在没有更多新出土文献做佐证的情况下，也只能存而不论了。

尽管细节上我们已无法追求绝对的历史真实，但是，历史毕竟还有近似真实与逻辑真实。我们在孙子其人其书的考察上还是可以有所作为，来尽可能地接近并了解历史的本相。

众所周知，关于《孙子兵法》的成书年代和作者问题，自宋代以来，争论辩诘已延续了千余年。论争的焦点，是其书成于春秋抑或战国，其书的作者是孙武还是孙膑，抑或如宋代叶适所言，为某"山林处士"（《习学记言》卷四十六《孙子》，中华书局，1977年校点本）。在疑古思潮的影响下，不少学者不承认孙子拥有《孙子兵法》一书的著作权，也否定《孙子兵法》的主体内容形成于春秋后期。这些怀疑意见总括起来，大抵不外乎以下几种：

第一，论说历史上本无孙子其人，《孙子兵法》十三篇系战国时人所伪托。主张这一说法的人主要有南宋的叶适、陈振孙，清代的全祖望、姚际恒和近现代学者钱穆、齐思和等。叶适在《习学记言》中指出："凡谓穰苴、孙武者，皆辩士妄相标指，非事实。"论定《孙子兵法》乃是"春秋末战国初山林处士所为"。陈振孙《直斋书录解题》卷十二《兵书类》（上海古籍出版社，1987年校点本）则云："孙武事吴阖闾而不见于《左氏传》，未知其果何时人也。"全祖望继承叶适等人衣钵，在《孙武子论》中进一步发挥道："水心疑吴原未尝有此人，而其事其书皆纵横家所伪为者，可补《七略》之遗，破千古之惑。至若十三篇之言，自然出于知兵者之手。"（《鲒埼亭集》卷二十九，《四部丛刊》本）姚际恒在其《未足定其著书之人者》中亦唱同样的调子，说："然则孙武者，其有耶？其无耶？……其书自为耶？抑后徒为之耶？皆不可得而知也。"（《古今伪书考》，《丛书集成初编》本）到了现代，依旧有相当数量的学者步叶适等人的后尘，向孙武及其著述发出诘难之声。如钱穆说"其人与书，皆出后人伪托"（《先秦诸子系年·孙武辨》，香港大学出版社，1956年版）；又如齐思和云"孙武实未必有其人，十三篇乃战国之书"（《孙子兵法著作时代考》，载氏著《中国史探研》，中华书局，1981年版）。

他们怀疑的依据主要是两点：其一，《左传》等史籍未载孙武的事迹，"孙武为大将，乃不为命卿，而左氏无传焉"；其二，《孙子兵法》所反映的是战国时代的社会状况和战争特色，时代特征明显晚于春秋。由于这一派既怀疑《孙子兵法》其书，又怀疑孙武其人，态度最为坚决，故可以称为彻底怀疑论者。

第二，认为历史上虽有孙武其人，但《孙子兵法》一书断非其人所著。持这一观点的代表人物有北宋的梅尧臣，清代的姚鼐，近现代的梁启超、黄云眉等人。梅尧臣曾作《孙子注》，认为此书非孙武自著，而是"战国相倾之说也"（见欧阳修《居士集·梅尧臣〈孙子注〉后序》，载《欧阳文忠公文集》卷四十一，《四部丛刊》本）。姚鼐的意见也相同，认为"吴容有孙武者，而十三篇非自所著"，认为"是书所言皆战国事耳"（《惜抱轩文集》卷五《读孙子》，《四部备要》本）。梁启超同意梅、姚等人的意见，指出"此书亦未必孙武所著。当是战国人依托，书中所言战事规模及战术，虑皆非春秋时所能有也"（《考〈诸子略〉以外之现存子书》，载氏著《饮冰室专集》，中华书局，1989年版）。黄云眉在《古今伪书考补证》（齐鲁书社，1980年版）中也认为"孙武之有无其人虽未暇定，而十三篇之非孙武书则固无可疑者"。

这派学者怀疑、否定《孙子兵法》为孙武所著的主要依据，不外乎一条，即孙武是春秋时人，而《孙子兵法》"所言皆战国事耳""书中所言战事规模及战术，虑皆非春秋时所能有也"，因此书的作者不可能是孙武本人。由此可见，这一派在孙武其人其书问题上，实际上是采取了"存其人而疑其书"的态度。

第三，认为《孙子兵法》与《孙膑兵法》实为一书，其真正的作者是战国中期的孙膑，即使退一万步讲，其书也是导源于孙武，而完成于孙膑。持这一观点的有钱穆、陈启天等现代学者，以及日本学者斋藤拙堂、武内义雄等人，可见，关于孙武其人其书真实性这场笔墨官司，已越出国界而打到海外去了。钱穆在否定孙武其人其书的基础上，进一步推论道："《孙子十三篇》，洵非春秋时书。其人则自齐之孙膑而误。"（《先秦诸子系年·孙武辨》，香港大学出版社，1956年版，第11页）斋藤拙堂在《孙子辨》中称："今之《孙子》一书，是孙膑所著。孙武与孙膑，毕竟同是一人，武其名，而膑是其绰号。"（载江侠庵主编：《先秦经籍考》，国家图书馆出版社，2010年）而武内义雄在《孙子十三篇之作者》一文中，虽然承认孙武、孙膑各有其人，各有著述，但认为今本《孙子》十三篇从其内容来看，"非孙武所著之书"，而"出于孙膑所作"（马导源译，载《日本汉学研究论文集》，中国台湾中华丛书编审委员会，1960年）。至于陈启天的观点，则是折中性的。他指出："古人为学，均有传授。孙膑既为孙武之后世之孙，则武之兵法授之于膑，膑即据之撰成十三篇，而署武之名以行世。"（《孙子兵法校释》，中华书局，1947年版，第41页）。尽管如此，在陈启天的眼里，《孙子兵法》的真正作者仍为孙膑。

这一派观点的提出，当缘于历史上《孙膑兵法》久已亡佚，而今本《孙子兵法》又多呈战国时代特征，故很自然地将孙武与孙膑混为一谈，将两部不同时代的兵书视为一体。从这个意义上讲，这一派的意见可以称为张冠李戴。

除上述三种主要怀疑论调外，还有一些影响稍逊的否定观点。如清代牟庭在其《校正孙子》中有孙武就是伍子胥，二者实为一人的说法。由于其说过于离谱，因此很少有人信从。

总之，持否定意见的学者认为：孙武的事迹不见于《左传》等先秦典籍的记载，《孙子》所反映的战争规模、作战方式、注重诡诈权变的特点、专有名词的称谓（如"主""将军"等）以及文体的风格均带有鲜明的战国时代特征。因此，《孙子》十三篇不可能成于春秋末年，而只能是在战国时期甚至更晚。

当然，历史上也有不少学者对种种怀疑孙武其人其书的论调颇不以为然，并撰文予以释疑解惑。这方面的主要代表有元末明初人宋濂，明人胡应麟，清人纪昀、孙星衍、章学诚，今人余嘉锡等。如宋濂《孙子辨》云："春秋时，列国之事赴告者则书于策，不然则否。二百四十二年之间，大国若秦、楚，小国若越、燕，其行事不见于经传者有矣，何独武哉。"（《古籍考辨丛刊》"第一集"《诸子辨》，中华书局，1955年版）他认为不能以《左传》等史籍不载孙武事迹而否定其人。孙星衍在《孙子略解·序》中也说："诸子之文皆由没世之后，门人小子撰述成书，惟此是其（孙武）手定，且在《列》《庄》《孟》《荀》之前，真古书也。"（《问字堂集》卷三，载《孙渊如先生全集》，商务印书馆《国学基本丛书》本，1935年版）从著作体例的角度，论定孙武为《孙子兵法》的作者。

（二）《孙子兵法》出于孙子，成于春秋末年

从以上简单的回顾中可以看到，关于孙武其人其书真实性的争论，在历

史上延续了千余年之久，可谓是学术史上一场旷日持久的聚讼。可是，种种怀疑、否定孙武其人其书的论点，虽然皆自申其理由，有的还说得头头是道，天花乱坠，但究其实质，多属猜测乃至臆断，既与历史文献记载不合，也与地下考古的发现相悖，因此是不足据信的。我们的意见是，历史上孙武确有其人，无可怀疑，《孙子兵法》的作者是孙武，证据确凿。

1972年，山东临沂银雀山一号汉墓中出土了一批珍贵的竹简，其中有《孙子兵法》和《孙膑兵法》。0233号汉简上书"吴王问孙子曰……"；0108号汉简上书"齐威王问用兵，孙子曰……"。两种兵法同墓出土，而两则简文的内容又恰与《史记》等史籍关于孙武、孙膑的记载相吻合，这证实了历史上孙武、孙膑各有其人，《孙子》的作者不是孙膑。肯定论者据此认为《孙子》成书年代与作者这一"千年聚讼"已"一朝得释"。然而否定论者却认为银雀山汉墓竹简的出土，并不能完全解决其书的成书年代与作者问题，他们依旧坚持《孙子》一书带有浓厚的战国时代特征的基本观点（参见李零《关于银雀山简本〈孙子〉研究的商榷》，载《文史》1979年第7辑，郑良树《论〈孙子〉的作成时代》，收入氏著《竹简帛书论文集》，中华书局，1982年版）。

我们认为，《孙子》一书基本成形于春秋末年，其作者为孙武本人。具体理由有以下几点：

第一，孙武撰著《孙子》见于《史记》的明确记载。《史记·孙子吴起列传》云："孙子武者，齐人也。以兵法见于吴王阖庐。阖庐曰：'子之十三篇，吾尽观之矣。'"这段记载至少透露了两点信息：（1）孙武曾著有兵法，并以此进见吴王阖庐而获重用。（2）"十三篇"篇数与今传本《孙子》篇数相符。这是孙武著有《孙子》的最原始且有说服力的证据。

《史记·货殖列传》记载："白圭，周人也。当魏文侯时，李克（悝）务尽地力，而白圭乐观时变……故曰：'吾治生产，犹伊尹、吕尚之谋，孙、吴用兵，商鞅行法是也。'"白圭是战国前期人，他这里提到的"孙"，自是指孙武而非孙膑，这表明历史上孙武确有其人。《汉书·刑法志》云："吴有孙武，齐有孙膑，魏有吴起，秦有商鞅，皆禽敌立胜，垂著篇籍。"又《吕氏春秋·上德》云："阖庐之教，孙、吴之兵，不能当矣。"高诱注："孙、吴，吴起、孙武也。吴王阖庐之将也，《兵法》五千言是也。"这两则史料均明确指出孙武实有其人，并著有兵法。高诱更肯定《孙子》凡五千言，与今传本字数相近。其他像《韩非子》《尉缭子》《黄帝内经》《战国策》《论衡》等典籍亦有类似的记载。这些情况表明，孙武善用兵并撰著兵书乃是战国、秦汉时人们的共识。

又，《银雀山汉墓竹简·孙子·见吴王》及青海《上孙家寨汉简孙子佚文》均曾提到"十三篇"（"十三扁"），且《银雀山汉墓竹简·孙子》之内容与传世本《孙子》内容基本一致（参见吴九龙：《简本与传本〈孙子兵法〉比较研究》，载《孙子新探》，解放军出版社1990年版，第185页）。这样便从现代考古学的角度进一步证明了孙子其人其书的真实性。

第二，叶适、全祖望、陈振孙、钱穆、黄云眉诸人以《左传》不载孙武事迹，而断言孙武非《孙子》作者，或进而揣度孙武与孙膑为一人，或以为《孙子》成书于孙膑之手，凡是种种，多属猜测。因为仅凭借《左传》之记载有无而论定孙武与《孙子》的关系，其证据显然是贫乏的。这一点宋濂《诸子辨》中即有反驳（见前文）。至于混淆孙武、孙膑为一人，或言孙膑作《孙子》，这一误解已随银雀山汉简出土而澄清，无须赘说。

第三，否定论者常就战争规模、作战方式、文体特征考论《孙子》带有浓厚的战国色彩，进而判定其书成于战国年间，孙武非其书作者。我们认为这一观点也是无法成立的。首先，就整个作战方式演变看，春秋乃是一个过渡时期，其前中期与西周以来的"军礼"传统一脉相承；而自晚期起，则发生巨大的变化，反映为军队人数剧增，战争规模扩大，作战方式改变。仅就作战样式言，即是示形动敌、避实击虚、奇正相生等"诡诈"战法开始流行，过去那种"约日定地""鸣鼓而战"的战法日趋没落。用班固的话，便是"自春秋至于战国，出奇设伏，变诈之兵并作"（《汉书·艺文志·兵书略序》）。《孙子》与"古王者《司马法》"不同，集中反映这一历史潮流趋向实属正常。其次，在这一时代变革中，南方地区的吴、楚诸国乃得风气之先者。当时这些较少受旧"军礼"传统束缚的国家，在战争活动中更多地采用了埋伏、突袭、诱敌等"诡诈"战法，并经常奏效。孙武曾在吴国为将，深受当地军事文化的影响，在其著述中自然要体现南方军事文化（包括战法）的特点。所谓"孙氏之道，明之吴越，言之于齐"（参见《孙膑兵法·陈忌问垒》所附残简），指的就是这层含义。所以，不能以战争规模大、野战机动性强等现象来简单地和战国特征画上等号，更不宜由此而否定孙武的著作权。

第四，值得注意的是，《孙子》书中也明显带有春秋前中期战争的基本特征。如其言"合军聚众"，就反映了商周以来战争动员的主要特点。其言"穷寇勿迫"，其实就是早期战争"不穷不能""战不逐奔"的翻版。而其"不战而屈人之兵"的全胜观念，更体现了它与早期战争特征中广义一面的联系。众所周知，春秋前中期的战争更多的是以迫使敌方屈服为基本宗旨，因而军事威慑多于会战，真正以主力会战决定胜负的战争为数有限。换言之，当时大中型国家发生冲突时，多以双方妥协或使敌方屈服为结局，而彻底消灭敌方武装力量，摧毁对方政权的现象比较罕见。于是，会盟、"行成"与"平"，乃成为当时军事活动中的重要手段。如公元前770年，屈瑕率楚军大败绞师，结城下之盟而退还；公元前612年，晋攻蔡，入蔡，为城下之盟而退师；公元前571年，晋、宋、卫三国之师攻郑，冬，城虎牢，逼迫郑国求和，等等。这些都是这方面的典型。对这类传统的追慕和借鉴，遂构成《孙子》兵学"不战而屈人之兵"的理想境界。其他如言兵种而未提及骑兵，言"仁"而未尝"仁义"并称，以及"舍事而言理"的论述风格，均突出体现了春秋的时代精神。种种情况表明，《孙子》全书打上了春秋晚期社会变迁、军事斗争艺术递嬗的深深烙印，它只能成书于春秋期间。

第五，有些被人们用来辩驳《孙子兵法》成于春秋晚期的论证，其实是一种治学不严谨状态下的"误读"。如，见到《孙子兵法》中有"焚舟破釜"的文字（仅见于"十一家注孙子"本，不见于"汉简本""武经本""平津馆本""樱田本"），就联想到秦汉之际的巨鹿之战，联想到项羽"破釜沉舟"的典故，于是率而断言《孙子兵法》晚出。殊不知，早在春秋前期的秦晋王官之役中，秦军早已玩过这一招术。是役，秦将孟明视统率秦师东渡黄河，为了昭示与晋军决一死战的坚定意志，孟明视采取了"济河焚舟"的做法，给晋军以极大的震慑，迫使其龟缩固守，不敢撄秦军的兵锋。秦军如入无人之境，攻克晋邑王官，取得了春秋时期秦晋交战中的一次重大胜利，一洗崤之战秦师"只马匹轮不返"的耻辱。王官之战爆发于周襄王二十一年（前624年），早于孙子撰著兵书100多年，孙子在其兵书中引为史鉴，留下"焚舟破釜"等文字，自然是完全合乎情理与逻辑的。

当然，我们也不否认《孙子》书中有后人增益的成分。如其"五行"观就有较明显的战国色彩。众所周知，先秦时期的"五行说"主要是两类，一为"五行相生说"，一为"五行相胜说"。另外，还有一种"五行不常胜"说，乃墨家后学的观点。《墨子·经下》云："五行毋常胜，说在宜。"其含义是五行相遇固不免相胜，但并非确定不移，因种种机遇，且能生出变化来，大概是多方可以胜少。《经说下》："五：合水土火。火离然，火烁金，火多也。金靡炭，炭多也。"这就是"毋常胜"之说。学界多认为，墨家后学的观点所反映的是战国中后期的思想，今本《孙子兵法》云"五行无常胜"，意思接近墨家后学"毋常胜"之说，这从一个侧面表明《孙子兵法》一书有一定的后人增附现象。再如，《用间篇》最后一段言"昔殷之兴也，伊挚在夏；周之兴也，吕牙在殷"云云，也与《孙子兵法》全书"舍事而言理"的基本风格相悖。然而这些均不足以动摇孙武为《孙子兵法》作者，其书成于春秋晚期这一基本事实。

二、《孙子兵法》的著录、流传及版本

（一）先秦至汉代的《孙子兵法》著录

据现存文献资料记载，孙子生平与功业、孙子有著述存世以及《孙子兵法》的部分文字等，早在战国时期就有相关的载述。相关记载分别见于《尉缭子·制谈》《尉缭子·将理》《荀子·议兵》《鹖冠子·天则》《鹖冠子·世兵》《韩非子·五蠹》《吕氏春秋·上德》《黄帝内经·灵枢》诸典籍。尤其是韩非子所言"境内皆言兵，藏孙、吴之书家有之，而兵愈弱，言战者多，披甲者少也"一段文字，更是广为流传。但是，《孙子兵法》作为一部系统的著作，最早被载述著录的，当是西汉前期司马迁所撰著的《史记》。《史记·孙子吴起列传》云："孙子武者，齐人也。以兵法见于吴王阖庐。阖庐曰：'子之十三篇，吾尽观之矣。'""世俗所称师旅，皆道孙子十三篇。"可见当时称是书为"十三篇"。此后，历代对其书均有著录。其源流大致如下所述：

西汉时期是《孙子》正式见于著录的重要开端，也是其书基本定型和开始流传的关键阶段。当时朝廷对兵书进行了三次大的搜集和校理。第一次是汉高祖在位时"韩信申军法"："张良、韩信序次兵法，凡百八十二家，删取要用，定著三十五家。"（《汉书·艺文志·兵书略》）限于汉初"干戈未息"，"自

天子不能具醇驷，而将相或乘牛车"的政治经济条件，以及"挟书律"尚未废除的文化氛围，这次整理重在搜集和遴选。第二次是在汉武帝时，当时反击匈奴的战争正在如火如荼地进行，为了夺取战争的胜利，统治者对兵学的关注自然又提上议事日程，于是就有军政杨仆整理兵书之举："军政杨仆捃摭遗逸，纪奏兵录，犹未能备。"（《汉书·艺文志·兵书略》）颜师古注曰："捃摭，谓拾取之。"可见杨仆的工作主要也是搜集兵书，遗憾的是，由于种种原因，这次整理尚存在缺陷，"犹未能备"。第三次是在汉成帝时，由"任宏论次兵书"："光禄大夫刘向校经传诸子诗赋，步兵校尉任宏校兵书，太史令尹咸校数术，侍医李柱国校方技。每一书已，向辄条其篇目，撮其指意，录而奏之。"（《汉书·艺文志·序》）可见是由步兵校尉任宏整理兵书，并由刘向总其成，为整理校订后的兵书作叙录，附于其书之中，上奏皇帝。这次整理的意义要远远大于前两次。这次整理不仅划分了兵家的各类流派，而且认真厘定了文字，规范了版本，揭示了各部兵书的学术价值，即刘向、任宏将搜集到的各部兵书，校勘其文字，确定其书名，统一其篇名，排定其篇章次序，撰就其提要，缮写而后成为定本。这次整理，使先秦至西汉中期的兵书以较完善的面貌存世，为封建王朝的军事斗争提供切实的服务。

在这三次兵书整理过程中，一定都包括了最重要的《孙子》一书。尤其是第三次，它对于传世本《孙子》篇名、篇次的排定，内容的厘正，文字的校定，具有重要的意义。这次校书之事，由刘向总其成。他曾为整理校订后的书作叙录，附于其书之中，上奏皇帝。叙录的重要内容之一就是著录书名和篇题。根据这一性质，我们可以推断刘向所作叙录是古代目录书中著录《孙子》的第一部。刘向卒后，其子刘歆继承父业，"总括群书，撮其指要，著为《七略》"（《隋书·经籍志》）。因此，《七略》也当著录有《孙子》。同时，需指出的是，经过刘向、任宏的校书，《孙子》遂形成定本，并由国家收藏。

《汉书·艺文志》源于刘歆《七略》，其对《孙子》也有明确之著录，"《吴孙子》八十二篇，图九卷"，这里称"吴孙子"是为了有别于"齐孙子"孙膑。至于其篇数缘何由司马迁所言的"十三篇"（包括汉简本的提法）增至82篇，且附有图卷，一般的解释，原因不外乎两个：一是人们对《孙子》不断增益，使其篇数大大膨胀；二是因人们重新编纂篇次所致。我们认为，当以第一种因素可能性为大。

但是，这样来说明《汉书·艺文志·兵书略》所著录与《史记》有关《孙子兵法》的记载在篇数上存在严重差异，毕竟显得证据单薄、论述苍白，是推测猜度居多。

1972年山东临沂银雀山汉墓竹简《孙子兵法》佚文的发现，为澄清和解决这个学术公案提供了依据，创造了契机。

临沂银雀山汉墓竹简《孙子兵法》佚文，根据竹简整理小组的考定，比较明确的共有5篇，分别为《吴问》《见吴王》《黄帝伐赤帝》《四变》以及《地形二》。通过对其内容的考察，我们认为，这些篇章从性质上可以分为三个类型：一是有关孙子本人生平事迹的记载。如《吴问》记叙孙子与阖闾（即阖庐）讨论、预测晋国政治发展大势，显示了孙武的政治见解和思想倾向，表明孙子不但是卓越的军事家，也是很有头脑的政治家。《见吴王》追叙孙子与阖闾的君臣际会，重现孙子吴宫教战的戏剧性一幕，内容较司马迁《史记》所叙更为翔实。它们在某种程度上可以补充《史记》本传叙述孙子行事上单薄之缺憾。二是对《孙子兵法》中有关原则或提法的补充性阐释与说明。如《四变》即对《孙子兵法·九变篇》中"途有所不由，地有所不争，城有所不攻，军有所不击"之缘由的具体解释；《黄帝伐赤帝》则显然是就《孙子兵法·行军篇》中"黄帝之所以胜四帝"一语做出明确的说明，叙述历史事迹，从中阐明战争制胜的基本条件。三是不见于存世本《孙子兵法》的兵学论述，如《地形二》。

认真通读和分析汉简《孙子兵法》佚文，我们不得不承认，其学术意义可谓不言而喻。这首先体现在它的重大文献学价值，这对我们深化有关《孙子兵法》篇目、内容，孙子人物史实的研究，可以说价值是显而易见的。

《孙子兵法》一书究竟有多少篇？字数大致为几何？通行的观点是《孙子兵法》的本文为"十三篇"，字数在5000字左右。应该说这是比较靠谱的看法，也得到史料的支撑。

但是，现在东汉班固的《汉书·艺文志·兵书略》相关著录中，《孙子兵法》的篇数居然多达"八十二篇"。而且说到底，这还得算是西汉时期的状况，因为，众所周知，《汉书·艺文志》所据之本为刘歆的《七略》，而刘歆

《七略》又渊源于其父刘向之《叙录》。这表明，早在西汉时期，《孙子兵法》的篇数就有了"八十二篇"的另一类说法。而据与司马迁同时代人东方朔的叙述，《孙子兵法》的文字亦远远超过了"五千言"之数："年十三学书，三冬文史足用。十五学击剑。十六学诗书，诵二十二万言。十九学孙吴兵法，战阵之具，钲鼓之教，亦诵二十二万言。凡臣朔固已诵四十四万言。"（《汉书》卷六十五，《东方朔传》）这"二十二万言"之中，当然不仅仅是《孙子兵法》，还包括了《吴子》等其他兵书，但《孙子兵法》不止"五千言"，这是殆无疑义的，东方朔所言《孙子》文字数的依据，应该是"八十二篇"而非"十三篇"。

正因为西汉时期人们对《孙子兵法》篇数、字数的统计就已存在分歧，所以，唐代张守节在《史记正义》中就将《孙子兵法》分列为上、中、下三卷，认为"上卷"为《孙子兵法》原始本文，即"十三篇"，而"中卷""下卷"则为孙子后学所撰，附益于孙子名下而流传。而东汉末年大军事家曹操对这些依托于孙子的增益内容很不满意，认为"世人未之深亮训说，况文烦富，行于世者，失其要旨"，遂汲汲致力于恢复《孙子兵法》之原貌，"故撰为《略解》焉"，仅仅就"十三篇"作注（见《孙子序》）。这样，便构成了孙子兵学发展史上一桩聚讼纷纭的公案。

而银雀山汉墓竹简《孙子兵法》佚文的发现，则能够帮助我们做以下合理的分析与推断：《孙子兵法》其书实际上可以分为"内篇"与"外篇"，"内篇"就是司马迁所称的"十三篇"，其主要内容当出自孙子本人之手（当然也不排除后人的一些附益，如"其下攻城"之后的"攻城之法，为不得已……"一大段文字，就很有可能是后人解释为何"攻城"为下策的增益内容）。而"外篇"则为除"十三篇"之外的"八十二篇"之文字，当出自孙子的后学或认同、依从孙子兵学理论的佚名兵学家之笔下。问题是，在汉简《孙子兵法》佚文出土之前，我们对所谓《孙子兵法》"外篇"的情况并不了解。而现在通过这五篇佚文，我们就能对所谓的"外篇"有一个具体而形象的认知，可以直观地就"外篇"的主旨、内容、特色展开全面深入的讨论，从而在此基础上进一步梳理和分析"十三篇"与"八十二篇"之间的衍生关系，为解决《史记》与《汉书·艺文志》有关《孙子兵法》一书的著录存在分歧的疑案创造有益的条件。

（二）魏晋以降的《孙子兵法》流传与注释

曹操之《孙子略解》，又名《魏武帝注孙子》，系现存最早的《孙子》注释本。曹氏受汉儒治经之影响，重名物训诂；他本人又是杰出的军事家，有"御军三十年"之治军经验与指挥实践，注重兵法的实际应用。因此，其注简明切要，理论性、实践性浑然一体，形神兼备，具有很高的军事学术价值，问世后即备受人们的推崇。其注为三卷十三篇，正与阮孝绪《七略》著录《孙子》三卷相契合，这说明曹氏乃是就太史公所云《孙子》十三篇作注，至于孙子之佚文和他人所增附的内容则阙而不论。这亦从侧面进一步证实"十三篇"才是《孙子》的主体。

曹操注《孙子》后，有《六朝钞本旧注孙子断片》，不知何人注本，日人香川默识《西域考古图谱》曾予收录。需附带指出的是，在两汉、魏晋南北朝期间，人们通常以"兵法"来特指《孙子》这部兵书。其正式命名为《孙子兵法》当属隋唐以后之事，虞世南《北堂书钞》、李善《文选》注均称引"《孙子兵法》"，即是明证。

《隋书·经籍志三》著录有"《孙子兵法》二卷，吴将孙武撰，魏武帝注，梁三卷"，"《孙子兵法》一卷，魏武、王凌集解"，"《孙武兵经》二卷，张子尚注"，等等。《隋书·经籍志》中还提到了孟氏、沈友诸人的注释解诂。其中，孟氏之注，部分保留于《十家注》中，从现存注文看，它偏重于文字训诂，较少思想层面的阐发，是诸注家中训诂派的代表者。由此可见，《孙子》在唐初已有多种注解本。但从其篇幅（少则一卷，多则二卷）看，当未尝逾越"十三篇"的范围，这可能是以曹注整理本为底本的缘故。

唐代以降，随着社会经济文化的繁荣和印刷技术的进步，《孙子》的流传也进入了一个新的阶段。人们对《孙子》的尊崇有增无减，习学《孙子》成为较普遍的社会风尚。注家蜂起，各种单注本、集注本以及合刻本纷纷面世。唐代的重要注家，首推杜牧。杜牧"其学能道春秋战国时事，甚博而详"（欧阳修《孙子后序》），其注纵横恣意，广征博引，新意迭出，堪称曹操之后《孙子兵法》的第二大注家。此外，李筌注、贾林注也比较重要，自成一家之言。如李荃，《郡斋读书志》称云：“约历代史，依《遁甲》，注成三卷。”

到了宋代，国势积贫积弱，边患屡起迭至，统治者出于扭转这一颓败局面的目的，便以较大的注意力投入军事领域，提倡研读兵书，探求富国强兵之道。北宋神宗元丰三年（1080年），宋神宗诏命国子监司业朱服和武学博士何去非等人“校定《孙子》《吴子》《六韬》《司马法》《三略》《尉缭子》《李靖问对》等书，缕版行之”（南宋李焘《续资治通鉴长编》卷303），将《孙子兵法》等七种古代兵书勒为一编，号曰《武经七书》，颁行于武学，为将校所必读。《孙子》自此而成为国家钦定的武学经典著作。此种情况一直沿袭至明、清而不变，如清代“武试默经”，依然“不出孙、吴二种”（朱墉《武经七书汇解·吴子序》）。

与此相应，对《孙子》的著录也成为历代各类公私目录书编写时所关注的重点之一。《旧唐书·经籍志》《新唐书·艺文志》《宋史·艺文志》《明史·艺文志》等“正史”，以及《郡斋读书志》《直斋书录解题》《遂初堂书目》《崇文总目》《秘书省续编到四库阙书目》《四库全书总目》等公私目录书，对《孙子》的各种版本、注家均有详略不同的著录。据不完全统计，唐宋以来，为《孙子》作注者不下于二百家，存世的亦在七十家以上。其中著名的注家，除上述魏晋隋唐的注家之外，在宋代有张预、梅尧臣、王皙、陈皞、施子美、何延锡、郑友贤等，在明代有赵本学、刘寅、李贽、黄献臣等，在清代则有邓廷罗、顾福棠、朱墉、黄巩等。可谓名家辈出，蔚为大观。

宋代注《孙子兵法》成就最显著者，当推张预。其注集诸家之长，成一家之言，于《孙子兵法》义旨多有发明，博而切要，文字通畅优雅，堪为杜牧注之亚。张预之注的具体成就体现在以下几个方面：第一，他十分注意发明《孙子兵法》各篇之间的内在联系，而不仅仅是孤立地为《孙子兵法》的只言片语作注；第二，其注在《孙子兵法》文字训解上颇多新意；第三，其注征引史例能做到贴切精练；第四，其注引录了为数不少的《孙子》佚文和诸葛亮、李靖等人的言论，具有相当的史料价值。此外，宋代注家中，梅尧臣、王皙、郑友贤、何延锡诸人也值得注意。如梅尧臣之注，高度重视探究《孙子兵法》本义精粹，时有新的见解，语言亦简洁洗练，充分显示了他作为诗人遣字用词的功力，像用简短九字“以智胜”“以威胜”“以力胜”，就非常到位而传神地说明了

"上兵伐谋""其次伐交""其次伐兵"的准确要领，堪称精绝。又如王晳之注，"以古本校正阙误，又为之注"（《郡斋读书志》），对于厘正《孙子兵法》文字，正确理解文义，实不无裨益。再如何延锡之注，征引史例繁富，用战例详尽说明《孙子兵法》的基本作战指导原则，这对于普及《孙子兵法》多有帮助。

（三）《孙子兵法》的主要版本

《孙子兵法》一书版本繁富，流传甚广，但考镜源流，穷本究底，不外乎竹简本、武经本、十一家注本三大基本系统。不过，也有学者认为，影宋本《魏武帝注孙子》应该是独立的版本系统，并强调它是现存最早的版本，价值要高于武经本与十一家注本（参见李零《现存宋代〈孙子〉版本的形成及其优劣》，载《文史集林》第二辑），可备一说。

竹简本，也称汉简本，即1972年山东临沂银雀山汉墓出土的竹简《孙子兵法》，这是迄今为止所发现的《孙子兵法》最早的手抄本。据专家研究，汉简本《孙子》陪葬的年代大约在建元元年（前140年）到元狩五年（前118年）之间。从字体风格来看，其抄写年代当在秦到汉文景时期，较《史记》要早数十到上百年。有的学者据此而论定汉简本与今之传世本相比，更接近孙武的手定原本（参见吴九龙：《简本与传本〈孙子兵法〉比较研究》，载《孙子新探》，解放军出版社1990年版），并推论简本《孙子》或与之相类的抄本，当是传本《孙子》的祖本。我们认为，这一说法有一定的道理，但不尽全面。因为汉简本虽弥足珍贵，但终究并非完璧，而且篇目次序与后世传本有较大差异（详见后文）。况且，刘向、任宏诸人校书，乃是综合勘比众多《孙子兵法》古抄本，多方征考，择善而从，而成定本的，其质量当较汉简本为胜。从这个意义上说，汉简本可资参考，然不宜过于迷信。汉简本的最佳整理本，系文物出版社1985年出版的《银雀山汉墓竹简［壹］·孙子》。

武经本，即宋刻《武经七书·孙子》。《武经七书》最早著录在尤袤《遂初堂书目》中，被称为《七书》，后因"武举以七书试士，谓之武经"（《直斋书录解题》卷十二）。宋本《武经七书·孙子》，是现存《孙子兵法》的最重要的版本之一，原为陆心源皕宋楼藏书，据陆心源《仪顾堂题跋》卷六记载，此书"殷、徵、贞、恒、警、敬、完、构、让、慎皆缺避，当为宋孝宗时刊本"。后为日本岩崎氏购得，收藏在东京静嘉堂文库。今有《续古逸丛书》影印本。自宋代至明末清初，《孙子兵法》流传始终以武经本为主导，十一家注本的影响则比较微弱。与武经本有一定联系的是《魏武帝注孙子》，收录在清代孙星衍《平津馆丛书》卷一《孙吴司马法》内。它是现存的《孙子》最早注本，也是后世各种传写本、刊刻本的祖本，有影宋本传世。有学者认为，它与武经本属同一版本系统，但年代更早，错讹之处也较武经本、十一家注本为少（见李零《银雀山汉简〈孙子〉校读举例》，载《中华文史论丛》1981年第4辑）。历史上武经本系统质量上乘、影响广泛的研究著作主要有：金施子美《武经七书讲义·孙子》、明刘寅《武经七书直解·孙子直解》、明赵本学《孙子书校解引类》、明黄献臣《武经开宗·孙子》、明李贽《孙子参同》、清朱墉《武经七书汇解·孙子》、清顾福棠《孙子集解》、清黄巩《孙子集注》等。

十一家注本，即宋本《十一家注孙子》，有上海图书馆藏本，1961年中华书局上海编辑所影印即据此本，产生了重大影响。此外，还有国家图书馆藏足本宋刻本与残本宋刻本。学者一般认为，《十一家注孙子》初刻于南宋绍兴年间，现存的诸宋本当刻刊于乾道年间（参见杨丙安《宋本十一家注及其流变》，载《孙子新探》，解放军出版社1990年版）。它也是传世《孙子》的最重要版本之一，乃与武经本共同构成《孙子》书传本两大基本系统的源流（杨丙安、陈彭《〈孙子〉书两大传本系统源流考》，中华书局，《文史》1986年第17辑）。其书著录初见于尤袤《遂初堂书目》，《宋史·艺文志·子部》共著录三种《孙子》集注本，均从属于十一家注本系统。其中吉天保《十家孙子会注》当是十一家注本的重刻本。但在相当长一段时间内，十一家注本在社会上并不风行。这种状况，一直到清代孙星衍手里才得以改变。当时他以华阴《道藏》本《孙子集注》为底本，依据《通典》《太平御览》等典籍，对明传宋辑的《孙子兵法》之注释开展校订，就十一家注本做了一番认真细致的校订考辨工作，使之重新焕发青春，一举打破了自宋代以来《孙子兵法》主要以武经本流传的格局。孙星衍所校《孙子十家注》也就成了近世流传最广、影响最大、最敷实用的《孙子兵法》读本。

三、《孙子兵法》的篇序以及内在逻辑

读《孙子兵法》，重点是要全面系统地认识和理解它的思想体系，而要正确了解和掌握其思想体系，则首先要回归《孙子兵法》文本，从文本的体系入手，缕析其内在逻辑结构。现在研读《孙子兵法》的普遍局限，是习惯于按现代军事学中"军事思想"的理论体系与基本范畴，将《孙子兵法》的思想内涵加以割裂与肢解，分门别类归入"战争观念""战略思想""作战指导理论""治军管理原则"几大板块，外加一个"军事辩证法"。

这固然简单方便，却无法真正完整、准确地反映《孙子兵法》的思想全貌与基本特征。因为，这完全是按现代人的思维逻辑进行解读，而不是遵循经典自身的"内在理路"展开诠释，往往会陷入削足就履，甚至郢书燕说的窘境。譬如，对有关治军问题的论述，并非《孙子兵法》的重点，书中没有开辟专章进行讨论，只有个别的言辞散见于《行军》《地形》《九地》《谋攻》诸篇，虽说是吉光片羽，弥足珍贵，但是，若与其"战略思想""作战指导理论"等相比，就显得相当单薄，并不能构成并列关系。这方面，《孙子兵法》与《吴子》《尉缭子》是完全不同的。像《吴子》六篇中，《图国》《论将》《治兵》《励士》皆为治军的专题篇章。所以，按照现代军事学的学术体系来解读《孙子兵法》的思想，那属于学术上懒人的做法，很容易以偏概全，买椟还珠，这就是庄子所批评的"道术将为天下裂"（《庄子·天下篇》）。

所以，我们今天要正确解读《孙子兵法》的思想内涵，评价其兵学体系的建树，汲取和借鉴其战略思维的智慧，就必须回到《孙子兵法》的文本自身，按照十三篇的内在逻辑关系进行梳理与认知。我们认为，现存的《孙子兵法》十三篇是一个完整、有机的思想体系，每一篇既是一个独立的整体，篇与篇之间又相互保持密切的联系。前后十三篇逻辑严谨，层层递进，首尾呼应，水乳交融，浑然一体，对战争的平时准备，战略计划的制定，战役程序的组织，战术手段的运用，以及行军、保障、各种地形条件下的作战行动和特殊战法都做了层次分明、前后贯通的阐述。其思维的整体性和思辨的深刻性在先秦诸子中是罕有其匹的。

曾经有人这么认为："十三篇结构缜密，次序井然，固有不能增减一字，不

能颠倒一篇者"（蒋方震等《孙子浅说·绪言》）。在某种程度上说，这话不无道理，所以不少研究者曾根据《孙子兵法》的内涵文义，从逻辑上努力梳理过全书的思想脉络和内在联系。如支伟成编著《孙子兵法史证》，其卷首《孙子篇目述义》就这样分析十三篇的逻辑递进关系："计篇第一，将之贤愚，敌之强弱，地之远近，兵之众寡。当先计及之，而后兵出境。故用兵之道，以计为首。作战篇第二，计算已定，然后完车马，利器械，运粮草，约费用，以作战备，故次计。谋攻篇第三，计议战备已定，然后可以智谋攻，故次作战……"应该说，这是理解孙子十三篇思想及其价值的正确方法和通衢捷径。

传世本《孙子兵法》的"十三篇"编排序列，是始于《计篇》（此为"十一家注本"的命名，"武经本"则作《始计篇》），而终于《用间篇》。从全书的内容逻辑上看，这是成立的，也是合理的。

《计篇》 这是《孙子兵法》的首篇，在全书中具有提纲挈领的意义。众所周知，"知彼知己，胜乃不殆；知天知地，胜乃不穷"（《地形篇》），乃是孙子兵学思想的核心。因此，《计篇》的中心内容，即从"兵者，国之大事"这一认识高度出发，阐述"知彼知己"的基本方法，强调"五事七计"，具体地讲，就是从五个决定战争胜负的基本要素着眼，通过七个方面的具体比较，对敌我双方的战略态势优劣做出正确的估价，在此基础上对战争的可能性结果做出比较合乎实际的预测，并据此制定好自己这一方的战略决策，这叫作"夫未战而庙算胜者，得算多也"。同时，孙子主张在把握敌我双方政治、经济、军事以及天时、地利等条件的基础上，充分发挥战争指导者的主观能动性，这就是在作战中遵循以"利"为宗旨的"诡道十二法"原则。孙子还主张积极"造势"，以确保己方在战争中牢牢立于不败之地。由此可见，本篇在一定程度上可以视为孙子兵学思想的概述，也是《孙子兵法》十三篇兵学体系的逻辑起点。

《作战篇》 在"运筹帷幄"就绪，下定作战决心之后，接下来就是第二个步骤，即战争的具体准备工作。因此，本篇的中心思想就是阐述如何结合实际情况进行战争的准备工作。孙子认为，战争对人力、物力和财力存在着巨大的依赖关系。这种依赖关系，在当时生产力比较低下、战争方式比较原始的特定历史条件下，不可避免地决定了战争中"速"的极其重要和"久"的莫大危害。据此，孙子鲜明地主张，在战争准备的过程中，必须明确树立"兵速胜，不贵久"的速战速决指导思想。为了保证这一思想的实现，解决战争需要与后勤补给困难的矛盾，孙子提出了"因粮于敌"的重要原则。

《谋攻篇》　战争准备就绪，紧接着就是对战略实施基本手段的选择。故本篇主要论述如何谋划进攻之道，即根据战争成本的大小，排列优先选择的战略手段，立足于最坏的方式（"攻城"），而争取最好的途径（"伐谋"），运用谋略以夺取"全胜"。孙子认为"百战百胜"并非用兵的最佳手段，高明的战争指导者应该做到"屈人之兵而非战也"，从而实现战略上的全胜。同时孙子也清醒地认识到要做到这一点并不容易，因此他也十分重视通过战场交锋来争取胜利。为此他提出了"十围""五攻"等一系列正确的战术运用方针。总之，本篇是立足"战胜"，追求"全胜"。

《形篇》　"武经本"作《军形篇》。孙子认为不论是"伐谋""伐交"，还是"伐兵""攻城"，战争的胜利最终会归属拥有强大实力的一方。孙子重视谋略，更重视实力，在他心目中，拥有强大的实力是把握作战主动权的坚实基础，实力建设是取胜的根本前提。故本篇论述了如何依据敌我双方物质条件、军事实力的强弱，灵活采取攻守两种不同形式，以达到在战争中保全自己、消灭敌人的目的。孙子主张在作战中努力确保自己立于不败之地，强调要寻求敌人的可乘之机，以压倒的优势，予敌以致命的打击。

《势篇》　"武经本"命名为《兵势篇》。本篇与前篇《形篇》为姊妹篇。在孙子看来，拥有明显的优势，拥有强大的实力，只是使夺取胜利有了可能性，并不等于胜利自然而然会成为现实。所以，本篇的主旨是论述在强大的军事实力的基础上，发挥将帅的主观能动性，积极创造和利用有利的作战态势，出奇制胜地打击敌人。在孙子那里，客观与主观是辩证统一的：一方面要尊重客观实际，尊重客观规律性；另一方面，也要强调主观，充分发挥主观能动性。

《虚实篇》　在孙子看来，无论是尊重客观规律性，还是发挥主观能动性，都不宜面面俱到，因为什么都是重点，就没有了重点。所以，必须突出重点，把握关键，纲举目张，以一驭万。这个重点，就是本篇所集中阐述的：（1）夺取战争的主动权，"致人而不致于人"。（2）认识虚实，掌握虚实，利用虚实，转化虚实。为此孙子提出了"避实而击虚"这一著名的作战指导原则。（3）"兵无常势，水无常形"，灵活机动，变化无穷，"运用之妙，存乎一心"。因敌变化而取胜，在作战过程中不机械，不呆板，根据敌情变化，随时调整部署，始终保持主动。正确选择主攻方向，做到牵一发而动全身，"出其所不趋"，"攻其所必救"。

《军争篇》 本篇是对《虚实篇》抓重点的有益补充，主要论述在一般情况下夺取制胜条件的基本规律。其中心思想就是怎样趋利避害，力争掌握战场的主动权，从辩证思维的高度，论证了"军争"的有利面和不利面，主张"以迂为直，以患为利"。在争夺主动权的过程中，孙子要求指挥者坚持运用"以诈立，以利动，以分合为变"的原则，做到"悬权而动"。

《九变篇》 本篇是《军争篇》的姊妹篇。《军争篇》是讲"常法"，本篇则是讲"变法"，主要论述非常态情况下，在作战过程中如何根据特殊的情况，灵活变换战术以赢得战争的胜利，集中体现了孙子随机应变、灵活机动的作战指挥思想。孙子主张战略必须具有柔性，要求将帅拥有战略上的反向思维与另类思维能力，做到全面、辩证地看待问题，见利思害，实施灵活的指挥，从而趋利避害，防患于未然。

《行军篇》 如果说前面的八篇是从宏观的高度论述用兵之道，属于"形而上"层面的理论阐释，那么，从本篇起，就是从微观的角度阐述具体的战术运用原则，属于"形而下"的层面。军队的部署与展开，是具体作战行动的起点，因此，本篇主要论述军队在不同的地理条件下如何行军作战、驻扎安营以及怎样根据不同情况观察判断敌情等问题。孙子指出在行军作战中，"处军"适宜至为重要。在"处军"得宜的前提下，还必须做好"相敌"，充分了解敌情，正确分析判断敌情。他从实战经验中概括出三十余种侦察判断敌情的方法，其特点就是透过现象看本质，体现了孙子思想的朴素辩证色彩。

《地形篇》 军事行动都是在一定的地理环境中展开的，因此，必须重视对地理形势的熟悉与利用。本篇集中论述了战争中利用地形的重要性以及军队在各种地形条件下进行作战的基本原则，这是我国最早的军事地形学的精辟理论，弥足珍贵。在篇中，孙子具体分析了军队在作战中可能遇到的六种地形，并据此提出了适宜的用兵方法。他特别强调将帅研究、利用地形的重要性，指出："料敌制胜，计险厄远近，上将之道也。"

《九地篇》　军事地理，分为战术地理（军事地形学）与战略地理（兵要地理），《地形篇》讲战术地理，故本篇承《地形篇》探究战术地理而来，重点讨论战略地理。其主旨是论述军队在九种不同战略地形下进行作战的基本指导原则，特别强调要根据在不同作战地区官兵所产生的不同心理状态，来制定切合实际的战略战术，确保战争的胜利。首先，孙子从战略态势上，概括了九种不同作战地区的特点，指出它们对官兵心理状态所产生的影响，进而提出具体灵活的应变措施。其次，孙子提倡深入敌国进行作战，认为这样做具有使士兵听从指挥、努力作战、无所畏惧以及保证军粮给济等多种优点。再次，孙子进一步阐述了贯穿于其整个思想体系中的一些作战原则，如争取主动、避实击虚、迅速行动、集中兵力等，并把它们同地理条件的特点结合起来展开探讨。

《火攻篇》　在春秋晚期，各类特殊战法，如火攻、水战、地道战等皆已登上战争的舞台，孙子对这类特殊战法进行了研究，并将火攻作为诸多特殊战法中的一个典型开展论述。因此，本篇是上古至春秋火攻经验的总结性文字，主要论述火攻的种类、条件、实施方法以及火发后的应变措施等问题。孙子认为以火助攻是提高军队战斗力，夺取战争胜利的重要作战形式。他把火攻归纳为五大类，提出火攻必须具备一定的气象条件和物质条件，并主张火攻与兵攻相结合，明确提出应利用纵火所引起的敌情变化，及时地指挥军队发起攻击，以扩大战果。本篇中又一个重要内容，是孙子的慎战思想。他强调战争必须以利益大小或有无为前提，"合于利而动，不合于利而止"，这才是真正的"安国全军之道"。

《用间篇》　主要论述在战争活动中使用间谍以侦知、掌握敌情的重要性，以及间谍的种类划分、基本特点、使用方式等。它是孙子从理论上对前人丰富的用间实践经验的系统总结，是中国古代用间思想体系基本形成的重要标志。孙子主张战争指挥者必须做到"知彼知己"，而要"知彼"，即"知敌之情者"，最为重要的手段之一，就是用间。孙子认为同战争的巨大耗费相比，用间实在是代价小而收效多的好办法，必须充分运用。反之，如果因为爱惜爵禄而不使用间谍，盲目行动，导致战争的失败，那才是十足的罪人。接着，孙子充分论证了使用间谍的原则和方法。他把间谍划分为五大类，即"因间""内间""反间""生间""死间"，并指出"五间"的不同特点和功用，主张

"五间并用",而以"反间"为主。他还提出了"三军之事,莫亲于间,赏莫厚于间,事莫密于间"的用间三原则。孙子同时指出了用间的必要条件:"非圣智不能用间,非仁义不能使间,非微妙不能得间之实。"最后,孙子列举历史上用间的成功经验,进一步肯定了用间的意义和作用。

中国文化的一个很大特色,是绕同心圆,是起点与终点的重合,这叫作"功德圆满"。《孙子兵法》同样体现了这么一种文化精神。从算计、预测敌情(《计篇》),经战争准备(《作战篇》)、运用谋略(《谋攻篇》)、发展实力(《形篇》)、创造有利态势(《势篇》)、灵活用兵(《虚实篇》)、争夺先机(《军争篇》)、因敌变化而取胜(《九变篇》),到解决"处军相敌"(《行军篇》)、利用地形(《地形篇》)、掌握兵要地理(《九地篇》)、实施火攻(《火攻篇》)等更具体的战术问题,恰好组成一个完整的战争程序,现在又回到《用间篇》的预知敌情,重新开始,等同于环绕了一个大圆圈,这就是周而复始,否定之否定的大循环。从这个意义上说,《用间篇》既是全书的终结,也是《孙子兵法》兵学理论生生不息、与时俱进的象征,其具有独特的价值与意义自不待言。

日本学者山鹿素行也认为《用间篇》是对首篇《计篇》的前后呼应,是全书浑然一体之标志。他在《孙子谚义》中阐述了他对孙子兵法理论体系的认识:"愚谓《始计》之一篇者,兵法之大纲大要也。《作战》《谋攻》次之者,兵争在战与攻也。战攻相通,以形制虚实,是所以《军形》《兵势》《虚实》并次,此三篇全在知己。知己而后可军争,军争有变有行,故《军争》《九变》《行军》次之,是料敌知彼也。知彼知己而后可知天知地,故《地形》《九地》《火攻》次之。地形、九地者,地也;火攻因时日者,天也。自始计迄修功未尝不先知,是所以序《用间》于篇末,三军所恃而动也。然《始计》《用间》二篇,为知己知彼知天知地之纲领,军旅之事,件件不可外之矣。《作战》《谋攻》可通读,《形》《势》《虚实》一串也,《九变》《行军》一贯也,《地形》《九地》一意也,《火攻》水附攻也。《始计》《用间》在首尾,通篇自有率然之势。"

与传世本《孙子兵法》篇序有别的,是银雀山汉墓竹简《孙子兵法》的篇序。

1972年在山东临沂银雀山西汉古墓中出土了一大批珍贵简牍,其中有关古代兵书的竹简占了相当大的比重。这些兵书竹简对于破解历史上两个孙子之谜，判断《孙子兵法》成书的大致时代，厘定《孙子兵法》"十三篇"的篇章次序，对勘《孙子兵法》传世本的文字内容，释读《孙子兵法》的某些疑难章句，阐明《孙子兵法》的相关军事原则，深化有关孙子所处时代之社会变革性质的认识，梳理《孙子兵法》与"古司马兵法"之间的渊源关系，佐证传世古籍的流传规律，恢复或接近《孙子兵法》的原典状态，均具有重大的文献学术价值。

银雀山汉墓出土的《孙子》简牍材料中，有著录有"十三篇"篇题的木牍，其内容表明，在西汉初期，《孙子》一书的篇目次序与后世传本的篇目次序有较大的差异。据王正向《〈孙子十三篇〉竹简本校理》一书统计，两者之间，"十三篇"中只有《计篇》《形篇》《军争篇》《地形篇》《九地篇》五篇的篇次相一致，其余八篇则次序不同。这中间，尤以结束篇的差异最为引人关注。在竹简本中，"十三篇"的终结篇为《火攻篇》，而非众所周知的《用间篇》。我们认为，汉简本《孙子》对深化《孙子兵法》研究重要的一点意义，是给我们就《孙子兵法》"十三篇"的篇目次序，提供了另外一个合理的编排序列。

我们认为，"十三篇"在全书结构中的安排，是孙子颇有深意处置的结果，不可予以轻忽。如前所述，我们认为，传世本的十三篇篇序逻辑关系清晰，井然有序，《用间篇》列为整部《孙子兵法》的终结篇，是有其内在逻辑合理性的，是完全可以成立的。但是，这并不意味着《孙子兵法》的篇序就不能有另外的排列顺序，在我们看来，竹简本《孙子》的篇序同样有其内在的逻辑性与结构上的合理性。

这里，我们就有必要认真考察《孙子兵法》的核心价值观究竟为何者？通观全书，我们必须承认，"知兵而不好战"乃是孙子著述兵书的基本立场和根本出发点。众所周知，春秋战国时期战争频繁，诸侯列国争霸与兼并一日无已。《墨子·非攻下》云："入其国家边境，艾刈其禾稼，斩其树木，堕其城郭，以堙其沟池，攘杀其牲牷，燔溃其祖庙，刭杀其万民，覆其老弱，迁其重器。"《孟子·离娄上》也称："争地以战，杀人盈野；争城以战，杀人盈城。"这些都是当时战争日趋激烈与残酷的形象写照。《孙子兵法》当然要反映这一时代特色，这就决定了孙武在战争问题上鲜明地提出慎战与备战并重的主张，换言之，"安国全军"是孙武战争观的主线。

孙武对战争采取十分慎重的态度。《孙子兵法》开宗明义："兵者，国之大事，死生之地，存亡之道，不可不察也。"因为战争是关系国家存亡的大事，所以孙武多次告诫统治者，必须慎重对待战争。他主张"合于利而动，不合于利而止"，强调指出："怒可以复喜，愠可以复悦，亡国不可以复存，死者不可以复生。故明君慎之，良将警之。"对于那种缺乏政治眼光和战略远见而轻启战端的愚蠢做法，孙武持坚决反对的态度："主不可以怒而兴师，将不可以愠而致战。"（《火攻篇》）并要求战场指挥员做到"战道不胜，主曰必战，无战可也"（《地形篇》）。所以，如果按孙子"慎战与重战至上"的战争观念这一内在逻辑主线，那么，"十三篇"始于"兵者，国之大事"，而终于"安国全军之道"，以"重战"和"慎战"为全书之核心宗旨以贯穿全书，也完全可以成立，它遂使《孙子兵法》全书"譬若率然"之势得以毫无滞涩，贯通融会。

很显然，无论是传世本始于《计篇》，终于《用间篇》，抑或竹简本始于《计篇》，迄于《火攻篇》，均是各有理据，可以成立的。其区别在于传世本的篇次结构序列设计，更注重按用兵制胜的要领与方法加以逻辑展开，即以战争规律性为立足点；而竹简本的篇次结构序列，尤其注重"兵凶战危"的宗旨与原则，在此基础上再加以逻辑展开，即以战争价值观为出发点。前者关心的是战争实践中的可操作性，后者考虑的是战争理念上的永恒合理性与崇高合法性。概括地讲，是前者侧重和倡导"或然"，后者推崇和张扬"必然"。但由于核心价值规范着事物的本质属性，具有根本的指标性意义，因此，竹简本有关"十三篇"的篇次排序，似乎更接近孙子撰写兵书的本意，更有其合理性。

四、《孙子兵法》的兵学理论体系

宋代郑友贤在《十家注孙子遗说并序》中指出："武之为法，包四种，笼百家，以奇正相生为变。是以谋者见之谓之谋，巧者见之谓之巧，三军由之而莫能知之。"参之本书，可知郑氏之论洵非虚言。《孙子兵法》内涵丰富，几乎包举了军事学的各个领域，以下我们从几个方面着重进行阐述。

（一）《孙子兵法》的哲学基础

任何思想家都是按照一定的哲学观念来构建自己的学说体系的，一定的哲学观念制约和指导着思想家的基本价值取向，孙武也不例外。他的丰富的军事思想之所以具有进步性、合理性，归根结底，是孙武在自己的兵学著作中始终坚持一条正确的思想认识路线，整部《孙子兵法》完全建立在合理的哲学基础之上。

《孙子兵法》的哲学基础，首先表现为朴素唯物主义思想，即反对鬼神天意，崇尚事实分析。在《孙子兵法》中，孙武对"天"做了唯物主义的解释，认为"天者，阴阳、寒暑、时制也"，肯定天道不过是一种自然的现象，而不再有主宰的性质。这样就和当时影响犹存的视天为人格神的宗教神学观划清了界限。基于这样的认识，孙武明确强调"先知者，不可取于鬼神，不可象于事，不可验于度，必取于人，知敌之情者也"，反对用阴阳杂占的方法去认识战争，主张"禁祥去疑"。因此，在观察战争问题上，孙武着眼于"道、天、地、将、法"等"五事""七计"，提倡在客观事实基础上做出判断，预测胜负。在孙子那里，战争是被当作一种客观物质运动现象来对待的，注重实际，不尚空谈，乃是其兵学思想的最大特色之一。如《形篇》所说的"地生度，度生量，量生数，数生称，称生胜"，就是把战争胜负的关键归结于物质条件。特别值得指出的是，《孙子兵法》中有许多以征引"五行"观念来论证战争的客观物质性的内容。《势篇》说"声不过五，五声之变，不可胜听也。色不过五，五色之变，不可胜观也。味不过五，五味之变，不可胜尝也"，就是一例。这里的"五行"与《左传》等书的"五行"一样，都是被当作物质世界万事万物的最基本属性来看待的。而且孙武更进了一步，即已将万事万物的演绎、派生和变化归结为"五行"的本质内涵，并在此基础上，引申出"奇正""虚实"等作战指导范畴。由此可见，孙武的战争理论，其出发点正是他的唯物主义思想。

《孙子兵法》的哲学基础，其次表现为朴素辩证法思想，也就是说，孙武能够以普遍联系、相互依存的观点、立场和方法来认识和把握军事问题。在他那里，军事问题首先是被当作一个整体来对待的。他讲"道、天、地、将、法"，就是以联系的观点将政治、军事、天时地利条件、法制建设、人才拔擢等各项因素作为完整系统来进行考虑。孙武的兵学基本范畴，如"奇正""虚实""主客""攻守"等，也无不以相互依存、互为关系的形式而存在，一方不存在，对方也就不存在，如无"虚"也即无"实"，无"正"也即无"奇"，彼此间都是对立的统一和普遍的联系。而且，孙武认识到不仅相互对立的事物具有统一性，就是同一事物内部也存在着相互对立、互为渗透的不同属性，并将它用于战争指导："是故智者之虑，必杂于利害。杂于利而务可信也，杂于害而患可解也"，"故不尽知用兵之害者，则不能尽知用兵之利也"。正是这些辩证联系的观点，使得孙武的理论具有最大的圆融性。

朴素辩证法思想的重要内容之一，是主张把握事物转化上的"节"与"度"。遵循这一思想，孙武在对待战争大事上既高度重视，透彻研究，又非常谨慎，努力追求"不战而屈人之兵"的理想境界。这正是其备战与慎战观念的哲学前提。在具体作战、治军问题上，这种朴素辩证法思想也得到了有力的贯彻。如孙武既强调"军争"，认为这是克敌制胜的必要环节，又主张"军争"必须有节制，过犹不及。又如《九变篇》论述将之"五危"："必死，可杀也；必生，可虏也；忿速，可侮也；廉洁，可辱也；爱民，可烦也。"其实勇于牺牲、善于保全、同仇敌忾、廉洁自律、爱民善卒等，本来都是将帅应具备的优良品德，然而如果过了度的话，即发展到了"必"这一程度，那么其性质也就起了变化，走向反面，而成为"覆军杀将"悲剧的起因了。另外像治军上既主张"视卒如婴儿""视卒如爱子"，又反对"厚而不能使，爱而不能令，乱而不能治"，作战指导上既强调"胜可知而不可为"，又肯定"胜可为"等，也均是本着朴素辩证法思想观念的重要阐述。

朴素辩证法关于事物发展的普遍属性理论在《孙子兵法》中也有所体现。其中较为典型的例子，就是孙武运用发展变化的观点来阐述"奇正"问题的哲学含义："故善出奇者，无穷如天地，不竭如江河。终而复始，日月是也；死而复生，四时是也……战势不过奇正，奇正之变，不可胜穷也；奇正相生，如循环之无端，孰能穷之。"这里无论是遣词用句，还是精神实质，都显然与老子等人的论述有相似的一面。其他像"乱生于治，怯生于勇，弱生于强""五行无常胜，四时无常位，日有短长，月有死生"等，同样体现了这种精神。

当然，《孙子兵法》对古代朴素辩证法思想是既有继承又有发展的。这主要表现为两点：第一，孙武注意辨别真伪，抓住事物本质。他看到，在战场上，为了迷惑敌人，真真假假、虚虚实实乃是一种常见的现象。因此，只有透过现象，抓住本质，不为表面现象所迷惑，才能赢得胜利。他详细分析列举的三十余种"相敌"之法，就是从纷繁复杂的战争现象中所揭示的认识本质、抓住关键的经验总结。这说明孙武真正吃透了朴素辩证法的精髓。

第二，孙武反对消极被动，强调发挥人的主观能动作用。与老子朴素辩证法一味主张贵柔守雌，反对刚强进取，具有明显保守性不同，《孙子兵法》中的朴素辩证法思想充满了积极主动的进取精神，在尊重客观实际的同时，提倡发挥人们的主观能动作用。所以他主张"择人而任势""形人而我无形""计利而听，乃为之势""敌逸能劳之，饱能饥之，安能动之"。总而言之，是要辩证地观察问题，积极创造条件，实现克敌制胜的目的。

《孙子兵法》的哲学基础，还表现为民本思想的洋溢。春秋时期是我国古代民本主义思潮初步兴起的重要阶段，当时的思想家普遍注意考虑民众的欲求，尊重民众的愿望，关心民众的生计，争取民众的归附。这在《孙子兵法》中也有集中的反映。孙武的许多精彩命题和论述，都是在民本主义精神的指导和规范下提出并展开的。诸如"道者，令民与上同意也，故可以与之死，可以与之生，而不畏危"（《计篇》），"上下同欲者胜"（《谋攻篇》），"善用兵者，修道而保法，故能为胜败之政"（《形篇》），"令素行者，与众相得也"（《行军篇》），"进不求名，退不避罪，唯人是保"（《地形篇》），等等，都是比较显著的标志。很显然，孙武在这里已经将战争的胜负同政治的清明与否直接加以联系和对应了。至于清明的政治，在孙子眼里则等同于关心民生，争取民心，使上下和谐，同心同德，即所谓"令民与上同意""上下同欲""与众相得"云云。而达到这一目标的手段、方式，就是"修道而保法""唯人是保"等。这一切均打上了民本主义的深深烙印，也是孙武兵学理论具有历史进步性的具体表现。

（二）慎战与备战并重的战争观念

正如前文所言，春秋时代战争频繁的时代背景，决定了孙武在战争问题上鲜明地提出慎战与备战并重的主张，换言之，"安国全军"是孙武战争观的主线。

孙武对战争采取十分慎重的态度，坚决反对轻启战端。然而主张慎战并不意味着反对战争。《孙子兵法》提倡慎战的主旨，在于强调战争的政治目的应当遵循新兴阶级的功利主义原则，即做到"非利不动，非得不用，非危不战""合于利而动，不合于利而止"，以求不战则已，战则必胜。这种既重战又慎战的观点，使孙武的战争观念既不同于儒、墨的非战主张，也与稍后法家的嗜战立场有所区别。由此可见，孙武的慎战出发点是"安国全军"，以最终赢得战争的胜利。

孙武是清醒的现实主义者。鉴于战争不可避免，而且对社会经济、国家前途具有巨大影响，他把准备战争和指导战争的问题提到了极其重要的位置，强调做到有备无患："用兵之法，无恃其不来，恃吾有以待也；无恃其不攻，恃吾有所不可攻也。"（《九变篇》）这就是说，其立足点是做好充分准备，不打无准备之仗，以强大的军事实力迫使敌人不敢轻易发动战争。

基于慎战和备战并重的战争观念，孙武推导出用兵的理想境界，这就是一个"全"字。所谓"全"，就是全胜。《孙子兵法》中提到"全"的地方有十余处，最主要的篇章是《谋攻篇》。孙武认为"百战百胜"非"善之善者"，高明的战争指导者应该做到"屈人之兵而非战也""拔人之城而非攻也""毁人之国而非久也"，从而实现战略、战役、战斗的全胜，即"必以全争于天下，故兵不顿而利可全"，用全胜的计谋争胜于天下，"不战而屈人之兵"。为了达到这一境界，孙武提出了"上兵伐谋，其次伐交"的主张，认为指导战争的上策是挫败敌人的谋略，其次是展示强大的兵威慑服敌人。至于"伐兵""攻城"，那就等而下之了。由此可见，孙武的"全胜"思想，实际上仍然是其慎战和备战思想在作战指导上的反映。慎战与备战、重战思想犹如一条红线，贯穿于《孙子兵法》十三篇中。

如果不得已进行战争，孙武主张实行进攻速胜战略。基于当时的历史背景，他明确提出，从事战争的目的是为了"掠乡分众，廓地分利"（《军争篇》），即掠取他国的人力物力资源，扩张版图，在争霸兼并战争中立于不败之地。在《九地篇》中，孙武更以明确的语言表明了自己的进攻战略："夫霸王之兵，伐大国，则其众不得聚；威加于敌，则其交不得合。"从历史发展的角度看，孙武这一战争观，是符合新兴势力的要求的，是与社会大变革的潮流相一致的，具有突出的进步意义。

（三）"令文齐武"的治军思想

为了提升军队战斗力，孙武曾提出过不少的治军原则，形成了比较系统的治军思想。归纳起来说，其治军思想主要包括严明赏罚、重视选将、将权贵一、严格训练、统一号令、爱卒善俘诸方面。

严明赏罚是调动将士积极性，提高部队战斗力的重要途径之一。孙武对此予以高度重视。他在《计篇》中将"法"列为"五事"的一项，把"赏罚孰明"作为判断战争胜负的重要因素之一。他说："令之以文，齐之以武，是谓必取。"（《行军篇》）所谓"文"，就是精神教育、物质奖励；所谓"武"，就是军纪军法、重刑严罚。他认为治军必须拥有文武两手，做到恩威并施："卒未亲附而罚之，则不服，不服则难用也；卒已亲附而罚不行，则不可用也。"（《行军篇》）否则就不能造就一支具有战斗力的部队："厚而不能使，爱而不能令，乱而不能治，譬如骄子，不可用也。"（《地形篇》）

要严明赏罚，关键在于做到有法可依，有律可循，否则严明赏罚便无从谈起。所以孙武非常重视军队的法制建设，把"法令孰行"也列为判断战争胜负的标准之一。他认为部队必须有一定的组织编制，明确各级人员的职守："法者，曲制、官道、主用也。"（《计篇》）他指出："治乱，数也"，"凡治众如治寡，分数是也"。至于法制建设的重点，孙武认为是统一号令，加强纪律。他强调"斗众如斗寡，形名是也"，主张用金鼓旌旗来统一将士的耳目，约束部队的行动，从而达到"勇者不得独进，怯者不得独退"的目的。当然，孙武主张在执法问题上也应该做到随时变宜，以更好地发挥法纪的作用。所谓"施无法之赏，悬无政之令"就是这层意思。这体现了《孙子兵法》既讲求执法严肃性又注重执法灵活性的实事求是态度。

军事指挥员的素质优劣，在很大程度上影响到军队建设和战争胜负。孙武对这层道理有较深刻的认识，因此强调将帅在战争中的地位和作用，对将领的选拔提出了具体而严格的要求。他指出将帅是国君的助手，辅佐周密，国家就一定强盛；辅佐有缺陷，国家就一定衰弱。显然，他是把优秀将帅的作用提到"民之司命，国家安危之主"的高度来认识的。为此，他重视将帅队伍的建设，认为一名贤将必须具备"智、信、仁、勇、严"等条件。在处事上，要"进不求名，退不避罪，唯人是保"；在才能上，要"知彼知己""知天知地""通于九变";在管理上,要"令素行以教其民""与众相得",使士卒"亲附";在修养上要"静以幽,正以治",避免犯骄横自大、轻举妄动、勇而无谋、贪生怕死等毛病。

为了确保将帅在战争中进行有效、灵活的指挥,孙武主张将权适当地集中和专一,反对国君脱离实际情况干涉、遥控部队的指挥事宜。《谋攻篇》指出,国君危害军事行动的情况有三种:不了解军队不能前进而硬让军队前进,不了解军队不能后退而硬令军队后退,这叫作束缚军队;不了解军队的内部事务,而去干预军队的行政,就会使将士困惑;不懂得军事上的权宜机变,而去干涉军队的指挥,就会使将士产生疑虑。他认为,出现这类情况,就会导致"乱军引胜"、自取败亡的结果。可见,军事上的成败,其前提之一是"将能而君不御"。正是在这个意义上,《孙子兵法》提倡"君命有所不受",将它确定为一条重要的治军原则。

《孙子兵法》也比较注重部队的训练问题,主张严格练兵,提高战斗力,把"士卒孰练"作为重要的制胜因素。孙武指出,"教道不明""兵无选锋",是造成作战失败的重要原因,切不可等闲视之,"将之至任,不可不察"(《地形篇》)。为了训练出一支英勇善战的劲旅,孙武提倡爱护士卒,认为做到"视卒如婴儿""视卒如爱子",乃是训练好部队的先决条件。孙武这一爱兵主张的动机是明确的,即由此而培养"上下同欲"的良好官兵关系,保证部队达到"投之无所往,死且不北""犯三军之众,若使一人"(《九地篇》)这样的最佳临战状态。同时《孙子兵法》还提出对敌军战俘要"卒善而养之"(《作战篇》),从而在削弱敌人的同时,使自己变得更加强大,"胜敌而益强"。这一思想也是值得肯定的。

(四)主动灵活、因敌变化的制胜之道

"善战"思想在整部《孙子兵法》中占有主导地位,"兵以诈立,以利动,以分合为变"是孙子兵学实用思想的集中体现。一部《孙子兵法》,归根结底是教人如何用兵打仗,去夺取战争的胜利的。这正是我们今天正确把握《孙子兵法》的重心所在。

《孙子兵法》中制胜之道的内容非常丰富,简要归纳,大致有以下几个方面:

第一,"知彼知己""知天知地",全面了解和掌握各种情况,在此基础上筹划战略全局，实施战役指导，赢得战争胜利。孙武认为，从事战争的先决条件是要做到"知彼知己"，因为只有正确估量敌我情况才能做出正确的判断，制订正确的方针。为此，他主张在开战之前就要对敌我双方的主客观条件——五事七计有全面的了解，进行仔细周密的考察，以期对战争胜负趋势做出正确的预测，并据此制订己方的战略战术。在实施作战指导过程中，也要随时将"知彼知己""知天知地"作为行动的纲领："不知诸侯之谋者，不能豫交；不知山林、险阻、沮泽之形者，不能行军；不用乡导者，不能得地利。"（《军争篇》）为了了解和掌握敌情，《孙子兵法》提倡用间，把这看成是"知彼"，即"知敌之情实"的主要手段。《用间篇》集中论述了用间的原则和方法，主张"五间并起"而以"反间"为主。在战场交锋中，孙武也强调最大限度地查明敌情，《行军篇》中著名的三十余种"相敌"方法就是在这样的背景下提出的。由此可见，"知彼知己"乃是《孙子兵法》制胜之道的出发点和基础。

　　第二，"致人而不致于人"，牢牢掌握战争主动权。孙武认为要确保自己在战争中永远立于不败之地，就必须创造条件，始终把握战争的主动权，而掌握主动权的核心，在于做到"致人而不致于人"，即调动敌人而不为敌人所调动。关于如何争取主动权，《孙子兵法》中有精辟的论述，其主要内容不外乎：（1）加强军队实力，造成对敌力量对比上的绝对优势，"胜兵若以镒称铢""称胜者之战民也，若决积水于千仞之谿者，形也"（《形篇》）。（2）造势任势，发挥主观能动性，主动灵活地打击敌人。孙武认为"善战者，求之于势，不责于人，故能择人而任势"（《势篇》）。所以他重视战场的造势和任势，指出"善战者，其势险，其节短。势如弣弩，节如发机"（《势篇》）。这表明孙武是把造势和任势列为争取主动权的重要环节来对待的，其目的就是在强大的军事实力基础上，发挥将帅杰出的指挥才能，创造和利用有利的作战态势，主动有效地克敌制胜。（3）奇正并用，避实击虚。孙武认为要造成有利的态势，掌握战场主动权，在作战指挥上要做到两点：一是要解决战术的"奇正"变化运用问题。"战势不过奇正"，用兵打仗要做到"以正合，以奇胜"。同时，高明的将帅还应根据战场情势的变化而灵活变换奇正战法。二是要正确贯彻"避实而击虚"的原则。要避开敌人的强点，攻击敌人虚弱却关键的部位，从根本上战胜敌人，达到"善攻者，敌不知其所守；善守者，敌不知其所攻"（《虚实篇》）的目的。可见，"致人而不致于人"，掌握战争主动权，实为《孙子兵法》制胜之道的精髓和灵魂。

第三，"示形动敌"，"兵者诡道"，不拘一格，因敌制胜。这是《孙子兵法》制胜之道的主要手段和方式。孙武认为要掌握战场主动权，就必须在作战指挥上坚决贯彻"兵者诡道"的原则。他指出，军事指挥的奥妙，就在于"能而示之不能，用而示之不用，近而示之远，远而示之近，利而诱之，乱而取之，实而备之，强而避之，怒而挠之，卑而骄之，佚而劳之，亲而离之"（《计篇》）。唯有如此，方可"攻其无备，出其不意"。这种诡诈战法的核心，则是"示形动敌"："善动敌者，形之，敌必从之；予之，敌必取之；以利动之，以卒待之。"（《势篇》）强调战场上克敌制胜的最上乘境界乃是"形人而我无形"，"形兵之极，至于无形"（《虚实篇》）。一旦做到这一点，那么进行防御，即可"藏于九地之下"；实施进攻，即可"动于九天之上"，置敌于死地，"自保而全胜"。与此同时，孙武也充分认识到用兵打仗贵在灵活机动，随机应变。所以他特别强调"因敌制胜"的重要性，指出"兵无常势，水无常形，能因敌变化而取胜者，谓之神"（《虚实篇》），"践墨随敌，以决战事"（《九地篇》）。它们的主旨，均立足于"战胜不复，而应形于无穷"这一点上。可见，不拘一格，"因敌制胜"，既是实践"诡道"战法的前提，也是《孙子兵法》制胜之道高明的体现。

第四，"兵贵胜，不贵久"，强调速战速决，推崇作战行动的突然性、进攻性、运动性，这是《孙子兵法》制胜之道的显著特点。孙武对战争给国家、民众所带来的严重后果有着清醒的认识。所以他坚决主张速战速决，在最短的时间里以最小的代价取得最大的战果，反对使战争旷日持久，疲师耗财。为此他反复阐述"兵贵胜，不贵久"的道理，指出"善用兵者，役不再籍，粮不三载，取用于国，因粮于敌"（《作战篇》）。为了达到速战速决的战略目的，《孙子兵法》主张在采取军事行动时，一是要做到突然性，使敌人处于猝不及防的被动状态，"兵之情主速，乘人之不及，由不虞之道，攻其所不戒也"（《九地篇》），努力达到"动如脱兔，敌不及拒"的最佳效果。二是要做到运动性，即提倡野外机动作战，调动敌人，在野战中予以歼灭性打击，"顺详敌之意，并敌一向，千里杀将"（《九地篇》），"以迂为直，以患为利，故迂其途而诱之以利，后人发，先人至"（《军争篇》）。总之是要"悬权而动"，使部队始终保持主动地位，行动自如，"其疾如风，其徐如林，侵掠如火，不动如山；难知如阴，动如雷震"（《军争篇》）。三是要做到隐蔽性，使对手无从窥知我方的作战意图，从而确保我方军事行动的突然性能够达到，运动性能够实现，"易其事，革其谋，使人无识；易其居，迂其途，使人不得虑"（《九地篇》），"因形而错胜于众，众不能知，人皆知我所以胜之形，而莫知吾所以制胜之形"（《虚实篇》）。孙武认为，只要在军事行动中真正做到了隐蔽、突然、机动，就能够速战速决，出奇制胜。

第五，正确选择主攻方向，集中优势兵力，各个歼灭敌人，这是《孙子兵法》制胜之道的突出环节。作战双方谁具有优势的战场地位，谁就拥有军队行动的主动权，这是战争运动的通则。《孙子兵法》对此做了充分的揭示，强调"识众寡之用者胜"（《谋攻篇》）。所谓"众寡"，就是指兵力的对比，而"用"则是指兵力的使用。孙武认为，要取得战争的胜利，就必须在战场交锋时以优势兵力去对付劣势之敌，集中兵力，以镒称铢。所以他反复阐述集中兵力问题的重要性，并一再提出具体的集中优势兵力的主张："并力""并敌一向""并气积力"，从而达到"以众击寡"的目的。当然，战场的态势是千变万化的，集中兵力的方法也应该因敌制宜，所谓"十则围之，五则攻之，倍则战之"就是这个意思。孙武进而指出，通过众寡分合以求集中兵力、掌握主动，关键在于发挥主观能动作用，善于创造条件。从战术上说，即要做到"形人而我无形，则我专而敌分；我专为一，敌分为十，是以十攻其一也，则我众而敌寡，能以众击寡者，则吾之所与战者约矣"（《虚实篇》）。他认为，在兵力部署上，不分主次方向，单纯企求"无所不备"，则势必"无所不寡"，也就失去了主动地位的物质基础。据此，《孙子兵法》一再提醒战争指导者要避免犯"以一击十""以少合众"这一类分散兵力的错误，因为那样做是"败之道也"，到头来一定会覆军杀将，自取其辱。

第六，察知天候地理，巧妙利用地利，根据地形条件制订切合实际的战略战术，确保作战胜利，这是《孙子兵法》制胜之道的重要内容。众所周知，在冷兵器时代，掌握和利用地形，对于战争的胜负关系甚大。孙武是中国古代第一位系统探讨地形条件与军事斗争成败相互关系的军事大师。他在《九地篇》中阐述战略地理问题，提出了军队在九种不同战略地理条件下作战的基本指导原则，又在《行军》《地形》诸篇中着重论述了战术地理问题。他指出，在行军作战中，要善于"处军"，利用有利的地形，避开不利的地形。为此他列举了在山地、江河、沼泽、平原四种地形环境中的处军原则，并将利用地形的基本特点归纳为"凡军好高而恶下，贵阳而贱阴，养生而处实"。从当时的实战要求出发，孙武还具体分析了军队在作战中可能遇到的"通""挂""支""隘""险""远"六种地形，并就这六种不同的地形条件，提出了具体的用兵方法。总之，《孙子兵法》主张将帅要熟悉和巧妙利用地形条件："夫地形者，兵之助也。料敌制胜，计险厄、远近，上将之道也。"（《地形篇》）孙武是中国古代军事地理学的奠基者，《孙子兵法》有关巧妙利用地形地理问题的论述，是其制胜之道的重要组成部分，极大地丰富了古典军事理论，在军事学术发展史上占有重要的地位。

综上所述，《孙子兵法》中的制胜论思想既具有完整系统性，又不乏深刻精辟性，它是孙武军事思想的主体内容，是《孙子兵法》一书精华之所在。它以无可怀疑的事实向人们昭示，孙武无愧于"一代兵圣"的光荣称号，《孙子兵法》无愧于"百世谈兵之祖"的不朽殊遇！

五、《孙子兵法》的地位和影响

明代兵书《投笔肤谈》认为："《七书》之中，惟《孙子》纯粹，书仅十三篇，而用兵之法悉备。"《孙子兵法》堪称古代军事理论的集大成者，构筑了古典军事理论的框架，使后世许多兵学家难以逾越。后世的军事理论建树，多是在《孙子兵法》基本精神与原则的指导下进行的。《孙子兵法》对后世军事理论的影响，主要有下列几点：

《孙子兵法》的文字和句意为后世著作所袭用和征引，成为其兵学理论依据。征引《孙子兵法》文句的著作，可以举出《吴子》《孙膑兵法》《尉缭子》《鹖冠子》《战国策》《吕氏春秋》《淮南子》《潜夫论》等。以《吴子》为例，其暗用、明引、袭抄《孙子兵法》文字和思想者，就有十多处。至于唐代的《唐太宗李卫公问对》，宋代的《百战奇法》，明代的《登坛必究》《投笔肤谈》等，更是或全书或某篇以发挥《孙子兵法》的原理来树立自己的学术观点。可以这么说，中国古代兵书，不但精神上是《孙子兵法》的孳乳，而且在外貌上也打上了《孙子兵法》的烙印。①

　　《孙子兵法》所提出的基本军事范畴为后世兵家所继承和发展。《孙子兵法》在军事理论建树上的突出点之一，是基本形成了一整套独特的反映军事理论认识对象的范畴，诸如虚实、奇正、主客、形势、攻守、迂直等。后世兵学家在构筑自己的兵学体系的过程中，无不借用这些基本军事范畴来阐述自己的军事思想。同时，他们也根据新的历史条件，借鉴历史上的战争经验，通过缜密的独立思考，丰富和发展孙子所规定的军事范畴。"奇正"的缘起和充实，即是明证。奇正，作为范畴最早出于《老子》，"以正治国，以奇用兵"。但真正把它用于军事领域并做系统阐发的，则是《孙子兵法》，即"凡战者，以正合，以奇胜"，"战势不过奇正，奇正之变，不可胜穷也"。奇正的含义，显然是指兵力的使用（用正兵当敌，用奇兵取胜）和战术的变换（奇正相生，奇正相变）。孙子确立的"奇正"这一范畴，后世兵家无不奉为圭臬，广为沿用和阐述。如《孙膑兵法·奇正》说："形以应形，正也；无形以制形，奇也。"《尉缭子·勒卒令》说："正兵贵先，奇兵贵后。"曹操《孙子注》说："正者当敌，奇兵从旁击不备也。"前者是孙子"奇正"第二层意思的表述，后两说则是孙子"奇正"第一层意思的阐释。到了《唐太宗李卫公问对》那里，"奇正"范畴有了新的发展。它对"奇正"的论述更完备，分析更透彻，提出了一个重要论断："善用兵者，无不正，无不奇，使敌莫测。故正亦胜，奇亦胜。"这显然比《孙子兵法》的"奇正"理论更全面、更深刻，但它依旧是祖述和发展《孙子兵法》的逻辑结果。

　　《孙子兵法》对后世兵书的编修风格与体裁产生了广泛影响。《孙子兵法》阐述兵理极具特色，其突出的特点是舍事而言理，辞约而义丰，具有高度的哲理色彩和抽象性。后世兵书祖述《孙子》，很自然形成了以哲理谈兵的历史传统。如《孙膑兵法》《吴子》《尉缭子》《六韬》《三略》《唐太宗李卫公问对》《阵纪》《兵经百篇》《草庐经略》《投笔肤谈》等著名兵书都以哲理性强而著称。一些大型综合性兵书如《武经总要》《武备志》等也收录了很丰富的军事理论内容。即使那些讲阵法、兵器等的技术型兵书，也大都以理论为纲进行

---

　　① 黄朴民：《孙子兵法在历史上的地位与影响》，《文史知识》，1991年第8期。

编纂，从而形成了中国兵书"舍事言理"或"以理系事"的创作风格。至于编修形式上，后世兵书亦多有模仿《孙子兵法》者，如《投笔肤谈》即"仿《孙子》遗旨，出一隙之管窥，谬成十三篇"。

《孙子兵法》对后世军事的深远影响也表现在战争实践之中。中国古代历史上创造的众多以弱胜强、以少克多的战例，有不少是人们活用和暗用《孙子兵法》的结果。战国时期的齐魏桂陵、马陵之战，显然是孙膑借鉴孙武"避实击虚""用而示之不用"诸原则的杰作；秦汉之际韩信背水布阵攻灭赵国，即灵活运用孙武"置之死地然后生"思想的手笔；三国时期邓艾偷渡阴平灭蜀汉之举，可视为对孙子"攻其无备，出其不意"，"以迂为直，以患为利"理论淋漓尽致的发挥；努尔哈赤对明军的萨尔浒之战，则无疑是孙子集中兵力"并敌一向"用兵艺术的实战诠释。唐代杜牧在其《孙子注序》中说："孙武所著十三篇，自武死后凡千岁，将兵者有成者，有败者，勘其事迹，皆与武所著书一一相抵当，犹印圈模刻，一不差跌。"这话虽不免有些绝对化，但古往今来为将者莫不视《孙子兵法》为"兵经"，重视其实战功效，这确是事实。战争无论胜负，我们大都可以从《孙子兵法》中找到个中某些原因。

正因为《孙子兵法》一书具有巨大的军事学术价值和崇高的历史地位，后世兵家对它的肯定和赞誉史不绝书。这类盛誉就其性质而言可以划分为两个基本大类。第一类是对《孙子兵法》全书做基本概括的评价，从总体上把握它的学术价值和深远意义。古人在这方面的言辞实在不胜枚举，这里我们只能挂一漏万地做些介绍，用以再现古人心目中的"孙子"观。

早在三国时期，曹操《孙子注序》曾说："吾观兵书战策多矣，孙武所著深矣。"与曹操同时代的蜀汉丞相诸葛亮也说："战非孙武之谋，无以出其计远。"[①] 唐太宗李世民对《孙子兵法》更是推崇备至，据《唐太宗李卫公问对》记载，他曾由衷赞叹："深乎，孙氏之言！""观诸兵书，无出孙武。"宋代人对《孙子兵法》予以高度评价的，更不在少数，如苏洵认为："《孙子兵法》其书，论奇权密机，出入神鬼，自古以兵著书者罕所及……辞约而义尽，天下之兵说皆归其中矣。"（《嘉祐集·孙武论》）陈直中在《孙子发微》中也说：

---

① 〔三国〕诸葛亮：《便宜十六策》，《诸葛亮集》，上海：上海人民出版社，1975年版。

"自六经之道散而诸子作，盖各有所长，而知兵者未有过孙子者。"明代抗倭名将戚继光《纪效新书·自序》则这样赞美《孙子兵法》："孙武之法，纲领精微，为莫加焉。第于下手详细节目，则无一及焉，犹禅家所谓上乘之教也。"明王世贞对《孙子兵法》的评价是："《孙子》十三篇，其精切事理，吾以为太公（姜太公）不能过也。"（《读书后·书司马穰苴孙武传后》）而明代李贽甚至把他不能广泛传授《孙子》视为终身遗憾，说："吾独恨其不能以《七书》与《六经》合而为一，以教天下万世也。"（《孙子参同·自序》）

从上面所征引的古人评论来看，人们对《孙子兵法》在军事史上的重要地位是有深刻认识的，普遍将孙武视为历史上的兵学鼻祖而充分肯定和推崇，这是客观的看法，也是经受过历史和实践检验的结论。

后世兵家对《孙子兵法》的第二类盛誉，表现为在把握其书总体情况基础上，对孙子某些基本原则和观点的评述和肯定。诸葛亮说："孙武所以能制胜于天下者，用法明也。"（《三国志·马谡传》注引《襄阳记》）这里就是突出赞扬孙子的治军思想。李世民指出："孙武十三篇，无出虚实。"李靖认为："千章万句，不出乎'致人而不致于人'而已。"（《唐太宗李卫公问对》）这里特别强调的是《孙子兵法》的制胜之道，把"避实而击虚"，掌握主动权看成是用兵艺术的精髓所在。戴望溪评《孙子》，有云："孙武之书十三篇，众家之说备矣。奇正、虚实、强弱、众寡、饥饱、劳逸、彼己、主客之情状，与夫山泽、水陆之阵，战守攻围之法，无不尽也。微妙深密，千变万化而不可穷。"（《将鉴论断·孙武》）其对孙子其人其书的肯定，着眼点也在于孙子的主要兵学范畴和作战指导上。梅国祯认为："孙子之言曰'奇正之变，不可胜穷也'，又曰'微乎微乎，至于无形，神乎神乎，至于无声'，合而言之，思过半矣。"（《孙子参同·序》）这里梅氏是把"奇正之变"和"因敌制胜"视为《孙子》的要旨妙道。他指出，只要真正理解和掌握了这些原则，那就等于完全认识了《孙子》的兵学理论，便可在复杂的战争中无往而不胜。

以上所引，主要是后人对《孙子兵法》某些原则的看法和评价。与第一类评价高屋建瓴，侧重于总体把握《孙子》地位与影响不同，它们乃是从更具体、更深层的方面对《孙子》主要价值的挖掘和总结，是关于《孙子》内在哲理的更细致的探索，充分反映了人们对《孙子》认识的深度和广度。应该承认的是，这些评价者的目光十分犀利，他们基本上领悟了《孙子》全书的主旨，从而揭示了其主要价值。因为，他们所涉及的命题，在今天看来，恰恰是《孙子兵法》中能够超越时空的精华部分。

明代茅元仪在《武备志·兵诀评序》中指出："先秦之言兵者六家，前孙子者，孙子不遗；后孙子者，不能遗孙子。谓五家为孙子注疏可也。"这段话很好地概括了《孙子兵法》在历史上的地位和意义。作为中国古代兵学宝库中的一笔珍贵遗产，《孙子兵法》是不朽的。

原文注析

计 篇

　　本篇是《孙子兵法》的首篇，在全书中具有提纲挈领的作用。它主要论述战争指导者如何在战前正确筹划战争全局以及在战争过程中怎样实施高明的作战指挥等问题。孙子从"兵者，国之大事，死生之地，存亡之道"这一基本认识出发，强调通过对敌我双方现有客观条件——"五事七计"的考察比较，对战争的胜负趋势做出合乎实际的预测，并据此制定己方的战略决策。同时孙子主张在把握敌我双方政治、经济、军事以及天时、地利诸条件的基础上，充分发挥战争指导者的主观能动性，这就是在作战中遵循和贯彻以"利"为宗旨的"诡道十二法"原则。"攻其无备，出其不意"，积极"造势"，以确保己方在战争中牢牢掌握主动权，克敌制胜，实现自己的战略目标。由此可见，本篇在一定程度上可以视作孙子军事思想的概述。

　　本篇篇题，宋本《武经七书·孙子》（据《续古逸丛书》影宋本，以下简称"武经本"）作"始计第一"，此处"始"字殆系后人因兵家有"先计而后战"之说而附增，不可取。所谓"计"，当是预计、计算的意思，这里指战前的战争预测与战略谋划。宋本《十一家注孙子》曹操注："计者，选将、量敌、度地、料卒、远近、险易，计于庙堂也。"（以下凡引用《十一家注孙子》者，出处之注省略）这是现所能见到的历史上人们对本篇主旨最早而又十分准确的概括。

孙子曰：兵①者，国之大事②，死生之地，存亡之道③，不可不察④也。

◎ 注释

①〔兵〕本义指兵械。《说文解字》："兵，械也。"后引申为兵士、军队、战争等，此处作战争、军事解。②〔国之大事〕国家的重大事务。《左传·成公十三年》："国之大事，在祀与戎。"《鹖冠子·近迭》亦云："人道先兵。"与《孙子》此语相合。孙子所处的春秋晚期，大国争霸、列强兼并的战争正日趋激烈，所以会产生这样的思想。③〔死生之地，存亡之道〕意谓战争直接关系到军民的安危，国家的存亡。杜牧注："国之存亡，人之死生，皆由于兵。"梅尧臣则曰："地有死生之势，战有存亡之道。"④〔不可不察〕不可不仔细审察，谨慎对待。察，考察、研究。《论语·卫灵公》："众恶之，必察焉；众好之，必察焉。"

◎ 大意

孙子说：战争是国家的大事，它关系到民众的生死，国家的存亡，不可不认真考察，仔细研究。

故经之以五事①，校之以计而索其情②。一曰道③，二曰天，三曰地，四曰将，五曰法。道者，令民与上同意也④，故可以与之死，可以与之生，而不畏危⑤。天者，阴阳、寒暑、时制⑥也。地者，远近、险易、广狭、死生⑦也。将者，智、信、仁、勇、严⑧也。法者，曲制、官道、主用⑨也。凡此五者，将莫不闻，知之者胜，不知者不胜⑩。故校之以计而索其情，曰：主孰有道⑪？将孰有能⑫？天地孰得⑬？法令孰行？兵众孰强⑭？士卒孰练⑮？赏罚孰明⑯？吾以此知胜负矣。

◎ 注释

①〔经之以五事〕经，度量、衡量的意思。《诗经·大雅·灵台》："经始灵台，经之营之。"毛苌传："经，度之也。"此句意谓要从五个方面分析、预测战争胜负的可能性。②〔校之以计而索其情〕校，衡量、比较。《广雅·释诂》："校，度也。"计，指下文所言"主孰有道"等"七计"。索，考索、探索。《墨子·尚贤中》："索天下之隐事遗利，以上事天。"情，情势、实情，也可理解为规律。此句张预注："校计彼我之优劣，探索胜负之情实。"此即孙子之本旨。③〔道〕本义是道路，后引申为事理、规律、方法等。此处是指社会政治条件，尤指人心向背。《孟子·公孙丑》言："得道者多助，失道者寡助。寡助之至，亲戚畔之；多助之至，天下归之。"即表明政治对战争成败的关键作用。④〔令民与上同意也〕令，使、教的意思。民，普通民众、老百姓。上，君主、统治者。意，意志、意愿。《管子·君臣下》："明君在上，便辟（嬖）不能食其意。"同意，同心同德。令民与上同意，言使普通民众认同、拥护君主的意愿。⑤〔可以与之死，可以与之生，而不畏危〕意谓民众与君主一条心，乐于为君主出生入死而毫不畏惧危险。不畏危，汉简本作"弗诡也"。"弗诡"意即无疑贰之心。有人释"弗诡"为"不敢违抗"，于义亦通。

41

⑥〔阴阳、寒暑、时制〕阴阳，指昼夜、晴晦等天时气象的变化。寒暑，指寒冷、炎热等气温差异。时制，指四时的更替。⑦〔远近、险易、广狭、死生〕远近，指作战区域的距离远近。张预注："知远近，则能为迂直之计。"险易，指地势的险厄或平坦。广狭，指战场面积的宽阔或狭窄。死生，指地形条件是否利于攻守进退。死即死地，进退两难的地域；生即生地，易攻能守之地。《孙膑兵法·八阵》："险易必知生地、死地，居生击死。"⑧〔智、信、仁、勇、严〕智，足智多谋，计出万端。信，赏罚有信，令行禁止。仁，爱抚士卒，关怀百姓。勇，英勇善战，杀敌致果。严，严于律己，执法必严。梅尧臣注："智能发谋，信能赏罚，仁能附众，勇能果断，严能立威。"凡此五德，孙子认为是优秀将帅所必须具备的基本素质，即《史记·司马穰苴列传》所称的"文能附众，武能威敌"。⑨〔曲制、官道、主用〕曲制，有关军队的组织编制、通信联络等具体制度。曹操注："曲制者，部曲、旌旗、金鼓之制也。"官道，指各级将吏的管理制度。张预注："官谓分偏裨之任，道谓利粮饷之路。"主用，指各类军需物资，如车马兵甲、衣装粮秣的后勤保障制度。主，管理、主管。《孟子·万章上》："使之主事而事治。"用，物资费用。⑩〔凡此五者，将莫不闻，知之者胜，不知者不胜〕闻，知道，了解。知，深切了解之意。全句的意思如曹操注："同闻五者，将知其变极，即胜也。"⑪〔主孰有道〕哪一方国君为政清明，拥有广大民众的支持。主，君主、统治者。孰，疑问代词，谁，这里指哪一方。道，有道，政治清明。⑫〔将孰有能〕哪一方的将领更有才能。⑬〔天地孰得〕哪一方拥有天时、地利。张预注："观两军所举，谁得天时、地利。"⑭〔兵众孰强〕哪一方兵械铦利，士卒众多，军队强大。兵，在这里是指兵械。但也有注家认为，"兵"指军队。⑮〔士卒孰练〕哪一方的军队训练有素。张预注："离合聚散之法，坐作进退之令，谁素闲习。"练，娴熟。《战国策·楚一》："练士厉兵，在大王之所用之。"⑯〔赏罚孰明〕哪一方的奖惩能做到公正无私。《孙膑兵法·威王问》："夫赏者，所以喜众，令士忘死也。罚者，所以正乱。"《韩非子·五蠹》："明主施赏不迁，行诛无赦，誉辅其赏，毁随其罚，则贤不肖俱尽其力矣。"

◎ 大意

因此，要通过对敌我五个方面的分析，通过对双方七种情况的比较，来探求战争胜负的情势。一是政治，二是天时，三是地利，四是将才，五是制度。所谓政治，就是要让民众认同和拥护君主的意愿，使得他们能够为君主而生，为君主而死，而不惧怕危险。所谓天时，就是指昼夜晴晦、寒冷酷热，四时节候的变化。所谓地利，就是指征途的远近、地势的险峻或平坦、作战区域的开阔或狭窄、地形对于攻守的益处或弊害。所谓将才，就是说将帅要具备足智多谋、赏罚有信、爱抚部属、勇敢坚毅、严于律己等品质。所谓制度，就是指军队组织体制的建设、各级将吏的管理、军需物资的掌管。以上五个方面，身为将帅者不能不了解。充分了解这些情况，就能打胜仗；不了解这些情况，就不能打胜仗。所以必须通过对双方七种情况的比较，来求得对战争情势的认识：哪一方君主政治清明？哪一方将帅更有才能？哪一方拥有天时地利？哪一方能够贯彻法令？哪一方武器装备精良？哪一方士卒训练有素？哪一方赏罚公正严明？我们根据这一切，就可以判断谁负谁胜。

> jiāng tīng wú jì① yòng zhī bì shèng liú zhī jiāng bù tīng wú
> 将 听 吾 计①，用 之 必 胜，留 之。将 不 听 吾
> jì yòng zhī bì bài qù zhī
> 计，用 之 必 败，去② 之。

◎ 注释

①〔将听吾计〕将，助动词，表示假设，意为假如、如果。《左传·昭公二十七年》："令尹将必来辱，为惠已甚。"如此，则本句意为：如果能采纳我的计谋。十家注多作此解。又一说，"将"在这里当作名词解，即将领。两说相较，当以前说为善。听，依从、遵从的意思。②〔去〕离开。

◎ 大意

如果能听从我的计谋，指挥作战一定会取胜，我就留下。如果不能听从我的计谋，指挥作战必败无疑，我就离开。

计 利 以 听^①，乃 为 之 势^②，以 佐 其 外^③。势 者，

因 利 而 制 权^④ 也。

◎ **注释**

①〔计利以听〕计利，计算、衡量敌我双方的有利或不利条件。以，通"已"，已然、业已的意思。听，听从、采纳。②〔乃为之势〕造成一种积极有利的军事态势。乃，于是、就。为，创造、造就。之，语助词。无义。势，态势。③〔以佐其外〕作为辅佐以争取战争的胜利。佐，辅佐、辅助。外，曹操注："常法之外也。"一说，外指国境之外（参见李零《吴孙子发微》）。④〔因利而制权〕根据利害情况而灵活采取恰当的对策。张预注："所谓势者，须因事之利，制为权谋以胜敌耳。"因，根据、凭依。《孟子·离娄上》："为高必因丘陵。"制，从、随从。《淮南子·氾论训》："圣人作法，而万物制焉。"高诱注："制，犹从也。"这里是决定、采取的意思。权，本义是秤砣，用作动词，即掂量轻重，权衡利弊，此处引申为权变，灵活处置之意。

◎ **大意**

在精心筹划的方略已被采纳的情况下，还要设法造成一种态势，用来辅佐战略计划的实现。所谓态势，即依凭有利于己的条件，采取灵活机动的应变措施，以掌握战场上的主动权。

兵 者，诡 道 也^①。故 能 而 示 之 不 能^②，用 而 示 之

不 用^③，近 而 示 之 远，远 而 示 之 近^④，利 而 诱 之^⑤，乱

而 取 之^⑥，实 而 备 之^⑦，强 而 避 之，怒 而 挠 之^⑧，卑 而

骄之⑨，佚而劳之⑩，亲而离之⑪。攻其无备，出其不
意。此兵家之胜⑫，不可先传⑬也。

◎ 注释

①〔兵者，诡道也〕兵，用兵打仗。诡道，诡诈、谲变的行为或方式。
曹操注："兵无常形，以诡诈为道。"诡，欺诈，诡诈。《管子·法禁》："行
辟而坚，言诡而辩。"道，行为、方式、原则。②〔能而示之不能〕能，有
能力，能够。示，显示、假装。言能战却装作不能战的样子。此句至"亲而离
之"等十二条作战原则，即著名的"诡道十二法"。③〔用而示之不用〕实际
要打，却假装不想打。用，用兵。④〔近而示之远，远而示之近〕实际要进
攻近处，却装作要进攻远处，实际要进攻远处，却显示要进攻近处，致使敌人
无从防备。按，历史上，韩信灭魏一役中"木罂渡河"，可谓"远而示之近"
的典范，吴越笠泽之战中，越王勾践左右翼佯动，中路突破大败吴师之举，可
谓"近而示之远"的例证。⑤〔利而诱之〕利，此处作动词用，贪利的意思。
诱，引诱，诱使。意为敌人贪利，则用小利加以引诱，伺机进行打击。⑥〔乱
而取之〕乱，混乱。取，乘机进攻，夺取胜利。梅尧臣注："彼乱，则乘而取
之。"一说"取"指伏兵偷袭而败敌。《左传·庄公十一年》："覆而败之，曰
取某师。"⑦〔实而备之〕备，防备，防范。言对付实力雄厚之敌，需严加防
备。⑧〔怒而挠之〕怒，容易生气、愤怒。挠，挑逗、骚扰的意思。《说文》：
"挠，扰也。"意谓敌人暴躁易怒，就设法挑逗激怒它。又一说，敌人来势凶
猛，当设法扼制其气焰。⑨〔卑而骄之〕卑，小、怯。《左传·僖公二十二
年》："公卑邾，不设备而御之。"杜预注："卑，小也。"言敌人卑怯谨慎，
则应设法使其变得骄傲自大，然后伺机破之。又一说，敌人轻视我方，则将计
就计，使之更骄傲麻痹，然后寻找机会加以打击。又一说，我方当主动卑辞示
弱，给敌人造成错觉，令其骄傲。后两说皆不如前说义长。⑩〔佚而劳之〕
佚，同"逸"，安逸、自在。劳，疲劳。敌方安逸，就设法使它疲劳。⑪〔亲

而离之〕亲，亲近、团结。离，离间。《广雅·释诂一》："离，分也。"此句言如果敌人内部团结，则想方设法离间他们。《三国演义》中"曹操抹书间韩遂"，故意制造假象，离间马超与韩遂的关系，就是"亲而离之"的形象注脚。⑫〔兵家之胜〕兵家，军事家。胜，奥妙、胜券。⑬〔不可先传〕先，预先、事先。传，传授、规定。言不能够事先传授，必须根据具体情况灵活应用。

◎ 大意

用兵打仗是一种诡诈奇谲的行为，因此必须做到：能打，却装作不能打；要打，却装作不想打。明明要向近处，却装作要向远处；实际要向远处，却装作要向近处。敌人贪利，就用小利引诱他；敌人混乱，就乘机攻取他；敌人力量充实，就注意防备他；敌人兵卒强锐，就暂时避开他的锋芒；敌人暴躁易怒，就设法激怒他；敌人卑怯谨慎，就设法使他骄横；敌人休整良好，就设法使他疲劳；敌人内部和睦，就设法离间他。要在敌人没有防备处发动进攻，在敌人意料不到时采取行动。所有这些，正是军事家指挥艺术的奥妙，是不可预先传授说明的。

夫未战而庙算①胜者，得算多也②；未战而庙算不胜者，得算少也。多算胜，少算不胜，而况于无算乎③！吾以此观之，胜负见矣④。

◎ 注释

①〔庙算〕庙，古代祭祀祖先与商议国事的场所。算，计算、筹算。《仓颉篇》："算，计也。"古代兴师作战之前，通常要在庙堂上商议谋划，分析战争利害得失，制定作战方略。这一作战准备程序，就叫作"庙算"。张预注："古者兴师命将，必致斋于庙，授以成算，然后遣之，故谓之庙算。"②〔得算多也〕意为取胜的条件充分。算，即"筹"，古代计数用的筹码，此处引申为

胜利的条件。③〔多算胜，少算不胜，而况于无算乎〕而况，何况，更不必说。于，至于。言胜利条件具备多者可以获胜，反之，则无法取胜，更何况不具备任何取胜条件？按，孙子的庙算决胜论实质是实力决胜论。也就是说，实力是基础和前提，诡道是淋漓尽致运用和发挥实力的手段与方法。只有实力与诡道两者圆满结合，相辅相成，方能在战争中稳操胜券，所向无敌。④〔胜负见矣〕胜负的结果显而易见。见，同"现"，显现。

◎ 大意

凡在开战之前就预计能够取胜的，是因为筹划周密，胜利条件充分；凡在开战之前就预计到不能取胜的，是因为筹划不周，胜利条件缺乏。筹划周密、条件充分的就能取胜，筹划不周、胜利条件缺乏的就无法取胜，更何况不能筹划、毫无条件呢？我们依据这些因素来观察分析，那么胜负的趋势也就显而易见了。

◎ 教学引导

《计篇》作为《孙子兵法》十三篇的首篇，在某种意义上可以看作孙子杰出兵学思想的高度浓缩和精辟概括。

《计篇》的基本思想由两个部分组成。一是战争的筹划理论。怎样尽可能多地搜集各种信息数据，怎样分析事情的利弊得失，怎样预测事物演变发展的趋势，怎样正确评估敌我双方的实力对比，怎样正确选择战略上的突破方向。二是战争的实施方法。怎样合理地配置各种资源，怎样贯彻既定的战略战术方针，怎样在厮杀过程中做到避实击虚、扬长避短、奇正相生，怎样在坚持原则性的同时巧妙地通权达变，运用灵活性，怎样立足于最坏的情况以争取最好的结果。前者是"体"，后者是"用"，"体"与"用"有机结合，相得益彰，相辅相成，从而奠定了孙子兵学体系的坚实基础。

显而易见，《计篇》的全部文字所反映的就是这么一种凝练而清晰的思想：怎样筹划战争，怎样指导战争。说得再具体一点，便是在战争开始之前如何"算"，以对敌我的实力对比、战争的胜负趋势做到心中有数，"任凭风浪起，稳坐钓鱼船"；在战争进行过程中如何"骗"，如何"变"，变得让对手眼花缭乱，计无所出，骗得对手晕头转向，摸不着北，处处被动，一步步走向失败。

孙子是兵家的真正创始人和代表者（姜太公虽被后人尊奉为兵家"本谋"，但他有实践而无理论体系传世，只能算作兵家之先驱），其思想最能体现中国人文传统中的理性精神：不懂兵道，不会打仗，那么"人为刀俎，我为鱼肉"，人家就会杀上门来欺负你，生命财产难以保全，政权社稷危若累卵。但是，打仗可不是一件好玩的事情，既不轻松，也不愉快，它意味着鲜血的滚滚流淌，财富的灰飞烟灭，所以孙子要提出一个既能正视战争现实，又能减轻战争灾难的战略预测方案，它不同于巫史祝卜的热衷猜谜，也不同于法家之流的迷信暴力，它有的只是最普通最平凡却又最实用最高明的计算公式。

这个计算公式就是所谓的"五事七计"，具体地讲，就是从五个决定战争胜负的基本要素着眼，通过七个方面的具体比较，对敌我双方的战略态势优劣做出正确的估价，在此基础上对战争的可能性结果做出比较合乎实际的预测，并据此制定好自己这一方的战略决策，这叫作"夫未战而庙算胜者，得算多也"。

决定战争胜负的五个基本要素，孙子概括为"道、天、地、将、法"。"道"是政治条件，就是国内政治清明，上下和谐。在战争问题上，要使身处草莽的老百姓和高居庙堂的统治者形成共识，心往一处想，劲往一处使，至少也要做到不唱反调，有意作梗。"天"与"地"，都是讲战争的自然环境，要拥有有利的天时、地理条件，掌握战场的主动权。"将"讲的是军队的统帅问题。将帅作为一支军队的灵魂，他的素质、才能直接关系着军队战斗力的发挥，正所谓"置将不慎，一败涂地"，所以它理所当然成为衡量双方军事实力，预测战争胜负的重要因素。"法"同样十分重要。合理的编制、协调的配合、有力的保障、适宜的赏罚，是任何军队从事军事活动都不可缺少的条件。我们很难设想，一群乌合之众，没有法纪的约束，做不到令行禁止，单凭血气之勇，而能成就大事。正因如此，三国时期政治家、军事家诸葛亮才这么说："有制之兵，无能之将，不可以败；无制之兵，有能之将，不可以胜。"[①]孙子把健全军队法制看作是克敌制胜的基本保证。

近代德国著名军事理论家克劳塞维茨在其不朽著作《战争论》中，曾把"决定战斗的运用的战略要素"，区分为"精神要素、物质要素、数学要素、地理要素和统计要素"[②]。孙子的"五事"实际上已经包含了克氏所列举的战略诸要素，进入了宏观的大战略思维层次，树立了全局意识，这一点足以说明他的战前预测和运筹是高于一般军事家的。美国著名战略学家柯林斯在其《大战略》中

①〔三国〕诸葛亮：《诸葛亮集·兵要》，北京：中华书局，1960年版。
②〔德〕克劳塞维茨：《战争论》，军事科学院译，北京：商务印书馆，1978年版。

强调，大战略是在各种情况下运用国家力量的一门艺术和科学，如果单凭武力那将是十分愚蠢的。只有政治、经济、文化、外交、社会全方位地配合起来，才能最终赢得战争的胜利。孙子的"五事"衡量法，说到底就是一门正确运用"国家力量"的艺术和科学，它立足于军事，又不局限于军事，而是讲道、天、地、将、法等综合因素，是综合能力的一种凝聚和归纳。这作为真正的高明算法，印证了一条普遍的战略原则："不谋全局者，不足谋一域。"因为全局能决定局部的成功与得失，而局部的成败或得失有时并不能对全局起决定性的影响。孙子的"五事"的奥秘正在于用全局的观点来参与战争的残酷游戏。

如果说"五事"的重心在于战前全面了解敌我双方的基本战略要素，那么，孙子讲"七计"的宗旨则在于对这些战略要素的优劣进行仔细周密的考察比较，"较之以计而索其情"，看一看究竟哪一方君主政治清明，哪一方将帅更有才能，哪一方拥有天时地利，哪一方法令能够贯彻执行，哪一方武器装备坚利精良，哪一方士卒训练有素骁勇善战，哪一方赏罚令行禁止公正严明，在此基础上估量敌我双方的态势，做出正确的判断，制定正确的作战方案。

常言道，良好的开始只是成功的一半，"算计"精明，"算计"正确，为夺取战争的胜利创造了可能性，然而可能性毕竟不等同于现实性，要使它真正转化为现实性，就必须充分发挥主观能动性，运用一切有用的方法，来达到消灭敌人，保存自己的目的。这个方法，就是孙子所说的"计利以听，乃为之势，以佐其外。势者，因利而制权也"。说白了，便是使用"骗术"。

孙子明确提出："兵者，诡道也。""诡道"，顾名思义，便是"诡诈之道"。这里，"诡"指的是手段运用的特色：诡秘神奇，变幻莫测，杀敌于无形之中，伤人于不意之间。至于"诈"，指的是手段运用的性质：骗招迭出，诈敌唬人，用尽可能小的代价，换取尽可能大的胜利。

高明的"骗术"应该变化多端，花样翻新，即《司马法》所说的"无复先术"，否则一旦形成固定的模式，便容易为对手所识破，会偷鸡不成蚀把米，赔了夫人又折兵。孙子的了不起，就在于他不但确立了"使诈行骗"的基本原则，而且一口气传授给我们十多条"使诈行骗"的方法，这就是所谓的"诡道十二法"：明明要打却装出不想打的模样，明明能够打却装出不能打的姿态；要从远处打却装作会从近处打，要从近处打却装作会从远处打……总之是要实施全方位、多层次的"军事欺骗"，以假象迷惑对手，因势利导，造成不利于敌人而有利于自己的态势，从而牢牢把握战争的主动权。孙子认为用兵打仗所追求的成功秘诀说白了是非常单纯的——"攻其无备，出其不意"，即在敌人没有防备处发动进攻，在敌人意料不到时采取行动。可是要真正理解和掌握其中的精髓却并不容易，"此兵家之胜，不可先传也"。天底下没有免费的午餐，要在战场上得心应手、出神入化地施展"诡道"，赢得胜利，就必须亲身去实践，去琢磨，甚至必须有付出沉重代价的思想准备。

"兵之变化，固非一道"，因敌变化，随机制敌，才算是高明的战争指导者。倘若不懂这一层道理，不遵循这一条原则，那么即便遍读天下兵书，也终究是纸上谈兵，胶柱鼓瑟，隔靴搔痒，到头来难免夸夸其谈，一事无成。历史上赵括、马谡之流丧师辱身，贻笑天下，就是显著的例子。运用孙子"诡道十二法"的奥秘也是一样。战争中离不开"军事欺骗"的道理也许人人都懂，然而，有的人成功，有的人失败，问题就在于"骗术"掌握、运用的高明与否。这种高明属于"羚羊挂角，无迹可求"的境界，而不能用言辞来状摹和说明，所谓"上骗不言骗"。不过总的精神或许可以着眼于：第一，不能重复，切忌依样画葫芦，所谓"一之为甚，其可再乎"。第二，新奇怪诞，防不胜防，所谓"明枪易躲，暗箭难防"。第三，顺藤摸瓜，请君入瓮，所谓"将欲夺之，必固予之"。第四，逆向思维，反常为常，所谓"出乎意表，合乎其理"。按上述四个思路去设局，去谋策，必能使"军事欺骗"之手段日日翻新，"军事欺骗"之思维开合自如。

◎ 释疑解惑

1. "诡道十二法"的理解问题

一般人的理解，"诡道"就是诡诈之道，所谓"兵以诈立""兵不厌诈"，《三十六计》中的"声东击西""上屋抽梯""瞒天过海"等就是"兵不厌诈"的典型计谋，用现代的军事概念来说，即"战略欺骗"。这也是孙子在后世遭到一些人攻讦的缘由之一，具体地说，对于孙子以利为本、以诡道为用的战争观念，历史上曾有不少人提出过非议甚至攻击。这一攻击，肇始于秦汉，并在宋代达到高潮。如陈师道直斥《孙子兵法》为"盗术"，要求朝廷废黜之。叶适的看法与此大同小异，认为"非诈不为兵，盖自孙、吴始。甚矣，人心之不仁也"。高似孙的话说得更为刻薄蛮横："兵流于毒，始于孙武乎！武称雄于言兵，往往舍正而凿奇，背信而依诈。凡其言议反覆，奇变无常，智术相高，气驱力奋，故《诗》《书》所述，《韬》《匮》所传，至此皆索然无余泽矣。"在他们的眼中，孙武进步的战争观实属诡诈不仁之举。平心而论，这些论调均系偏颇迂阔之辞，不值得一驳。战争指导必须以"诡道"为原则，空谈"仁义"，只能沦落为宋襄公式的失败者，贻笑天下，这乃是最浅显的道理。

问题在于，现在《孙子兵法》中的"诡道十二法"，有的名副其实，合乎诡谲欺诈的宗旨，如"能而示之不能""用而示之不用""远而示之近""近而示之远""利而诱之""怒而挠之""卑而骄之"等。但有的法则，似乎并不符合"诡道"之名，例如"实而备之""乱而取之""强而避之"等，这些举措，只是战争指导者根据敌情随机应变，以恰当的方式与敌交锋，克敌制胜而已，所谓"因敌变化而取胜者"，没有什么"兵不厌诈"的伎俩在内。所以，有人认为，"诡道"的"诡"本质上是变化多端、灵活机动之意，将"诡"单纯理解为"诡诈欺谲"有些片面。其重要理由，是曹操注言"兵无常形，以诡诈为道"，而"兵无常形"，即"变化无穷"。这样的说法，不是绝对没有道理，但是，这并不能从文字本义溯源上来证明"诡"与"变"之间的必然联系。"诡道"是性质，"变化多端"只是表现上的某种特征，两者是无法简单等同的。我们不必为了替孙子"洗白"，而曲意将"诡道"引申为"多变"。

2. "兵以诈立"不可简单比附为"商以诈立"

把"兵以诈立"简单地比附为"商以诈立"，这种现象在当今社会对《孙子兵法》的实际运用中特别突出，在经济领域可谓泛滥成灾。不少人把《孙子兵法》奉为神明，当作包医百病的灵丹妙药，将《孙子兵法》的兵学原理，动辄去和商业经营、企业管理等经济活动加以联系，不分青红皂白一一予以对应。

我们说《孙子兵法》对今天的生活有启示，这主要是就其思想方法论的意义而言。它的战略决策思维，当然可以超越时空，为今天的人们所借鉴，但将其具体的用兵之法拿来，简单地用到经济活动中，这就属于乱贴标签，生搬硬套，容易造成严重的后遗症，危害匪浅。

说到底，兵法的根本属性在于一个"兵"字，讲的是用兵之法，是战场上你死我活的一种斗争艺术、胜负策略，它的本质属性是对敌人而不是对自己人的。因为战争的基本目的就是八个字：消灭敌人，保存自己。为了在战场上克敌制胜，就不妨用诡诈的手段去实现自己的战略意图，换言之，在战场上为了达到目的，可以不择手段。而商业竞争与企业经营管理乃是非对抗性矛盾，要讲诚信，要讲利益均沾。换言之，战争是讲求独胜，而管理与商业是追求双赢、多赢，互相之间，是一个互动的关系，所谓"多一个朋友多一条路，多一处市场多一份机会"。所以绝不能混淆两类不同性质的矛盾，不能不加区别地将《孙子兵法》中的"诡道"运用到企业管理和商业运作中去，否则就会"道德无底线，游戏无规则"，丧失是非之心、感恩之心、敬畏之心，而只剩下凉薄的功利之心了。这样发展下去，最终会出现道德的大滑坡，造成十分严重的诚信危机。

◎ 思考辨析题

1. 为什么说《计篇》在《孙子兵法》全书中占有总揽全局、提纲挈领的地位？

2. 以"五事七计"为对象，谈谈你所理解的孙子战略决策思维。

3. 谈一谈你所认知的"兵者诡道"的内涵与价值。

作　战　篇

　　本篇阐述如何结合实际情况进行战争的准备工作。孙子认为，战争对于人力、物力和财力存在着巨大的依赖关系。这种内在依赖关系，在春秋时期生产力比较低下，战争方式比较原始的特定历史条件下，不可避免地决定了战争中"速"的极端重要和"久"的重大危害。鉴于这样的认识，孙子明确地主张，在战争准备的过程中，必须明确树立"兵贵胜，不贵久"的速战速决指导思想，一再强调"兵闻拙速，未睹巧之久也"。为了保证速战速决作战指导思想的实现，妥善解决战争需要与后勤补给困难之间的矛盾，孙子提出了"因粮于敌"的重要原则，主张在敌对国家境内就地解决粮草补给问题。同时孙子还主张通过厚赏士卒、善待敌俘等手段来壮大自己的实力，达到"胜敌而益强"的目的。

　　作战，这里不是指通常意义上的战阵交锋，而是始战之意，即战争准备阶段。作，开始的意思。《诗经·鲁颂·駉》："思马斯作。"毛亨《传》曰："作，始也。"又，《荀子·致士》："故土之与人也，道之与法也者，国家之本作也。"张预注："计算乃定，然后完车马，利器械，运粮草，约费用，以作战备。"最符合孙子本篇之主旨。孙子在《计篇》之后紧接着论述战争准备这一问题，充分体现了其思想体系的内在逻辑性和系统性：庙算做出开战的决定后，接下来顺理成章，要进入战争的准备阶段。

孙子曰："凡用兵之法①，驰车千驷②，革车千乘③，带甲④十万，千里馈粮⑤；则内外之费⑥，宾客之用⑦，胶漆之材⑧，车甲之奉⑨，日费千金⑩，然后十万之师举⑪矣。

◎ 注释

①〔法〕规律，法则。②〔驰车千驷〕战车千辆。驰，奔、驱的意思。驰车，快速轻捷的战车，古代亦称"轻车""攻车"。曹操注："驰车，轻车也，驾驷马。"驷，原称驾一辆车的四匹马，后通指四匹马拉的战车，此处作量词用。③〔革车千乘〕专门用于运载粮草和军需物资的辎重车千辆。革车，一般认为就是守车、重车、辎车。杜牧注："革车，辎车、重车也。载器械、财货、衣装也。"一说革车为重型作战车辆。其文献依据有《左传·闵公二年》中"革车三十乘"，《孟子·尽心下》中"武王之伐殷也，革车三百乘"，等等。亦能成立。乘，也是古代一辆四匹马拉的车子。《说文》："车轭驾马上曰乘，马必四，故四马为一乘。"这里也作量词用。④〔带甲〕戴盔披甲，此处指全副武装的士卒。《国语·吴语》："为带甲三万，以势攻，鸡鸣乃定。"《管子·大匡》："天下之国，带甲十万者不鲜矣。"⑤〔千里馈粮〕意为当时的战争往往都是深入敌境，远离后方，所以需要有很长的后勤补给线，跋涉千里辗转运输粮草。馈，这里作供应、运送解。⑥〔内外之费〕内外，这里指前方、后方。王晳注："内谓国中，外谓军所也。"此句意为前方后方的开支。⑦〔宾客之用〕指招待诸侯国使节、游士的费用。宾客，诸侯使节以及游士。杜牧注："军有诸侯交聘之礼，故曰宾客。"⑧〔胶漆之材〕通指制作和维修弓矢等军用器械的物资材料。⑨〔车甲之奉〕泛指武器装备保养补充的开销。车甲，车辆、盔甲之属。奉，同"俸"，费用、开销。⑩〔日费千金〕每天都要花费大量财力。千金，巨额钱财。李筌注："千金者，言多费也。"李零《吴孙子发微》："先秦时期的'金'可能与秦制的

'金'接近，是以一镒为一金，'千金'约合374公斤。"⑪〔举〕出动。张预注："约其所费，日用千金，然后能兴十万之师。"

◎ **大意**

孙子说：兴师打仗的通常规律是，需要动用战车千辆，辎重车千辆，军队十万，同时还要跋涉千里运送军粮。前方后方的经费，款待列国使节的费用，胶漆器材的用度，车辆兵甲的开销，每天都要耗费千金，然后十万之师才能出动。

其用战也胜①；久则钝兵挫锐②，攻城则力屈③，久暴师则国用不足④。夫钝兵挫锐，屈力殚货⑤，则诸侯乘其弊而起⑥，虽有智者，不能善其后矣⑦。故兵闻拙速，未睹巧之久也⑧。夫兵久而国利者，未之有也⑨。故不尽知用兵之害者，则不能尽知用兵之利也⑩。

◎ **注释**

①〔其用战也胜〕指在战争耗费巨大的情况下用兵打仗，就要求做到速决速胜。胜，取胜，这里作速胜解。②〔久则钝兵挫锐〕意谓用兵旷日持久就会导致军队疲惫，锐气挫伤。张预注："久而后能胜，则兵疲气沮矣。"钝，疲惫、困乏的意思。挫，挫伤。锐，锐气。③〔攻城则力屈〕力屈，指力量耗尽。屈，穷尽，竭尽。《荀子·王制》："使国家足用，而财物不屈。"又，《庄子·天运》："目知穷乎所欲见，力屈乎所欲逐。"④〔久暴师则国用不足〕意谓长久陈师于外就会给国家经济造成困难。暴，露。《穀梁传·隐公五年》范

宁注："暴师经年。暴，露也。"国用，国家的开支。《礼记·王制》："冢宰制国用。"⑤〔屈力殚货〕指力量耗尽，经济枯竭。殚，尽，枯竭。张衡《东京赋》云："征税尽，人力殚。"薛综注："殚，尽也。"货，财货，此处指经济。⑥〔诸侯乘其弊而起〕其他诸侯国家便会利用这种危机前来进攻。张预注："邻国因其罢弊起兵以袭之。"其说甚是。弊，疲困，此处作危机、危难解。⑦〔虽有智者，不能善其后矣〕意谓即便有智能超群之人，也将无法挽回既成之败局。贾林注："人离财竭，虽伊、吕复生，亦不能救此亡败也。"后，后事，此处指败局。⑧〔兵闻拙速，未睹巧之久也〕拙，笨拙、不巧。《老子·第四十五章》："大直若屈，大巧若拙，大辩若讷。"速，迅速取胜。巧，工巧、巧妙。此句张预注云："但能取胜，则宁拙速而无巧久。"此句李贽《孙子参同》卷二注云："宁速毋久，宁拙毋巧，但能速胜，虽拙可也。"⑨〔夫兵久而国利者，未之有也〕谓长期用兵而有利于国家的情况，从来不曾有过。杜佑注："兵者凶器，久则生变。"⑩〔不尽知用兵之害者，则不能尽知用兵之利也〕不尽知，不完全了解。知，了解、认识。害，害处、危害。利，利益、好处。此句意谓必须充分认识用兵的危险性。

◎ 大意

用兵打仗，贵在速胜，旷日持久就会使军队疲惫，锐气受挫。攻打城池，会使得兵力耗竭；军队长期在野外作战，会使国家财力不继。如果军队疲惫，士气受挫，实力耗尽，国家经济枯竭，那么诸侯列国便会乘此危机发兵进攻，那时候即使有智慧超群的人，也将无法挽回危局。所以，用兵打仗，只听说过指挥虽拙但求速胜的情况，而没有见过讲究指挥工巧而追求旷日持久的现象。战事久拖不决而对国家有利的情形，从来不曾有过。因此，不完全了解用兵弊害的人，也就无法真正理解用兵的益处。

shàn yòng bīng zhě　　yì bú zài jí　　liáng bù sān zài　　qǔ yòng
善 用 兵 者， 役 不 再 籍①， 粮 不 三 载②； 取 用

yú guó　　yīn liáng yú dí　　gù jūn shí kě zú yě
于 国③， 因 粮 于 敌④。 故 军 食 可 足 也。

◎ 注释

①〔役不再籍〕役，兵役。籍，本义为名册，此处用作动词，即登记，征集，按名籍征发。再，二次。《左传·僖公五年》："一之为甚，其可再乎？"②〔粮不三载〕粮草不多次运送。三，多次。载，运输，运送。③〔取用于国〕曹操注："兵甲战具，取用国中。"④〔因粮于敌〕粮草给养依靠在敌国就地解决。其主要途径是抄掠敌境，如本书《军争篇》所言"掠乡分众"，《九地篇》所言"重地则掠"，等等。因，依靠，凭借。《左传·僖公三十年》："因人之力而敝之，不仁。"按，"取用于国""因粮于敌"是孙子军事后勤思想中的核心内容。

◎ 大意

善于用兵打仗的人，兵员不再次征集，粮草不多回运送。武器装备由国内提供，粮食给养在敌国补充。这样，军队粮食供给也就充足了。

guó zhī pín yú shī zhě yuǎn shū　　yuǎn shū zé bǎi xìng pín　　jìn yú shī
国之贫于师者远输①，远输则百姓贫。近于师

zhě guì mài　　guì mài zé bǎi xìng cái jié　　cái jié zé jí yú qiū yì　　lì
者贵卖②，贵卖则百姓财竭，财竭则急于丘役③。力

jué cái dān　　zhōng yuán nèi xū yú jiā　　bǎi xìng zhī fèi　　shí qù　　qí qī
屈财殚，中原内虚于家④。百姓之费，十去⑤其七；

gōng jiā zhī fèi　　pò chē pí mǎ　　jiǎ zhòu shǐ nǔ　　jǐ dùn bì lǔ　　qiū
公家之费⑥，破车罢马⑦，甲胄矢弩⑧，戟楯蔽橹⑨，丘

niú dà chē　　shí qù qí liù
牛大车⑩，十去其六。

◎ 注释

①〔国之贫于师者远输〕之，虚词，无实义。师，指军队。远输，远道运输。此句意思是说国家之所以因用兵而导致贫困，是由于军粮的远道运输。②〔近于师者贵卖〕近，临近。贵卖，指物价飞涨。意为临近军队驻扎地区的物价就飞涨。按，古代往往在军队驻地附近设置军市，以供交易。

③〔丘役〕军赋。古代以丘为单位征集的赋税。丘，古代的地方行政区划单位。《汉书·刑法志》："四井为邑，四邑为丘。"④〔中原内虚于家〕中原，此处指国中。此句意为，国内百姓之家因远道运输而变得贫困、空虚。⑤〔去〕耗去，损失。⑥〔公家之费〕公家，国家。费，费用，开销。⑦〔罢马〕疲惫不堪的马匹。罢，同"疲"。⑧〔甲胄矢弩〕甲，护身的铠甲。胄，头盔。矢，箭，箭镞。弩，弩机，一种依靠机械力量发射箭镞的弓，在当时为杀伤力颇大的新式武器。⑨〔戟楯蔽橹〕戟，古代戈、矛功能合一的兵器。楯，同"盾"，盾牌。蔽橹，用于攻城的大盾牌。甲胄矢弩、戟楯蔽橹，是对当时攻防兵器与装备的泛指。⑩〔丘牛大车〕丘牛，从丘役中征集来的牛。大车，指载运辎重的牛车。曹操注："丘牛，谓丘邑之牛。大车，乃长毂车也。"

◎ 大意

国家之所以因用兵而导致贫困，就是由于远道运输。远道运输，就会使百姓陷于贫困。临近驻军的地区物价必定飞涨，物价飞涨，就会使得百姓财富枯竭，财富枯竭就必然急于加重赋役。力量耗尽，国内便家家空虚。百姓的财产将会耗去十分之七，国家的财产，也会由于车辆的损坏，马匹的疲敝，盔甲、弓箭、矛戟、盾牌的制作和补充以及大牛大车的征调，而消耗掉十分之六。

gù zhì jiàng wù shí yú dí   shí dí yì zhōng   dāng wú èr
故 智 将 务 食 于 敌①，食 敌 一 钟②，当 吾 二

shí zhōng   qí gǎn yí dàn   dāng wú èr shí dàn
十 钟；萁 秆 一 石③，当 吾 二 十 石。

◎ 注释

①〔智将务食于敌〕智将，明智的将领。务，务求，力求。意为明智的将帅总是务求就食于敌国。②〔钟〕古代的容量单位。每钟六十四斗。曹操注："六斛四斗为钟。"③〔萁秆一石〕萁秆，泛指牛、马等牲畜的饲料。萁，通

"萁"，豆秸。《说文》："萁，豆茎也。"石，古代的重量单位。每石一百二十斤。《汉书·律历志》："三十斤为钧，四钧为石。"据出土衡器，战国时期的"石"重约三十公斤。

◎ **大意**

所以，明智的将帅务求在敌国解决粮草的供给问题。消耗敌国的一钟粮食，等同于从本国运送二十钟；耗费敌国的一石草料，相当于从本国运送二十石。

> gù shā dí zhě nù yě   qǔ dí zhī lì zhě huò yě   gù chē
> 故 杀 敌 者， 怒 也①；取 敌 之 利 者， 货 也②。故 车
> zhàn dé chē shí shèng yǐ shàng shǎng qí xiān dé zhě ér gēng qí jīng qí
> 战， 得 车 十 乘 已 上③， 赏 其 先 得 者， 而 更 其 旌 旗④，
> chē zá ér chéng zhī   zú shàn ér yǎng zhī   shì wèi shèng dí ér yì qiáng
> 车 杂 而 乘 之⑤， 卒 善 而 养 之⑥， 是 谓 胜 敌 而 益 强⑦。

◎ **注释**

①〔杀敌者，怒也〕言军队英勇杀敌，关键在于激励部队的士气。张预注："激吾士气，使上下同怒，则敌可杀。"②〔取敌之利者，货也〕货，财货。这里指用财货进行奖赏，以调动广大官兵杀敌制胜的积极性。句意为要让军队夺敌资财，就必须先依靠财货奖赏。《三略·上略》："军无财，士不来；军无赏，士不往。"③〔已上〕已，同"以"。④〔更其旌旗〕意为在缴获的敌军战车上更换上我军的旗帜。张预注："变敌之色，令与己同。"更，变更，更换。旌旗，古代用羽毛装饰的旗帜，是军中重要的指挥号令的工具。⑤〔车杂而乘之〕杂，掺杂，混合。《国语·郑语》云："先王以土与金木水火杂，以成万物。"韦昭注："杂，合也。"乘，驾、使用。意为将缴获的敌方战车和我方车辆掺杂在一起，用于作战。⑥〔卒善而养之〕意谓优待被俘虏的敌军士卒，使之为己所用。张预注："所获之卒，必以恩信抚养之，俾为我用。"卒，俘虏、降卒。⑦〔胜敌而益强〕指在战胜敌人的同时使自己变得更加强大。杜牧

注："因敌之资，益己之强。"益，增加。

◎ **大意**

要使军队英勇杀敌，就应激发士兵同仇敌忾的士气。要想夺取敌人的军需物资，就必须借助于物质奖励。在车战中，凡是缴获战车十辆以上的，就奖赏最先夺得战车的人。同时，要更换战车上的旗帜，混合编入自己的战车行列。对敌俘要予以优待和任用。这就是说愈是战胜敌人，自己也就愈强大。

gù bīng guì shèng bú guì jiǔ　　gù zhī bīng zhī jiàng　　shēng mín zhī
故 兵 贵① 胜，不 贵 久。故 知 兵 之 将②，生 民 之

sī mìng　　guó jiā ān wēi zhī zhǔ yě
司 命③，国 家 安 危 之 主 也④。

◎ **注释**

①〔贵〕重，推重的意思。《礼记·中庸》："去谗远色，贱货而贵德。"②〔知兵之将〕指深刻懂得用兵之法的优秀将帅。知，认识，了解的意思。③〔生民之司命〕意为普通民众命运的掌握者。生民，泛指一般民众。《孟子·公孙丑上》："率其子弟，攻其父母，自有生民以来，未有能济者也。"司命，星宿名。《宋史·天文志》："司命二星在虚北……主死亡。"此处喻指命运的主宰。④〔国家安危之主也〕国家安危存亡的主宰者。王晳注："将贤则民保其生，而国家安矣。"主，主宰之意。

◎ **大意**

因此，用兵打仗贵在速战速决，而不宜旷日持久。因此，懂得用兵之道的将帅，是民众生死的掌握者，是国家安危的主宰。

◎ **教学引导**

本篇讲战争的准备工作。在孙子那里，战争准备是全方位的，包括经济上的准备、政治上的准备、思想上的准备、军事上的准备、外交上的准备、文化上的准备等多个方面。同时，孙子又是讲重点的：在所有的准备之中，

经济准备是首要的，经济与军事准备结合的重点，则是军事后勤的准备，而在军事后勤准备诸项目中，粮草的准备又是重中之重。本篇虽是讲战争准备，但也鲜明地体现了孙子战略指导思想的两个基本要义：第一，进攻至上；第二，速战速决。

从军事学角度来讲，旷日持久地同敌人拼消耗、拼意志，来完成战略优劣态势的转换，最终赢得战争的胜利，是一种颇不情愿但又无可奈何的选择。如果自己方面在实力上明显占有优势，又机遇凑合，那么自然应该采取"快刀斩乱麻"的手段，干净利落地摆平对手，尽可能用最小的代价换取最大的胜利，这就是所谓的速战速决。古今中外有头脑的军事家都遵奉这条原则，都把在尽可能短的时间里打败敌人，实现预定的战略目标作为用兵打仗的理想追求。因为他们都懂得一个道理：一分钟可以决定战斗的结局，一小时可以决定战局的胜负，一天则可以决定国家的命运。军队的迅速机动和闪电般的冲击永远是真正的战争灵魂。所以《吕氏春秋》的编者把迅猛神速、进攻速胜看成"决义兵之胜"的关键："急疾捷先，此所以决义兵之胜也，而不可久处。"明朝人尹宾商更是强调"时不再来，机不可失，则速攻之，速围之，速逐之，速捣之"，认为如此则"靡有不胜"（《白豪子兵篇》）。

兵圣孙武子就是进攻速胜论的首创者，他汲汲主张的"兵闻拙速，未睹巧之久也""兵贵胜，不贵久"，实际上已经十分精辟地概括了速战速决理论的本质属性。

孙子的速战速决思想，不是凭空产生的，而是在核算战争经济成本后得出的基本认识。作为参悟战争禅机的军事家，孙子充分认识到战争对人力、物力和财力存在着巨大的依赖关系。这种深刻的依赖关系，在当时生产力比较低下，作战方式相对原始的特定历史条件下，不可避免地决定了战争中速战速决的极端重要性和旷日持久的莫大危害。这一特点，要求战争指导者在从事战争准备活动的过程中，明确树立起"兵贵胜，不贵久"的速战速决指导思想，一切战争准备工作都必须紧紧围绕这一中心来开展。

孙子不但是一位军事学家，也是一位经济学家。在他看来，战争不仅是智慧的角逐，也是国家综合实力的较量。而在构成国家综合实力的诸多因素中，经济又占据特殊的地位。换句话说，经济是从事战争的前提和基础，是制约一切军事活动的最主要的物质因素。没有充足的财力、物力，任何战略计划都是空中楼阁。所以不能不算经济账，而经济账算下来，战争便不能不速战速决，时间越短越好。

在孙子看来，战争是一场成本极其昂贵的"豪赌"：动用十万部队规模的军事行动，花销大得让人吃惊，简直是一个填不满的无底洞。在"丘牛大车"的农耕社会里，没有比兴师动众更花费钱财的事情了。如此高投入、高消耗的战争，一旦旷日持久，久拖不决，那么它的后果必定是极其严重的，甚至是非常可怕的。孙子认为这种后果至少有三个方面：

第一，战争旷日持久一定会导致国家财力物力的巨大消耗。国家经济资源再丰富，也承受不起长期战争所带来的巨大支出，"久暴师则国用不足"，"力屈财殚，中原内虚于家。百姓之费，十去其七；公家之费，破车罢马，甲胄矢弩，戟楯蔽橹，丘牛大车，十去其六"。金山银山，也经不得"坐吃山空"，老是打仗，老是用兵，国库当然空空如也，银子流水一般花掉，国家的建设还搞不搞？朝廷的前途还要不要？这显然是一桩十分不划算的买卖。

第二，战争久拖不决势必会进一步加重普通老百姓的负担，激化社会各种矛盾。国家的财富从哪里来？说到底还不是从老百姓身上征收来的，所谓"羊毛出在羊身上"。打仗打久了，国库空虚了，可还想打下去，怎么办？唯一的出路，便是加大对老百姓的搜刮力度，"财竭则急于丘役"，把战争负担转嫁到平民百姓身上。而那些不法奸商也会乘机哄抬物价，大发战争横财，"近于师者贵卖，贵卖则百姓财竭"，使得底层民众"屋漏偏逢连夜雨，船破更遇顶头风"，雪上加霜，苦不堪言。肚子里怨气积多了，迟早有一天会宣泄出来，这样就会激化各种矛盾，导致严重的社会危机。

第三，战争时间久了，很容易使国家陷入多面受敌、多线作战的被动局面。俗话说"螳螂捕蝉，黄雀在后"，"鹬蚌相争，渔翁得利"。要知道，春秋战国是诸侯林立、列国纷争的动荡时代，"国际"关系十分复杂。在这种情况下，如果某一个国家长期征战攻伐，暴师在外，导致国内防御空虚，实力锐减，那么就会给原先坐山观虎斗的第三国提供可乘之机，最终使自己陷入多线作战的不利处境，即所谓"夫钝兵挫锐，屈力殚货，则诸侯乘其弊而起"，而这样的危险局面一旦形成，便无法挽回了，"虽有智者，不能善其后矣"。

为了确保速战速决作战指导思想的实现，就需要解决战争消耗巨大与后勤补给困难之间的矛盾。为此，孙子提出了"取用于国""因粮于敌"的军事后勤保障原则。众所周知，后勤保障是军队战斗力的重要组成部分，是重要的战略因素，它直接关系到战争的胜负。孙子对此是有深刻的认识的。所谓"取用于国"，就是主张武器装备由国内提供。这主要有两个原因。一是士兵对战场上使用的兵器必须事先熟悉其性能，掌握其特点，这样使用起来才能得心应手，杀敌制胜。二是武器装备直接为敌国兵库所收藏和控制，不像粮秣那样可以随时就地征发。所以武器装备最佳的保障途径乃是"取用于国"。所谓"因粮于敌"，就是指在敌国境内就地解决粮饷补给的后勤保障原则。孙子认为，军粮问题生死攸关，然而假如采取"千里馈粮"的方式来解决补给问题，实在是弊大于利，既造成民穷国困，又导致物价飞涨，从而引起内外骚动，埋下社会动乱的种子。所以，"千里馈粮"乃是不得已的选择，正确的做法应该是"因粮于敌"。

"民以食为天"，在整个军事后勤保障体系中，又以粮食的补给为首要条件。中国自古以农立国，农耕经济方式影响着人们的思维。"无粮食则亡"，粮食问题在军事后勤乃至整个战争过程中始终占有最突出的地位，军事后勤是否成功，战争准备是否充分，很大程度上取决于粮食是否供应得上，所以说"用兵制胜，以粮为先"。曹操一把大火烧掉了袁绍存放在乌巢的军粮，袁绍数十万大军顿时不战自溃，袁绍也就彻底被击垮了。张巡死守睢阳城，决不投降，一旦粮食吃光，睢阳城还是落入了安史叛军的手中。可见，断炊绝粮是军队打仗的大忌，克敌制胜必须以有饭吃为前提。

怎样解决军队的吃饭问题？孙子出的主意是"因粮于敌"。他算了一笔账，"千里馈粮"成本太高，很不划算。而"食敌一钟，当吾二十钟；萁秆一石，当吾二十石"，所以正确的方法是在敌国境内就地解决军粮供应问题，以战养战，来维系战争机器的正常运转。

至于"因粮于敌"的具体手段，孙子也非常坦率地提了出来，这就是"重地则掠""掠于饶野""掠乡分众"等。抢对方田地上长的庄稼，抢对方牧场上放的牛羊，抢一切可以用来填饱自己肚子的东西。手段很单纯，目的很简单，就是要让对手当自己的"运输大队长"。孙子认为，纵兵大掠，抢得快，抢得好，至少有三层好处：一是缩短了补给线，减少了损耗率，大大节省了本国粮草开销与运输成本，也有效减轻了本国民众的战争负担。二是有力地削弱了敌人的后勤补给能力，从根本上打击了敌人用以支持战争的物质保障，彼消而我长，速战速决有了更大的希望。三是补给更及时，就地抢粮要比路远迢迢运送粮草来得方便、迅捷，从而使我方及时捕捉战机，掌握战场主动权有了保障。

◎ 释疑解惑

中国兵家文化的明线与暗线

《孙子兵法》体现的是强者的用兵原则，即其后裔孙膑所提倡的"战胜而强立"之道。在孙子看来，进攻是最好的防御，战略上最好的手段，就是进攻再进攻，直至胜利！他主张在最短的时间里，用最强大的力量，以迅雷不及掩耳之势发动进攻，"堕其城，隳其国"，给敌人以毁灭性的打击。所以，毫无疑义，孙子的战争哲学是进攻至上，特色是刚强进取，基本手段是先发制人。这是中国兵家文化的一条明线，一个主流。

中国兵家文化中还存在一条暗线，一支潜流。这支潜流，就是由《老子》的哲学所推导出来的以防御为本质特征的战略指导原则。它强调防御的特殊地位，主张知雄守雌、知荣守辱，提倡"柔武"，基本的表现形式为以柔克刚，后发制人。这两种不同风格的兵家文化共存互补，从而使得中国历代战略文化生生不息，日臻成熟！

◎ 思考辨析题

1. 结合春秋战国的历史实际，说明孙子"进攻速胜"思想的意义与价值。

2. 如何辩证地评价孙子"因粮于敌"的主张？

谋 攻 篇

　　本篇主要论述如何谋划进攻之道以在战争中夺取"全胜"的战略问题。在战争的准备工作业已就绪的前提下，根据战争成本的大小与克敌制胜的效益，来选择适宜的战略手段。以"伐谋"为最高目标，以"攻城"为不得已的选择，体现了孙子战略手段与方案选择上的多样性。"上兵伐谋""不战而屈人之兵"是孙子所汲汲追求的用兵艺术的最高境界。

　　孙子认为，"百战百胜"并非用兵的最佳手段，高明的战争指导者应该做到"屈人之兵而非战也，拔人之城而非攻也，毁人之国而非久也"，从而实现战略上的"全胜"。同时，孙子认识到达到"不战而屈人之兵"这样的境界并不容易，所以他也立足于通过战场交锋来赢得胜利。为此，他提出了一系列正确的战术运用方针："十围""五攻""倍战""敌分""少逃""不若避"。在本篇中，孙子还指出不谙军事的君主干预战场指挥的危害性，强调了"知胜"的五个基本条件，并在篇末揭示了"知彼知己，百战不殆"的著名军事规律，这一规律直到今天仍具有重大的启迪意义。

sūn zǐ yuē　fán yòng bīng zhī fǎ　　quán guó wéi shàng　pò guó cì zhī

孙子曰：凡用兵之法，全国为上，破国次之①；

quán jūn wéi shàng　pò jūn cì zhī　　quán lǚ wéi shàng　pò lǚ cì zhī

全军为上，破军次之②；全旅③为上，破旅次之；

quán zú wéi shàng　pò zú cì zhī　　quán wǔ wéi shàng　pò wǔ cì zhī

全卒④为上，破卒次之；全伍⑤为上，破伍次之。

shì gù bǎi zhàn bǎi shèng　fēi shàn zhī shàn zhě yě　　bú zhàn ér qū rén zhī

是故百战百胜，非善之善者也⑥；不战而屈人之

bīng　shàn zhī shàn zhě yě

兵，善之善者也⑦。

◎ 注释

①〔全国为上，破国次之〕以实力为后盾，迫使敌方城邑完整地降服为上策，而通过战争交锋，攻破敌方的城邑则稍差一些。曹操注："兴师深入长驱，距其城郭，绝其内外，敌举国来服，为上。以兵击破，败而得之，其次也。"全，完整、全部。国，在春秋时指的是国都或大城邑。《国语·周语中》："国有班事，县有序民。"韦昭注："国，城邑也。"破，攻破、击破的意思。按，"国"在这里也可以理解为国家，因为古人一般以国都代指整个国家。②〔全军为上，破军次之〕意为能使敌人的"军"完整地降服是上策，击破敌人的"军"则略逊一筹。以下"全旅""破旅"，"全卒""破卒"，"全伍""破伍"等句，也是这一观点的不同表述。军，本义为驻屯，后来泛指军队，也是军队的一个编制单位。此处当是后义。《周礼·地官·小司徒》："五旅为师，五师为军。"郑玄注："军，万二千五百人。"但春秋战国时各国军队编制不尽相同，故文献中"军"的编制人数也各有差异。③〔旅〕古代军队编制单位。通常以五百人为一旅。《左传·哀公元年》："有田一成，有众一旅。"杜预注："五百人为旅。"④〔卒〕军队编制单位。《左传》杜预注："百人为卒。"但春秋齐国之"卒"为二百人，《管子·小匡》："四里为连，故二百人为卒。"⑤〔伍〕古代军队最基本的编制单位。《周礼·地官·乡大夫》："五人为伍。"按，古代各种军队编制均是从伍法起源，如10人制的什，25人制的两，50人制的小戎或

队，100人或200人的卒，都是从伍进上去的。伍可按前、中、后成"列"，也可按左、右、前、后、中成方阵。可见，伍是决定古代队形编制（阵法）的最基本要素（参见李零《吴孙子发微》）。⑥〔百战百胜，非善之善者也〕善，好，高明之意。此句张预注曰："战而能胜，必多杀伤，故曰非善。"⑦〔不战而屈人之兵，善之善者也〕屈，屈服、降服，这里是使动用法。张预注："明赏罚，信号令，完器械，练士卒，暴其所长，使敌从风而靡，则为大善。"这是对孙子"不战而屈人之兵"主张之实现条件及效果的妥切阐述。

◎ **大意**

孙子说：一般的战争指导法则是，使敌国举国降服为上策，而击破敌国就略逊一筹；使敌人全"军"完整地降服为上策，而击溃敌人的"军"就略逊一筹；使敌人全"旅"完整地降服为上策，而打垮敌人的"旅"就略逊一筹；使敌人的"卒"完整地降服为上策，而击败敌人的"卒"就略逊一筹；使敌人的"伍"完整地降服为上策，而击败敌人的"伍"就略逊一筹。因此，百战百胜，并不是最高明的；不经交战而能使敌人屈服，这才算是最高明的。

gù shàng bīng fá móu　qí cì fá jiāo　qí cì fá bīng　qí xià
故 上 兵 伐 谋①，其 次 伐 交②，其 次 伐 兵③，其 下

gōng chéng　gōng chéng zhī fǎ　wéi bù dé yǐ　xiū lǔ fén wēn　jù
攻 城；攻 城 之 法④，为 不 得 已⑤。修 橹 轒 辒⑥，具

qì xiè　sān yuè ér hòu chéng　jù yīn　yòu sān yuè ér hòu yǐ
器 械⑦，三 月 而 后 成，距 闉⑧，又 三 月 而 后 已⑨。

jiàng bú shèng qí fèn ér yǐ fù zhī　shā shì sān fēn zhī yī ér chéng bù
将 不 胜 其 忿 而 蚁 附 之⑩，杀 士 三 分 之 一 而 城 不

bá zhě　cǐ gōng zhī zāi yě
拔 者⑪，此 攻⑫ 之 灾 也。

◎ **注释**

①〔上兵伐谋〕上兵，上乘的用兵之法。张预注："兵之上也。"伐，进攻、攻打。谋，谋略。伐谋，以谋略攻敌赢得胜利。此句梅尧臣注："以智

胜。"②〔其次伐交〕交，交合，两军对峙示威。伐交，指在两军阵势已列，战衅将开之际，向敌显示己方的严整军容和强大实力，震慑敌人，从而使敌人丧失斗志和信心，被迫退兵或投降。即所谓"以威胜"（梅尧臣注）。③〔伐兵〕通过军队间交锋一决胜负。兵，此处指进行野战。梅尧臣注云："以力胜。"④〔法〕途径，手段。⑤〔为不得已〕言实出无奈而为之。⑥〔修橹轒辒〕制造大盾和攻城的四轮大车。修，制作，建造。橹，曹操注"大楯也"，即藤革等材料制成的大盾牌。一说，橹即"楼橹"，一种攻城用的器具。轒辒，攻城用的四轮大车，用大木制成，外蒙生牛皮，可以容纳兵士十余人。杜牧注："排大木为之，上蒙以生牛皮，下可以容十人，往来运土填堑，木石所不能伤。"⑦〔具器械〕准备攻城用的各种器械。具，准备。《左传·隐公元年》："缮甲兵，具卒乘。"器械，曹操注："机关攻守之总名，飞楼云梯之属。"⑧〔距闉〕为攻城做准备而堆积的高出城墙的土山。曹操注："距闉者，踊土积高而前，以附其城。"距，依杨丙安《孙子会笺》说，"距"与"拒"相通，皆有"备""治"之义，故可理解为准备。闉，小土山。武经本作"堙"，义同。⑨〔已〕这里是完成、竣工之意。⑩〔将不胜其忿而蚁附之〕胜，克制，制服。《国语·晋语四》："尊明胜患，智也。"忿，愤懑、恼怒。蚁附之，指驱使士兵像蚂蚁一般爬梯攻城。⑪〔杀士三分之一而城不拔者〕士，士卒。杀士三分之一，言使三分之一的士卒被杀。拔，攻占城邑或军事据点。曹操注："将忿，不待攻器成，而使士卒缘城而上，如蚁之缘墙，必杀伤士卒也。"⑫〔攻〕此处特指攻城。

◎ 大意

所以，用兵的上策是运用谋略战胜敌人，其次是用兵慑服敌人，再次是击败敌人的军队，下策就是攻打敌人的城池。选择攻城的做法实出于不得已。制造攻城的大盾和四轮大车，准备攻城的器械，要费时数月才能完成，而构筑用于攻城的土山，又要花费几个月时间才能竣工。将帅克制不住自己愤怒的情绪，驱使士卒像蚂蚁一样去爬梯攻城，结果士卒损失了三分之一，而城池却仍旧未能攻克。这就是攻城所带来的灾难。

故善用兵者，屈人之兵而非战也①；拔人之城而非攻也②；毁人之国而非久也③。必以全争于天下④，故兵不顿而利可全⑤，此谋攻之法也⑥。

◎ 注释

①〔屈人之兵而非战也〕言不采用直接交战的办法而迫使敌人屈服。张预注："或破其计，或败其交，或绝其粮，或断其路，则可不战而服之。"②〔拔人之城而非攻也〕意为夺取敌人的城池而不靠硬攻的办法。③〔毁人之国而非久也〕非久，不旷日持久。指灭亡敌国而无须旷日持久。曹操注："毁灭人国不久露师也。"④〔必以全争于天下〕全，即上言"全国""全军""全旅""全卒""全伍"之"全"。此句意为一定要根据全胜的战略争胜于天下。⑤〔兵不顿而利可全〕顿，同"钝"，指疲惫，受挫折。利，利益。全，保全。⑥〔此谋攻之法也〕这就是以谋略胜敌的最高原则。法，原则、宗旨。

◎ 大意

所以，善于用兵的人，使敌人屈服而不是靠交战，攻占敌人的城池而不是靠强攻，毁灭敌人的国家而不是靠久战。一定要用全胜的方略争胜于天下。所以，自己的军队不至于疲惫受挫，而胜利却能够圆满实现，这就是以谋略胜敌的原则。

故用兵之法，十则围之①，五则攻之②，倍则分之③，敌则能战之④，少则能逃之⑤，不若⑥则能避之。故小敌之坚，大敌之擒也⑦。

◎ 注释

①〔十则围之〕兵力十倍于敌就包围敌人。曹操注："以十敌一，则围之。"②〔五则攻之〕兵力五倍于敌就主动向它发起进攻。③〔倍则分之〕倍，加倍。分，分散。有两倍于敌的兵力，就设法分散敌人，造成局部上的更大优势。④〔敌则能战之〕敌，《尔雅·释诂》："匹也。"指兵力相当，势均力敌。《战国策·秦五》："四国之兵敌。"高诱注："强弱等也。"能，乃、则的意思。此处与"则"合用，以加重语气。此句言如果敌我力量相当，则当敢于抗击、对峙。⑤〔少则能逃之〕少，兵力少。逃，退却、躲避。⑥〔不若〕不如。这里指实际力量不如敌人。⑦〔小敌之坚，大敌之擒也〕小敌，弱小的军队。之，如果。《左传·宣公十二年》："楚之无恶，除备而盟。"坚，坚定、强硬，此处指固守硬拼。大敌，强大的敌军。擒，捉拿，此处指俘虏。此句通常的解释是小不可勉强敌大。李筌注："小敌不量力而坚战者，必为大敌所擒也。"但亦有人认为，此句可释为：小的对手如果能集中兵力，即使大的对手也可擒获（《吴孙子发微》）。

◎ 大意

用兵的原则是，拥有十倍于敌的兵力就包围敌人，拥有五倍于敌的兵力就进攻敌人，拥有两倍于敌的兵力就设法分散敌人，兵力与敌相当就要努力抗击，兵力少于敌人就要退却，兵力弱于敌人就要避免决战。所以，弱小的军队如果一味坚守硬拼，就势必沦为强大敌人的俘虏。

fú jiàng zhě　　guó zhī fǔ yě　　fǔ zhōu zé guó bì qiáng　　fǔ xì

夫将者，国之辅也①，辅周则国必强②，辅隙

zé guó bì ruò

则国必弱③。

◎ 注释

①〔国之辅也〕国，指国君。辅，原意为辅木。《左传·僖公五年》："辅车相依。"孔颖达疏："盖辅车一处分为二名耳，辅为外表，车为内骨，故云相

依也。"这里引申为辅助。②〔辅周则国必强〕言辅助周密、相依无间，国家就强盛。周，周密。③〔辅隙则国必弱〕辅助有缺陷则国家必弱。隙，缝隙，此处指有缺陷、不周全。

◎ **大意**

将帅是国君的辅佐。辅助周密，国家就一定强盛；辅助有缺陷，国家就一定衰弱。

gù jūn zhī suǒ yǐ huàn yú jūn zhě sān　　bù zhī jūn zhī bù kě yǐ
故 君 之 所 以 患 于 军 者 三①： 不 知 军 之 不 可 以

jìn ér wèi zhī jìn　　bù zhī jūn zhī bù kě yǐ tuì ér wèi zhī tuì　shì
进 而 谓 之 进②， 不 知 军 之 不 可 以 退 而 谓 之 退， 是

wèi mí jūn　　bù zhī sān jūn zhī shì　ér tóng sān jūn zhī zhèng zhě　zé
谓 縻 军③。 不 知 三 军 之 事， 而 同 三 军 之 政 者④， 则

jūn shì huò yǐ　　bù zhī sān jūn zhī quán　ér tóng sān jūn zhī rèn　zé
军 士 惑 矣⑤。 不 知 三 军 之 权， 而 同 三 军 之 任⑥， 则

jūn shì yí yǐ　sān jūn jì huò qiě yí　zé zhū hóu zhī nàn zhì yǐ　shì
军 士 疑 矣。 三 军 既 惑 且 疑， 则 诸 侯 之 难 至 矣， 是

wèi luàn jūn yǐn shèng
谓 乱 军 引 胜⑦。

◎ **注释**

①〔君之所以患于军者三〕患，危害、贻害。三，指三类情况、三种做法。②〔谓之进〕谓，告诉。此处是命令的意思。《诗经·小雅·出车》："自天子所，谓我来矣。"郑玄笺曰："以王命召己，将使为将帅也。"可资参证。谓之进，犹言"使（命令）之进"。③〔是谓縻军〕这叫作束缚军队。縻，束缚，羁縻。④〔不知三军之事，而同三军之政者〕梅尧臣注曰："不知治军之务而参其政。"三军，泛指军队。周时一些大的诸侯国设三军，有的为上、中、下三军，有的为左、中、右三军。同，共，此处是参与、干预、干涉的意思。政，政务，这里专指军队的行政事务。⑤〔军士惑矣〕军士，指军队的吏卒。

惑，迷惑、困惑。⑥〔不知三军之权，而同三军之任〕此句意谓不知军队行动的权变，而直接干预军队的指挥。权，权变、机动。任，指挥、统率。《左传·僖公十五年》："重怒难任。"杜预注："任，当也。"⑦〔乱军引胜〕梅尧臣注曰"自乱其军，自去其胜"，最合文意。乱军，扰乱军队。引，去、却、失的意思。《礼记·玉藻》"引而去"，郑玄注："引，却也。"引胜，即却胜。一说"引"为引导、导致之意，引胜即导致敌人胜利。其说虽可通，但孙子此处实就己方军情发议，故应以前说为善。

◎ **大意**

国君危害军事行动的情况有以下三种：不了解军队不能前进而硬使军队前进，不了解军队不能后退而硬令军队后退，这叫作束缚军队。不了解军队的内部事务，而去干预军队的行政，就会使得将士迷惑。不懂得作战上的权宜机变，而去干涉军队的指挥，就会使得将士产生疑虑。军队既迷惑又存有疑虑，那么诸侯列国乘机进犯的灾难也就随之降临了。这就叫作自乱其军，自寻败亡。

故知胜有五：知可以战与不可以战者胜；识众寡①之用者胜；上下同欲②者胜；以虞③待不虞者胜；将能而君不御者胜④。此五者，知胜之道⑤也。

◎ **注释**

①〔众寡〕指兵力多少。②〔同欲〕意愿一致，指齐心协力。③〔虞〕有准备，有戒备。④〔将能而君不御者胜〕将帅有才能而国君不加掣肘的能够获胜。杜佑注："将既精能晓练兵势，君能专任事不从中御。"能，贤能、有才能。御，原意为驾御，这里指牵制、制约。⑤〔道〕规律、方法。

◎ 大意

预知胜利的情况共有五种：知道可以同敌人打或不可以同敌人打的，能够胜利；了解多兵和少兵的不同用法的，能够胜利；全军上下意愿一致的，能够胜利；以有备之己对付无备之敌的，能够胜利；将帅有才能而国君不加掣肘的，能够胜利。凡此五项，就是预知胜负的方法。

故曰：知彼知己者，百战不殆①；不知彼而知己，一胜一负②；不知彼，不知己，每战必殆。

◎ 注释

①〔知彼知己者，百战不殆〕孟氏注曰："审知彼己强弱之势，虽百战，实无危殆。"殆，危险。②〔一胜一负〕杜佑注："胜负各半。"指无必胜之把握。

◎ 大意

所以说：既了解敌人，又了解自己，那么打上百仗都不会有任何危险；虽不了解敌人，但了解自己，那么有时能胜利，有时会失败；既不了解敌人，又不了解自己，那么每次用兵都必然会有危险。

◎ 教学引导

孙子是中国古代首屈一指的军事谋略大师，《孙子兵法·谋攻篇》是中国军事谋略学的奠基之作。它高屋建瓴地提示了用兵打仗的理想境界以及达到这一境界的必由之路。其中心思想是论述如何运用高明的谋略，来实现战略上的"全胜"。以"智"用兵，以"谋"制敌，知彼知己，计出万全，就像一条坚韧的红线，贯穿于本篇的始终，从而使得本篇成为中华智慧的结晶、古典谋略的渊薮。

（一）"全胜"战略的两个层次

战争是流血的政治，它固然是社会进步、文明嬗递过程中一个不可逾越的阶梯，但是，它对物质、文化的毁耗，对生命的吞噬等种种严重后果也同样显而易见。所以，历史上真正伟大的军事家，出于对人类命运的终极关怀，都致力于在确保战略目标实现的前提下，寻找最大限度减少战争伤亡和损失的道路。"兵圣"孙武就是这方面最杰出的代表。他所找到的道路即所谓的"全胜"理论，提出的方案便是"必以全争于天下"，做到"兵不顿而利可全"。

从全篇文字来看，"全胜"思想包含两个主要层次，一是追求"不战而屈人之兵"的理想境界，二是在不得已而用兵作战的情况下，尽可能减少损失，实现破中之全。前者是高层次的"全胜"，后者则是相对低层次的"全胜"，然而两者互为关系，相互弥补，相得益彰。①

孙子认为"百战百胜"表面上轰轰烈烈、风光无限，其实是"如鱼饮水，冷暖自知"，并非用兵打仗的上乘境界；唯有"不战而屈人之兵"，才是战争指导者所应该孜孜追求的神圣目标："是故百战百胜，非善之善者也；不战而屈人之兵，善之善者也。"换句话说，高明的战略家应该真正做到"屈人之兵而非战也，拔人之城而非攻也，毁人之国而非久也，必以全争于天下，故兵不顿而利可全"，即以强大的军事实力作为后盾，通过高明的谋略摧毁敌人的抵抗意志，不经过直接的战场交锋而使敌人投降，从而实现战略上的"全胜"。在孙子看来，推行"全胜"战略乃是理有固宜，势所必然。因为对自己一方来说，这样做代价最小；对敌人一方来说，这样做反抗最小；对普通老百姓来说，所遭受的灾难最小；对天下来说，所获得的利益最大。

不过，假如因为孙子"不战而屈人之兵"思想具有合理的成分，就把它尊奉为孙子整个学说的精髓，说孙子理论的宗旨是"不战主义"，孙子本人是"和平大使"，那又完全是郢书燕说了。世间之事"不如意者常八九"，孙子"不战而屈人之兵"的战略思想是一种十分美妙、令人羡慕的用兵理想境界，在现实生活之中，它的实现难免荆棘丛生，困难重重。因为理想与现实之间，毕竟存在着很难逾越的鸿沟，在处理阶级之间、民族之间、集团之间以及国家之间不可调和的对抗性矛盾的时候，"不战而屈人之兵"当然是一种选择，但是这种选择实属偶然，并没有普遍性的意义。一般地说，只有在一方处于绝对的优势，另一方处于绝对的劣势，而处于绝对劣势的一方又由于各种各样的原因丧

---

① 参见黄朴民，高润浩：《新读孙子兵法》，吉林：长春出版社，2008年版。

失了抵抗意志的情况下，"不战而屈人之兵"才有可能变成现实。换句话说，与大量存在的"困兽犹斗""负隅顽抗"的现象相比，"不战而屈人之兵"的情况毕竟十分罕见。

孙子非常清醒地认识到"不战而屈人之兵"是可遇而不可求的，与其仰着脖子眼巴巴等待天上掉馅饼的好事，不如脚踏实地去争得属于自己的利益。所以，在本篇中他更注重从实际出发，立足于高明的作战指导，通过战场上一刀一枪去争取胜利。当然，这种胜利的出发点也完全建立在以最小的代价换取最大的利益这一认识的基础之上，即所谓"以破求全"，而不是逞血气之勇，鲁莽行事，打"舍命仗"，打"糊涂仗"。这显然是孙子"全胜"战略思想的第二个层次，与前一个层次相比，它更具有可操作性，不是花拳绣腿，而是见血封喉的真功夫。

如果说实现高层次"全胜"的基本途径是"伐谋"（跟敌人拼智慧、斗计谋，让对手甘拜下风）和"伐交"（向敌人显实力、展威风，让对手知难而退），那么，实现这一层次的"全胜"的主要手段便是"伐兵"（在野外旷地上拼个你死我活），在没有其他招数的情况下也不排斥"攻城"。当然，这种"伐兵"与"攻城"，绝不是鲁莽进攻，死打硬拼，而是要依靠智谋奇计，胜得巧妙，同样立足于对战争效果的积极追求。为此，孙子在本篇中独具匠心地提出了一整套的战术运用方针：拥有十倍于敌的兵力就包围敌人，拥有五倍于敌的兵力就进攻敌人，拥有两倍于敌的兵力就分割敌人，兵力与敌人相当就要努力抗击敌人，兵力少于敌人就要设法摆脱敌人，实力弱于敌人就要努力避免决战。总之，要根据集中优势兵力各个击破敌人的根本原则，针对敌我兵力对比的不同而采取灵活机动的战术，"分别主客，指画攻守"，迫使敌人在我的凌厉打击下丧失抵抗的意志，摇白旗投降。

这样一来，孙子的"全胜"战略思想就系统化和具体化了，一方面确立了"不战而屈人之兵"的崇高目标，另一方面又具有可付诸军事斗争实践的可操作性，如"十围、五攻、倍分、敌战、少逃、不若避"等。两者互为补充，相辅相成，共同服务于"必以全争于天下"这个基本宗旨。

这里其实有一个如何正确理解和认识"全"的内涵的问题。《孙子兵法》十三篇中，提到"全"的地方多达十余处，什么"全国为上，全军为上，全旅为上，全卒为上，全伍为上""必以全争于天下"，什么"自保而全胜""安国全军之道"等，不一而足。可见，"全"在孙子思想体系中的地位，如同孔子哲学的核心"仁"、老子哲学的核心"道"、墨子哲学的核心"兼爱"、韩非子哲学的核心"法术势"一样，具有十分重要的意义。

"全"无疑是一种理想的境界，是值得锲而不舍追求的崇高目标。然而，正因为它太美好了，太高尚了，所以要真正做到"计出万全"实在太困难了，实是可遇而不可求。在很大程度上，它只能是一种美好的愿望，而不是一种客观的现实。在军事活动实践中，最值得注意，最应该避免的，是因追求万全而优柔寡断，以致错失战机。因为"先作万全之计，然后图彼。得之则大克，不得则自全"，往往只是一种虚幻性的设想，如果处处求全，事事求备，就会不分主次，面面俱到，"眉毛胡子一把抓"，结果顾此失彼，进退维谷，什么都是浅尝辄止，什么都是蜻蜓点水，这叫作"备前则后寡，备后则前寡，备左则右寡，备右则左寡，无所不备，则无所不寡"。

可见，真正的"万全之策"是不存在的，战前准备的充分只是相对的，战争的进程是复杂多变的，战争的前景是充满各种不确定因素的，对战争的预期只有可能性、或然性而没有肯定性、必然性，在任何情况下，军事行动都带有一定的冒险性，更何况你的对手并非泥塑木偶，也不会毫无作为，等在那里挨打。所以正确的态度是，且把所谓的"万全之策"搁置在一边，排除各种干扰，发挥主观能动性，敢于冒一定的风险，敢于走"偏锋"，在有七八成甚至五六成把握的前提下，及时采取必要的军事行动，"并敌一向，千里杀将"，重点突破，中心开花，从而以点带面，扩大战果，控制全局，取得胜利。

孙子认为要想顺利实现"全胜"的目的，将帅的素质和能力至关重要。俗话说，千军易得，一将难求，将帅德行的优劣、韬略的长短、指挥的高下，直接关系到军队的安危和战争的胜负。因为假如统军之将猥琐无能，"伐谋""伐交"固然无从谈起，"伐兵""攻城"也将一事无成。所以孙子对将帅的作用和地位予以充分的肯定，指出将帅对于国家的关系，就好比辅木对于车毂一样，并强调如果将帅在指挥千军万马时，能切实从国家的利益出发，力求以谋制敌，真正做到"兵不顿而利可全"，就一定能使军队保全，国家强盛。

既然将帅在实现"全胜"战略过程中的地位如此重要，那么处理好将帅与国君的关系，使之辅车相依、紧密合作，也就成了一个不可忽视的问题。孙子认为，在将帅和君主这一对矛盾关系中，占主导地位的是君主一方，所以要处理好君将关系，首先需要解决的是"将从中御"的问题。他指出，君主过多地牵制将帅的行动，必然会导致败军祸国的严重恶果，这种恶果具体表现为三个方面：第一，"不知军之不可以进而谓之进，不知军之不可以退而谓之退，是谓縻军"；第二，"不知三军之事，而同三军之政者，则军士惑矣"；第三，"不知三军之权，而同三军之任，则军士疑矣"。要力争"全胜"，就必须克服这些弊端，而其中的关键，在于君主能真正赋予将帅指挥战争的实权，使将帅能充分发挥自己的才干，以追求"全胜"的理想结果。应该说，孙子这一立足于"全胜"战略的重将任将思想是非常高明的，对后人也有启迪。

（二）"知彼知己"的"全胜"战略认识论基础

在本篇中，孙子提出了"知彼知己，百战不殆"的重要观点。他认为要驾驭战争，争取"全胜"的理想结果，就必须全面了解和正确把握敌我双方的情况，预知胜负，制定正确的战略战术方针，确保自己牢牢立于不败之地，而不放过任何战胜敌人的机会。

无论是"全胜不斗"，还是"破中求全"，它的基础都在做到"知彼知己"。战争指导者最大的愚蠢，就是"情况不明决心大，计划不周干劲足"，这样的决心越是大，干劲越是足，带来的灾难便越是可怕，受到的损失便越是巨大。所以，孙子一再强调"知彼知己"的重要性，据此以力求"全胜"。这在《计篇》之中是著名的"五事七计"，而在本篇中则是所谓的"知胜有五"，即战争指导上争取"全胜"的五个条件。它既包含了对客观军事力量进行综合分析的基本方面，也体现了对主观作战指导能力的高度强调，全面具体又深刻，反映出孙子在预知胜负问题上的卓越识见。其中，判定可以打或者不可打（"知可以战与不可以战"）是前提，懂得根据兵力多少而采取合适的战法（"识众寡之用"）是用兵的枢机，全军上下心往一处想、劲往一处使（"上下同欲"）是政治保障，未雨绸缪（"以虞待不虞"）是有备无患，将帅智勇双全、才华洋溢而君主不加干涉（"将能而君不御"）是用兵成功的秘诀。五者互为条件、互为作用，构成了预知胜负，实现"全胜"的整体。那么这仗不打即罢，一打必胜，就像孟子说的"君子有不战，战必胜矣"。

毛泽东推重孙子在军事理论方面的重大建树，高度评价孙子基本原则的不朽价值："孙子的规律，'知彼知己，百战不殆'，仍是科学的真理。"（《论持久战》）"中国古代大军事家孙武子书上'知彼知己，百战不殆'这句话，是包括学习和使用两个阶段说的，包括认识世界中的发展规律，并按照这些规律，去决定自己的行动克服当前敌人而说的，我们不要看轻这句话。"（《中国革命战争的战略问题》）

◎ 释疑解惑

为什么是"知彼知己",而不是"知己知彼"?

人们在引用《孙子兵法》文字时,经常会出现这样的情况:"知己知彼",如何如何。这显然是研读《孙子兵法》不够深入而造成的误读。

翻检任何版本系统的《孙子兵法》,正确的表述都是"知彼知己",而不是"知己知彼"。说"知己知彼"的,是我们这些当代人,孙子本人绝对不可能这么说。

《孙子兵法》的内涵呈示、文字表达,是非常严谨与科学的,每个字的次序、位置和表述都有严格的讲究,不能有任何的变动。如"道者,令民与上同意也",绝对不能成为"道者,令上与民同意也"。后者是儒家,侧重于以民为本,强调"民之所欲,长在我心",主张尊重民意,从民意出发办事;前者才是兵家,提倡决策者有担当,有主张,有决断,决不随风附和,杜绝为民意所绑架,是让民众顺从自己,拥护自己,支持自己,让大家按照决策者的意愿去做。

"知彼知己"的道理亦相似。孙子认为,要战胜敌人,赢得胜利,前提条件就是既要了解敌人,做到"知彼",也要了解自己,做到"知己",两手都要硬,这是哲学上的矛盾两点论。但是,孙子更注重抓矛盾的重点。在"知彼"与"知己"两个方面中,了解自己相对比较容易,因为自己有多少分量,有多少资源可调动,有哪些优势或短板,要搞清楚相对容易些;真正具有挑战性的是"知彼",对手藏在暗处,他们真实的战略动机、真正的军事实力,要了解起来就困难多了,更何况对手还要声东击西、制造假象,设计骗局暗算我们,透过假象的迷雾,掌握事物的本相,可谓难上加难。

因此,"知彼"是第一位的,"知己"是第二位的,次序绝对不能颠倒,只能是"知彼知己",而不可能是"知己知彼"。

◎ 思考辨析题

1. 毛泽东为何高度评价"知彼知己,百战不殆"这一原则,称它至今"仍是科学的真理"?

2. 怎样评价孙子"不战而屈人之兵"的思想价值?

3.《谋攻篇》的主旨究竟是什么?谈一谈你的理解。

形 篇

　　本篇主要论述如何依据敌我双方军事实力的强弱，灵活运用攻守两种不同的形式，以达到在战争中保全自己、消灭敌人的目的。孙子清醒地认识到敌我力量对比对于战争胜负的决定性意义，主张在军队作战中努力确保自己立于不败之地，强调要寻求敌人的可乘之机，以压倒性的优势，予敌以致命的打击。这就是带有普遍意义的"先为不可胜，以待敌之可胜"的作战指导原则。为了在战争中确立自己的优势地位，孙子提出了一系列正确的对策：第一，"修道而保法"，从政治上加以保证。第二，认真对敌我双方的实力进行综合对比，在此基础上预测战争的胜负。第三，依据战场态势的变化，采取恰当的攻守策略。孙子强调，在"胜兵先胜而后求战"方针的指导下，就可以"决积水于千仞之谿"，实现"自保而全胜"的战略意图。

　　本篇篇题汉简本作《刑》，"刑"为"形"之通假字，先秦两汉时人多以"刑"为"形"。武经本作《军形第四》，"形"上有"军"字，当为后人引曹操注文"军之形也"所增。形，古有器之一义。《周易·系辞上》："见乃谓之象，形乃谓之器。"韩康伯注："成形曰器。"孔颖达《正义》曰："体质成器，是谓器物，故曰形乃谓之器，言其著也。"由此可见，"形"不仅可指形于外者，也可指器物，即实质性的东西。孙子在这里引入"形"的概念，所要说明的正是军事实力及其外在表现，如众寡、强弱等。

sūn zǐ yuē　xī zhī shàn zhàn zhě　xiān wéi bù kě shèng　　yǐ dài
孙子曰：昔之善战者，先为不可胜①，以待

dí zhī kě shèng　　bù kě shèng zài jǐ　kě shèng zài dí　gù shàn zhàn
敌之可胜②。不可胜在己，可胜在敌③。故善战

zhě　néng wéi bù kě shèng　bù néng shǐ dí zhī kě shèng　gù yuē　shèng kě
者，能为不可胜，不能使敌之可胜。故曰：胜可

zhī ér bù kě wéi
知而不可为④。

◎ **注释**

①〔先为不可胜〕为，造就、创造。不可胜，指我方不致被敌人战胜，即所谓"立于不败之地"的意思。②〔以待敌之可胜〕待，等待、寻找、捕捉的意思。敌之可胜，指敌人可能被我战胜的时机。③〔不可胜在己，可胜在敌〕指创造不被敌人战胜的条件，在于自己主观的努力；而敌方是否能被战胜，则取决于敌方自己的失误，非我方主观所能决定。④〔胜可知而不可为〕胜利可以预知，但敌人有无可乘之隙，则不能由我方来决定。张预注："己有备则胜可知，敌有备则不可为。"

◎ **大意**

孙子说：从前善于用兵打仗的人，总是先做到不会被敌人所战胜，然后再捕捉时机战胜敌人。不会被敌人战胜的主动权操在自己手中，能否战胜敌人则取决于敌人是否有隙可乘。所以善于用兵打仗的人，能够创造不被敌人战胜的条件，却不可能做到使敌人一定被我所战胜。所以说，胜利可以预知，但不可强求。

bù kě shèng zhě　shǒu yě　kě shèng zhě　gōng yě　shǒu zé bù
不可胜者，守也；可胜者，攻也①。守则不

zú　gōng zé yǒu yú　shàn shǒu zhě　cáng yú jiǔ dì zhī xià　shàn gōng
足，攻则有余②。善守者，藏于九地之下③；善攻

zhě　dòng yú jiǔ tiān zhī shàng　　gù néng zì bǎo ér quán shèng　yě

者，动于九天之上④，故能自保而全胜⑤也。

◎ **注释**

①〔不可胜者，守也；可胜者，攻也〕意为使敌人不能胜我，在于我方防守得宜；而战胜敌人，则取决于我方进攻得当。②〔守则不足，攻则有余〕防御，是由于处于劣势；进攻，是因为拥有优势。按，汉简本此句作"守则有余，攻则不足"，意为在同等兵力的情况下，用于防御则兵力有余，用于进攻则感到兵力不足。亦通。③〔善守者，藏于九地之下〕九，虚数，泛指多数。汪中《述学·释三九》："古人措辞……约之以九以见其极多。"九地，形容极深的地下。此句言善于防守的人，能够隐蔽军队活动，如藏物于极深之地下，令敌方莫测虚实。故梅尧臣注曰："九地，言深不可知。"此句另一种解释为：善于防守者，能巧妙利用各种地形以为坚固防守。曹操注："因山川丘陵之固者，藏于九地之下。"但似不如前说为善。④〔善攻者，动于九天之上〕九天，形容极高的天上。此句意谓善于进攻的人，进攻时能做到行动神速、突然，如自九霄而降，令敌猝不及防。梅尧臣注云："九天，言高不可测。"又一说云：善攻者，善于利用天时主动地选择进攻时间。曹操注："因天时之便者，动于九天之上。"⑤〔自保而全胜〕保全自己而战胜敌人。张预注："守则固，是自保也；攻则取，是全胜也。"

◎ **大意**

想要不被敌人战胜，在于防守严密；想要战胜敌人，在于进攻得当。实行防御，是由于兵力不足；实施进攻，是因为兵力有余。善于防守的人，隐蔽自己的兵力如同深藏于地下，善于进攻的人，展开自己的兵力就像自九霄而降，所以既能够保全自己，又能夺取胜利。

见 胜 不 过 众 人 之 所 知①，非 善 之 善 者 也；

战 胜 而 天 下 曰 善，非 善 之 善 者 也。故 举 秋 毫 不

为 多 力②，见 日 月 不 为 明 目，闻 雷 霆 不 为 聪 耳③。

古 之 所 谓 善 战 者，胜 于 易 胜 者④ 也。故 善 战 者 之

胜 也，无 智 名，无 勇 功⑤。故 其 战 胜 不 忒⑥。不

忒 者，其 所 措 必 胜⑦，胜 已 败 者 也⑧。故 善 战 者，

立 于 不 败 之 地，而 不 失 敌 之 败 也。是 故 胜 兵

先 胜 而 后 求 战⑨，败 兵 先 战 而 后 求 胜⑩。善 用 兵

者，修 道 而 保 法⑪，故 能 为 胜 败 之 政⑫。

◎ 注释

①〔见胜不过众人之所知〕见，预见。不过，不超过。众人，普通人。知，认识。②〔举秋毫不为多力〕秋毫，鸟兽之毛至秋更生，细而末锐，称为"秋毫"。通常比喻极轻微的东西。多力，力量大。③〔闻雷霆不为聪耳〕能听到雷霆之声算不上耳朵灵敏。聪，听觉灵敏。④〔易胜者〕容易战胜的敌手，指已经暴露弱点之敌。⑤〔故善战者之胜也，无智名，无勇功〕言真正能打仗的人取得胜利，并不显露智谋的名声，也不呈现为勇武殊世的赫赫战功，而于平淡中表现出来。即老子所谓"大方无隅，大器晚成，大音希声，大象无形"。故杜牧注云："胜于未萌，天下不知，故无智名；曾不血刃，敌国已服，故无勇功也。"⑥〔不忒〕无差错，意为确有把握。《易·豫》："四时不忒。"郑玄注："忒，差也。"⑦〔其所措必胜〕措，筹措、措施、措置。此处指的是作战措施。⑧〔胜已败者也〕战胜业已处在失败地位的敌人。⑨〔胜兵先

胜而后求战〕胜兵，胜利的军队。先胜，先创造不可被敌战胜的条件。此句意为能取胜的军队，总是先创造取胜的条件，然后才同敌人决战。《尉缭子·攻权》云："兵不必胜，不可以言战；攻不必拔，不可以言攻。"与孙子的意思相合。⑩〔败兵先战而后求胜〕失败的军队总是轻易开战，然后企求侥幸取胜。⑪〔修道而保法〕道，这里指政治条件。法，法度、法制。意为修明政治，确保各项法制得到贯彻落实。张预注："先修饰道义以和其众，后保守法令以戢其下，使民爱而畏之。"⑫〔故能为胜败之政〕政，同"正"，主宰的意思。为胜败之政，即成为胜败问题上的主宰。

◎ 大意

　　预见胜利不超越普通人的见识，这不算是最高明的。通过激战而取得胜利，即使是普天下人都说好，也不算是最高明的。这如同能举起秋毫算不得力大，能看见日月称不上目明，能听到雷霆算不上耳聪一样。古时候所说的善于打仗的人，总是战胜容易取胜的敌人。因此，善于用兵的人打了胜仗，既不显露智慧的名声，也不表现为勇武的战功。他们取得胜利，是不会有差错的。其之所以不会有差错，是由于他们的作战措施建立在必胜的基础之上，是战胜那些业已处在失败地位的敌人。善于用兵打仗的人，总是确保自己先立于不败之地，而同时从不放过任何击败敌人的机会。所以，胜利的军队总是先创造取胜的条件，而后才同敌人决战；而失败的军队，却总是先同敌人交战，而后企求侥幸取胜。善于指导战争的人，总是善于修明政治，确保健全法制，从而能掌握战争胜负的决定权。

兵法：一曰度①，二曰量②，三曰数③，四曰称④，五曰胜。地生度⑤，度生量⑥，量生数⑦，数生称⑧，称生胜⑨。故胜兵若以镒称铢⑩，败兵

ruò yǐ zhū chēng yì　shèng zhě zhī zhàn mín yě　ruò jué jī shuǐ yú qiān
若 以 铢 称 镒。胜 者 之 战 民⑪ 也，若 决 积 水 于 千

rèn zhī xī zhě　xíng yě
仞 之 谿⑫ 者，形⑬ 也。

◎ 注释

①〔度〕指度量土地面积。贾林注："度，土地也。"②〔量〕容量、数量，指计量物质资源。③〔数〕数量、数目，指计算兵员的多寡。④〔称〕衡量轻重。王晳注："权衡也。"指敌对双方实力状况的衡量对比。⑤〔地生度〕言双方所处地域的不同，产生土地幅员大小不同的"度"。生，产生。⑥〔度生量〕指幅员大小的不同，产生物质资源多少的"量"的差异。⑦〔量生数〕指物质资源多少的不同，产生兵员多寡的"数"的差异。⑧〔数生称〕指兵力多寡的不同，产生军事实力强弱的不同。⑨〔称生胜〕指双方军事实力强弱的不同，决定了战争胜负的不同。⑩〔故胜兵若以镒称铢〕镒、铢，皆古代的重量单位。镒，《玉篇·金部》："镒，二十两。"李筌注："二十两为镒。"张预注同。铢，张预注："二十四铢为两。"以镒称铢，指两者相称，轻重悬殊。此处比喻力量悬殊，胜兵对败兵拥有实力上的绝对优势。张预注："有制之兵对无制之兵，轻重不侔也。"⑪〔战民〕指指挥士卒作战。民，作"人"解，这里借指士卒。战民，与下篇《势篇》"任势者，其战人也，如转木石"之"战人"含义同。春秋时，兵农合一，民众平时生产，战时征集从戎。⑫〔千仞之谿〕仞，古代计量单位，七尺（一说八尺，见《说文》、《孟子》赵岐注）为仞。千仞，形容极高。谿，同"溪"，山涧。⑬〔形〕喻指军事实力。《势篇》云："强弱，形也。"

◎ 大意

兵法的基本原则有五条：一是"度"，二是"量"，三是"数"，四是"称"，五是"胜"。敌我所处地域的不同，产生双方土地幅员大小不同的"度"；敌我幅员大小"度"的不同，产生双方物质资源丰瘠不同的"量"；敌我物质资源丰

瘠"量"的不同，产生双方兵员多寡不同的"数"；敌我兵员多寡"数"的不同，产生双方军事实力强弱不同的"称"；敌我军事实力强弱"称"的不同，最终决定了战争的胜负。胜利的军队较之于失败的军队，有如以"镒"比"铢"那样，占有绝对的优势。而失败的军队较之于胜利的军队，则像用"铢"比"镒"那样，处于绝对的劣势。胜利者指挥军队进行战斗，就像在万丈悬崖决开山涧的积水一样，所向披靡，这就是军事实力的"形"。

◎ 教学引导

军事实力是军队综合战斗力的具体表现，也是战争的物质基础。在军事斗争中，奇谋妙计固然占有举足轻重的地位，但从根本上讲，强大的军事实力才是战争天平上真正决定胜败的砝码。因为不仅"伐兵""攻城"离不开一定的军事实力的巧妙运用，就是"伐谋""伐交"也必须要以雄厚的军事实力为后盾。

综观古往今来的战争历史，无一不是力量强大的一方战胜力量弱小的一方。即使本来是弱小的一方，最后战胜力量强大的一方，也是由于通过各种各样的手段，逐渐完成强弱态势的转换，使得自己的力量最后从总体上超过了最初力量强大的一方——这实实在在是不以人们主观意志为转移的战争一般规律。

本篇全面系统地论述了军事实力在战争中的地位和作用，以及军事实力运用的原则和实力建设的方法诸问题。具体地说，"先为不可胜""胜兵先胜而后求战"是实力政策；"守则不足，攻则有余"，即"强攻弱守"是对实力的战略运用；"修道而保法"是发展军事实力的基本原则；"善战者之胜也，无智名，无勇功""胜于易胜"则是实现实力政策所要达到的上乘境界。孙子认为，战争指导者必须依据敌我双方物质条件的优劣、军事实力的强弱，灵活采取攻、守两种不同形式，"以镒称铢"，"决积水于千仞之谿"，以达到在战争中保全自己、消灭敌人的目的。

由于敌我力量对比对战争胜负具有关键性的影响，孙子便提出在军队作战中要努力确保自己先立于不败之地（"先为不可胜"），在此基础上，积极寻求和利用敌人的可乘之机，即所谓"以待敌之可胜""不失敌之败也"，一旦时机成熟，便果断采取行动，乘隙蹈虚，以压倒性的优势，给予敌人以致命的打击。孙子认为唯有如此，才是真正"能为胜败之政"，即成为战争胜负的主宰。

应该说，这一作战指导思想是带有普遍指导意义的。

认识军事实力在战争中的重要地位和作用，并不等于就拥有了强大的军事实力，更不意味着能淋漓尽致地运用和发挥自己的实力，在战场交锋中所向披靡，战无不克。用孙子的话说，便是"不能使敌必可胜"，"胜可知而不可为"。孙子之所以高明，见识远胜于其他军事家，乃在于他在宏观上认识战争中军事实力的地位的基础上，又系统地论述了运用军事实力的原则和建设实力的方法等问题，从而使自己以实力制胜的理论体系完备，逻辑严谨，具有充分的说服力和深刻的启示性。

如何在战争中确立自己的优势地位，孙子高屋建瓴地提出了一系列正确的对策。要言之，大致包括以下几个方面。

第一，"修道而保法"，从政治上加以具体保证。所谓"道"，就是清明的政治、和谐的秩序，以此调动起广大民众和参战士兵的积极性，即《计篇》中所提到的"令民与上同意也，故可以与之死，可以与之生，而不畏危"，从而造就同仇敌忾、勇于公战的理想政治局面。所谓"法"，就是严格的制度、正确的法纪，表现为赏罚公正严明，上下井然有序，士卒训练有素，用人唯才是举，办事有章可循。由此可见，"修道而保法"的核心便是修明政治，严肃法制，提高军队的凝聚力，鼓舞民众的士气，为夺取战争主动权创造必要的条件。试想一个国家、一支军队如果离心离德、一盘散沙，还能有实力、有前途吗？指望它们打胜仗不啻是刻舟求剑，缘木求鱼，肯定会叫人失望。

第二，对敌我双方的实力进行认真的综合对比分析，在此基础上预见胜负，指导战争。预知胜负，是高明军事家指导战争的必有之义。孙子十分重视这一问题，在《计篇》中即开宗明义加以深刻的阐述。本篇的主旨是探讨军事实力在战争中的地位以及运用原则，因此同样要把衡量军事实力列为重要的环节。孙子在这里提出了综合衡量双方军事实力的具体标准，这就是"度""量""数""称""胜"，即通过双方的所处地域位置、地幅面积大小、物质资源丰瘠、兵员多寡等客观情况，来比较分析双方军事实力强弱关系，进而预见战争胜负。按孙子的理解，实力上占有绝对优势的一方，是可以所向无敌、横扫一切的："胜兵若以镒称铢，败兵若以铢称镒。"孙子认为这种"度、量、数、称、胜"五个方面依次相生、层层递进的链条式的因果关系，具有法则的性质。所以要增强自己的军事实力，就必须使自己的主观愿望符合这种客观的规则，紧紧围绕这个因果关系来从事自己的军事实力建设。

第三，根据战场情势的变化，采取相宜的攻守策略，主动灵活地打击敌人，顺利实现敌我军事实力对比的转化。一般地说，受种种主客观条件的制约，在临战之前，双方的力量对比尽管有强弱之别，但并非是一成不变的。所以作为战争指导者，要善于根据战场情势，发挥主观能动性，采取正确的、行之有效的措施和方法，使己方的军事实力得以充分的施展，已有优势则进一步加强之，若处劣势则设法改变摆脱之，处处高敌一筹，稳操胜券。在这个过程中，如何采取适当的作战样式，仍是一大关键。通常的作战样式不外乎攻与守两种，两者各有自己的功能，一般地说，"不可胜者，守也；可胜者，攻也"。高明的军事家应该按照"守则不足，攻则有余"的作战规律，从自己军事实力条件出发，灵活主动地实施进攻或进行防御。若是实施防御，要善于隐蔽自己的兵力，"藏于九地之下"，令敌无法可施；一旦展开进攻，则要做到"动于九天之上"，使敌猝不及防。总之，只有在攻守问题上真正做到因敌变化，随机处置，才算是掌握了灵活机动的指挥艺术之精髓。这时候无论是实施进攻还是进行防御，都可以得心应手，从容自如，"故能自保而全胜"。孙子认为，这乃是正确运用军事实力的重要途径，能够进入用兵的理想境界，"战胜不忒""所措必胜"。

孙子重视军事实力，把实力看作运计设谋的前提和基础，这是很了不起的认识。可惜的是，后世那些兵学理论家，大多眼光不及孙子，观察事物、考虑问题往往是单向性思维，只见树木，不见森林，总是人为地割裂孙子思想的内在逻辑体系，忘记或忽视了注重谋略与发展实力在孙子那里乃是一个钱币的正反两面，是辩证的统一。他们只倾心于用计谋、施损招，而没有充分认识到实力是计谋之"体"，计谋是实力之"用"，体用和谐，方能克敌制胜。结果是中国古代许多军事理论流露出轻视实力建设的倾向，"攻人以谋不以力，用兵斗智不斗多""贵谋而贱战"等种种"高论"大行其是，甚嚣尘上，一手硬，一手软，只讲谋略而忽视实力建设（至少是不够充分），这无疑是中国传统军事文化中存在的一个很大弊端。

孙子的实力为胜利之本理论，在后世已为无数次战争实践所证明。先秦时期僻处西北一隅的秦国，之所以能后来居上，最后统一山东六国，其关键就是依靠了"农""战"两手，始终不渝地把发展军事实力放在首要的位置。秦国重视农业，奖励耕织，使国内粮食充足、布匹够穿，因此军队就养得多，士兵就吃得饱、穿得暖，打起仗来就有战斗力，成为一支人见人怕的"虎狼之师"。

所谓"齐之技击不可以遇魏氏之武卒，魏氏之武卒不可以遇秦之锐士"（《荀子·议兵》）云云，实际上就是秦国军队较之于山东六国占有实力优势的一个缩影。粮食产得多，打仗打得狠，两者相辅相成，就像一辆车子有了左右两只匹配的轮子，横扫六合，一统天下，便水到渠成了。

当然，发展军事实力也有一个突出重点的问题，要抓关键，选择好突破口。而要正确选择突破口，核心问题是要对战略大势明了于心，具有超前意识。例如，第二次世界大战前夕，海军的实力主要是以战列舰为衡量标准的，一个国家拥有战列舰的数量多，吨位大，大炮火力强，似乎海军的实力就可观，就拥有了海上霸权。但这仅仅是表面的现象，这时有一种新的军事动态正在出现并开始在海军建设上占据主导地位，这就是海军航空兵在海空作战中的作用逐渐显得突出，成为海战制胜的主要手段，它代表着日后海战的发展方向。在这种新的军事革命来临之际，发展海军实力的突破口便是建造更多、更先进的航空母舰，而不应该按陈旧的观念，再把海军实力建设的重点放在建造战列舰的上面。从这个意义上说，日本偷袭珍珠港虽然大获成功，但真正的战果却是有限的。尽管美国的大量战列舰在这次日军偷袭行动中被击毁，人员伤亡也很惨重，但由于它的航空母舰未受损失，所以其海军的主要实力并没有遭到根本性的打击，依然具备与日本海军在太平洋上抗衡的能力。

战局的发展证明了这一点，中途岛海战成为太平洋海战的转折点。之所以如此，是因为在这场海空大决战中，美国海军在尼米兹的统率下，一举击沉日海军"赤城号"等四艘航空母舰，歼灭了日本特遣舰队的主力。这对于日本海军的打击可以说是致命性的，使得日本海军渐渐丧失了太平洋上空的制空权，也等于丧失了制海权，而战争主动权一经易手，日本海军也就不得不处于被动挨打的境地了。那些吨位大到六七万吨，表面上象征着日本海军实力的大型战列舰——"大和号""武藏号"，在失去海军航空兵空中掩护的情况下，不但显示不了什么力量，反而成了作战中的累赘，成为美军轰炸机投弹轰炸的目标，终于先后沉入海底。

由此可见，发展军事实力不是空洞的口号，不是虚泛的概念，而有切实的内涵。必须以动态超前的战略目光，捕捉正确的信息，掌握健康的方向，牢牢占有先机。否则，投入的人力、财力、物力再多，也是南辕北辙，无助于真正提升实力。

另外，军事实力还有一个如何发挥的问题，这里便牵涉制度与人的因素了。最强大的实力说到底还是"硬件"，是有形的东西；而制度的优劣、人的素质的高低，乃是"软件"，是无形却又十分关键的东西。"硬件"再好，若"软件"不济，军事实力也难以充分发挥。这种情况历史上也出现过。近代中国搞洋务运动，曾引进过不少先进工艺和武器装备，到19世纪末，清朝军队的装备其实并不是太差。至少李鸿章控制的北洋水师，其战舰数量、舰队吨位、火炮口径、铁甲厚度等主要技术指标，与日本的海军相比较，大体上处于同一水平，即使差一点（主要是战舰行驶速度要慢一些），也没有糟糕到不堪一击的程度。可是，甲午海战的结果大家都看到了，一支规模可观、实力不弱的北洋水师，居然没有打上几个回合，便让对手杀得全军覆没，酿成中国近代史上又一个奇耻大辱！这里就不再是单纯的军事实力强弱问题了，而是当时专制体制因素在作祟——有这样的体制，有这样的体制培育出来的各色人等，最好的军事"硬件"也都会变成破铜烂铁。

所以，促进军事实力方面的"硬件"建设固然重要，改善军事实力方面的"软件"建设更为迫切，古今中外，概莫能外。

◎ 释疑解惑

是"守则不足，攻则有余"，还是"守则有余，攻则不足"？

《形篇》讨论"攻守"问题时，有一个十分重要的观点，即"守则不足，攻则有余"。十一家注本、武经本等各本皆同。此句意谓"采取防御，是由于兵力上处于劣势；采取进攻，是因为在兵力上拥有优势"。从文义上看，这是说得通的。但是考察史籍，我们会发现一个很难解的现象，这就是汉代人们言兵法或征引《孙子兵法》者，大多言"攻不足，守有余"。如《汉书·赵充国传》言："臣闻兵法，攻不足者守有余。"又，《后汉书·冯异传》云："夫攻者不足，守者有余。"另外，《后汉书·皇甫嵩传》亦有类似的表述。那么，这中间的矛盾与扞格，又是怎么产生的呢？赵充国与冯异等人，所依据的《孙子兵法》文本又是什么？千百年来，人们对此聚讼纷纭，莫衷一是。

然而，由于竹简本的发现，我们终于知道，在汉代流传的《孙子兵法》中，此句当作"守则有余，攻则不足"，意为"在同等兵力的情况下，用于防御则兵力有余，用于进攻则会感到兵力不足"。其文义恰与赵充国、冯异等人有关《孙子》的引文相同，换言之，赵充国、冯异等人所征引《孙子》之言实有所本。十一家注本、武经本等传世本作"守则不足，攻则有余"，可能是后世辗转传抄过程中所产生的错讹。而楚汉战争中，韩信背水阵之役之所以大获全胜，一举破赵，重要的原因也在于韩信能够"变易主客"，遵循"守则有余，攻则不足"的用兵原则，在一场进攻的战役中，打了一次高明的防守战，从而弥补了已方兵力上的劣势，摆脱被动，牢牢地立于不败之地。

◎ **思考辨析题**

1. 谈谈你对孙子"不可胜在己，可胜在敌"一语的理解与感悟。

2. 以古今中外的一个战例为史证，阐释孙子"指画攻守"的思想内涵及其价值。

势 篇

　　本篇与前篇《形篇》为姊妹篇，是孙子"势"论的集中体现，包含"势"的定义、主要外在表现形态、实施的条件（"奇正"）以及具体的手段（"示形动敌"）等。所谓"势"，孙子认为就是兵势，即根据一定的作战意图而灵活部署兵力和运用作战方式方法所造成的一种客观作战态势。孙子认为要造成有利的作战态势，关键在于妥善解决战术上的"奇正"变化运用问题，"战势不过奇正"，用兵作战必须做到"以正合，以奇胜"。而"奇正"关系又是变化无端的，所以，高明的将帅必须根据战场情势的变化而灵活变换奇正战法。孙子还充分考虑了"势"与"节"的关系，主张在"任势"时，要善于控制距离，捕捉战机予敌以打击。在"任势"问题上，他认为只有发挥人的主观能动性，"择人而任势"，才能收到显著的效果。同时孙子指出了造势、"任势"的主要手段——"示形""动敌"，即用谋略迷惑敌人，调动敌人，从而达到出奇制胜的目的。

　　本篇篇题，武经本作"兵势第五"，"兵"字恐为后人因曹操注解题作"用兵任势也"而臆增。势，指态势、气势、形势，是中国古典兵学中的重要范畴。张预注："兵形已成，然后任势以取胜，故次《形》。"

孙子曰：凡治众如治寡①，分数②是也。斗众③
如斗寡，形名④是也。三军之众，可使必受敌而
无败者⑤，奇正⑥是也。兵之所加，如以碫投卵
者⑦，虚实⑧是也。

◎ 注释

①〔治众如治寡〕治，治理，管理，意为管理人数众多的部队如同管理人数极少的部队一样。②〔分数〕此处指部队的组织编制。曹操注："部曲为分，什伍为数。"刘寅《武经七书直解》："偏裨卒伍之分，十百千万之数。"可见，分就分门别类而言，数指人员数量。③〔斗众〕指指挥人数众多的部队作战。斗，使动用法，使……斗。④〔形名〕目可见者为形，耳可闻者为名。曹操注："旌旗曰形，金鼓曰名。"又，《释名·释言语》："句之为言，鸣与命也。"此处指的是军队的指挥号令。⑤〔必受敌而无败者〕必，"毕"的同音假借，意为完全、全部。此句张预注云"人人皆受敌而无败"，甚是。⑥〔奇正〕古代兵法中的常用术语，其含义非常广泛。一般以常法为正，变法为奇，它包括正确使用兵力和灵活变换战术两个方面。具体地说，在兵力使用上，守备、钳制的为正兵，机动、突击的为奇兵；在作战方式上，正面攻、明攻为正，迂回、侧击、暗袭为奇；在战略上，堂堂正正进军为正，突然袭击为奇。⑦〔以碫投卵者〕碫，磨刀石，此处泛指坚硬的石头。《说文》："碫，厉石也。"以碫投卵，比喻以坚击脆，以实击虚。⑧〔虚实〕古代兵法中的常用术语，指军事实力上的强弱、优劣。有实力为"实"，反之为"虚"；有备为"实"，无备为"虚"；休整良好为"实"，疲敝懈怠为"虚"；等等。总之，无者为虚，有者为实；空者为虚，坚者为实。"虚"指兵力分散而薄弱，"实"指兵力集中而强大。表现在具体军情上，大凡怯、饥、乱、劳、寡、不虞、弱为"虚"，勇、饱、治、逸、众、有备、强为"实"。这里含有以强击弱、以实击虚的意思。

◎ 大意

孙子说：通常而言，管理大部队如同管理小部队一样，这属于军队的组织编制问题；指挥大部队作战如同指挥小部队作战一样，这属于指挥号令的问题；整个部队遭到敌人的进攻而不致失败，这属于"奇正"的战术变化问题；军队对敌人实施打击，如同以石击卵一样，这属于"以实击虚"原则的运用问题。

凡战者，以正合，以奇胜①。故善出奇者，无穷如天地，不竭如江河②。终而复始，日月是也；死而复生，四时是也③。声不过五，五声④之变，不可胜听也⑤。色不过五，五色⑥之变，不可胜观也。味不过五，五味⑦之变，不可胜尝也。战势不过奇正⑧，奇正之变，不可胜穷也。奇正相生⑨，如循环之无端⑩，孰能穷之⑪？

◎ 注释

①〔以正合，以奇胜〕合，交战、合战。胜，制胜、取胜。此句张预注："两军相临，先以正兵与之合战，徐发奇兵，或捣其旁，或击其后，以胜之。"②〔无穷如天地，不竭如江河〕言奇正变化有如宇宙万物之变化无穷，江河水流之滔滔不竭。③〔死而复生，四时是也〕去而复来，如四季之更替。④〔五声〕古代把宫、商、角、徵、羽五个基本音阶称为五声（五音），以区分声音之高低强弱。《左传·昭公六年》："章为五声。"杜预注："宫、商、角、徵、羽。"⑤〔不可胜听也〕意为听之不尽。胜，尽、穷尽的意

思。⑥〔五色〕中国古代以青、赤、黄、白、黑五种基本色素为正色。《左传·昭公六年》："发为五色。"杜预注："青、黄、赤、白、黑。"⑦〔五味〕指酸、咸、辛（辣）、苦、甘（甜）五种味道。《左传·昭公六年》："气为五味。"杜预注："酸、咸、辛、苦、甘。"⑧〔战势不过奇正〕言作战方式归根结底就是奇正的运用。战势，指具体的兵力部署和作战方式。⑨〔奇正相生〕意为奇正之间相互依存，相互转化，变化无穷。⑩〔如循环之无端〕循，顺着。环，圆环。无端，无始无终。此句意为奇正变化转换，就如顺圆环旋转一般，永无尽头。⑪〔孰能穷之〕孰，谁。穷，穷尽。之，指奇正相生变化。

◎ **大意**

一般的作战，总是以"正兵"当敌，用"奇兵"取胜。因此，善于出奇制胜的人，其战法有如苍天大地那样变化无穷，长江黄河那样奔腾不息。终而复始，就像日月的运行；去而又来，如同四季的更替。声音不过五个音阶，然而五音的变化，却不可尽听；颜色不过五种色素，然而五色的变化，却不可尽观；滋味不过五样味道，然而五味的变化，却不可尽尝。作战的方式不过"奇""正"两种，可是"奇""正"的变化，却永远未可穷尽。"奇""正"之间的相互转化，就像顺着圆环旋转似的，无始无终，又有谁能够穷尽它啊！

激水之疾①，至于漂石者，势也；鸷鸟②之疾，至于毁折③者，节也④。是故善战者，其势险，其节短。势如彍弩⑤，节如发机⑥。

◎ **注释**

①〔激水之疾〕激，湍急。疾，迅猛、急速。《易·说卦》："动万物者，莫疾于雷；挠万物者，莫疾于风。"②〔鸷鸟〕凶猛的鸟，如鹰、雕、鹫之类。《说文》："鸷，击杀鸟也。"③〔毁折〕折物。此处指猛禽擒杀

鸟雀。④〔节也〕节，节制、节度。指猛禽擒杀鸟雀时动作既迅捷、猛烈，又把捏分寸，恰到好处。张预注："鹰鹯之擒鸟雀，必节量远近，伺候审而后击。"⑤〔彍弩〕指张满待发的弓弩。彍，把弓拉满的意思。⑥〔发机〕引发弩机的机钮，将弩箭突然射出。机，《说文》："主发之为机。"即弩之机钮（弩牙），类似于现代枪上的扳机。

◎ 大意

湍急的流水飞快地奔泻，以致能漂移巨石，这就是流速迅捷的"势"；鸷鸟高飞猛击，以致能捕杀鸟雀，这就是短促急疾的"节"。因此，善于指挥作战的人，他所造成的态势险峻逼人，他进攻的节奏短促有力。险峻的态势就像张满的弓弩，迅疾的节奏犹似击发弩机。

纷纷纭纭①，斗乱而不可乱也②；浑浑沌沌③，形圆④而不可败也。乱生于治⑤，怯生于勇⑥，弱生于强⑦。治乱，数也⑧；勇怯，势也；强弱，形也。故善动敌⑨者，形之⑩，敌必从之；予之，敌必取之；以利动之，以卒待之⑪。

◎ 注释

①〔纷纷纭纭〕纷纷，紊乱无序。纭纭，众多且混乱。此处指旌旗杂乱的样子。②〔斗乱而不可乱也〕斗乱，谓在纷乱状态中指挥作战。不可乱，言做到从容镇静，有序不乱。③〔浑浑沌沌〕混乱迷蒙的样子。形容战场上尘土飞扬，迷茫一片。④〔形圆〕指摆成圆阵，保持态势，周到部署，首尾连贯，与敌作战应付自如。⑤〔乱生于治〕于，此处作根据解。意谓示敌混乱，是由于有严整的组织。又一说，混乱产生于严整之中。⑥〔怯生于勇〕示敌怯懦，是

由于自己具备勇敢的素质。杜牧注："欲伪为怯形以伺敌人，先须至勇，然后能为伪怯也。"又一说，"怯"可以由"勇"产生。⑦〔弱生于强〕示敌弱小，是由于本身拥有强大的实力。杜牧注："欲伪为弱形以骄敌人，先须至强，然后能为伪弱也。"梅尧臣、王皙、何氏、张预诸注皆近杜注。另一说，"弱"可以由"强"产生。按，李零《吴孙子发微》释"乱生于治"等三句为："部队投入战斗，一开始往往是整齐的、勇敢的和强大的。但投入战斗后问题往往就暴露出来，逐渐向对立面转化。"其说可资参考。⑧〔治乱，数也〕数，即前言之"分数"，指军队的组织编制。句意为军队的整治或混乱，决定于组织编制是否有序。⑨〔动敌〕调动敌人。⑩〔形之〕指以假象迷惑、欺骗敌人，使其判断失误，为我所乘。形，用作动词，即示形，示敌以伪形。⑪〔以卒待之〕用重兵伺机破敌。卒，士卒，此处可理解为伏兵、重兵。

◎ 大意

战旗纷乱，人马杂纭，在混乱之中作战要做到军队整齐不乱。混杂迷乱，要布阵周密，保持态势而不致失败。向敌诈示混乱，是由于己方组织编制的严整；向敌诈示怯懦，是由于己方具备勇敢的素质；向敌诈示弱小，是由于己方拥有强大的兵力。严整或者混乱，是由组织编制的好坏决定的；勇敢或者怯懦，是由作战态势的优劣造成的；强大或者弱小，是由双方实力大小的对比显现的。所以善于调动敌人的指挥者，以假象迷惑敌人，敌人便会听从调动；用小利来引诱敌人，敌人就会前来争夺。用这样的办法积极调动敌人，再预备重兵伺机掩击它。

故善战者，求之于势，不责于人①，故能择人而任势②。任势者，其战人也③，如转木石。木石之性④，安则静，危则动⑤，方则止，圆则

xíng   gù shàn zhàn rén zhī shì⑥   rú zhuàn yuán shí yú qiān rèn zhī shān
行。故善战人之势⑥，如转圆石于千仞之山
zhě   shì yě
者，势也。

◎ **注释**

①〔求之于势，不责于人〕责，求、苛求。《说文》："责，求也。"成语有"求全责备"。此句言当追求有利的作战态势，而不是苛求下属。②〔故能择人而任势〕简拔人才，创造并利用态势。择，选择，简拔。任，任用、利用、掌握的意思。一说，"择"训"释"，意谓不强求人力。按，古人往往假"择"为"释"，可参见泷川资言《史记会注考证》下册第2043页（上海古籍出版社1986年版）。③〔其战人也〕指挥士卒作战。与前《形篇》中之"战民"义同。④〔木石之性〕木石的特性。性，性质、特性。⑤〔安则静，危则动〕安，安稳，这里指平坦的地势。危，高峻、危险，此处指地势高峻陡峭。张预注："木石之性，置之安地则静，置之危地则动……自然之势也。"⑥〔势〕指在"形"（军事实力）的基础上，发挥将帅的主观能动作用，从而造成的有利的作战态势。王皙注云："石不能自转，因山之势而不可遏也；战不能妄胜，因兵之势而不可支也。"

◎ **大意**

因此，善于用兵打仗的人，总是努力创造有利的态势，而不对部属求全责备。所以他能够选择人才去利用和创造有利的态势。善于利用态势的人指挥部队作战，就如同滚动木头、石头一般。木头和石头的特性是，置放在平坦安稳之处就静止，置放在险峻陡峭之处就滚动。方的容易静止，圆的滚动灵活。所以，善于指挥作战的人所造成的有利态势，就像将圆石从万丈高山上推滚下来那样，无可阻挡，这就是所谓的"势"。

◎ **教学引导**

本篇主要论述在强大的军事实力基础上，充分发挥将帅杰出的作战指挥才能，积极创造和运用有利的作战态势，机动灵活地打击敌人，夺取战争的胜利。

韩非子说："势者，胜敌之资也。"这个资本太重要了，"尧为匹夫，不能治三人；而桀为天子，足以乱天下"（《慎子校正·内篇》，又见《韩非子·难势篇》）。既然是"时势造英雄"，那么兵学家自然对"势"情有独钟，挖空心思琢磨"造势"，处心积虑诉求"任势"，试图把"势"牢牢掌控在自己的手中。孙子写的《势篇》，便是这方面具有经典意义的论述。

孙子认为，合理的编组、有效的指挥、灵活的战法、虚实的运用，这四者是"造势"和"任势"的客观基础；而快速突然和近距离接敌，造成险峻可怖的态势，把握恰到好处的战机，采取猛烈而短促的行动节奏，则是"造势""任势"的必有之义和最佳表现。此即所谓"善战者，其势险，其节短，势如弝弩，节如发机"。

要做到这一步，首要的任务是妥善解决战术变换和兵力使用上的"奇正"问题。"用兵之钤键，制胜之枢机"，这是古人对"奇正"地位与价值最富有诗意，也是最到位的总结。作为概念，"奇正"一词最早见于《老子》一书。老子说过："以正治国，以奇用兵，以无为取天下。"不过真正把它引入军事领域并做系统阐发的，孙子是当之无愧的第一人。中国古代的理论范畴一般都很模糊，追求的是一种只可意会不可言传的混沌境界，"奇正"的情况也一样，其含义之蕴藉丰富，表述之隐晦曲折，令人回味深长。一般地说，常法为正，变法为奇；在兵力的使用上，用于守备、相持、钳制的为正兵，用于机动、预备、突击的为奇兵；在作战方式上，正面进攻、明攻的为正兵，迂回、侧击、暗袭的为奇兵；在作战方法上，按一般原则作战的为正兵，采取特殊战法的为奇兵；在战略态势上，堂堂正正下战书然后进兵交锋为正，出其不意突然袭击为奇。

孙子的高明，在于他第一次用精粹又生动的文字描绘了"奇正"的要旨：展开军事行动，无论是进攻还是防御，在兵力的使用上，一般都要用正兵去当敌，用奇兵去制胜（"凡战者，以正合，以奇胜"）；而在战术变换上，则要做到奇正相生，虚虚实实，真真假假，变化无端，出神入化（"战势不过奇正，奇正之变，不可胜穷也。奇正相生，如循环之无端，孰能穷之？"）。在孙子看来，一名将帅如果能根据战场情势的变化来灵活理解和巧妙运用"奇正"战术，做到战术运用上正面交锋与翼侧攻击浑然结合，兵力使用上正兵当敌与奇兵制胜相辅相成，作战指挥上遵循"常法"与新创"变法"互为弥补，那么不管怎样强大的敌人收拾起来也是轻松愉快，这就算是真正领会了用兵打仗的奥妙，也为"造势"和"任势"创造了必要的条件。总而言之，一切都应该从实际情况出发，当正则正，当奇则奇，因敌变化，攻守自如，从而进入驾驭战争规律的自由王国。

孙子确立"奇正"这一范畴后，后世兵家无不奉为圭臬，广为沿用和阐述。如《孙膑兵法》说"形以应形，正也；无形而制形，奇也"，《尉缭子》说"正兵贵先，奇兵贵后"，曹操《孙子注》说"正者当敌，奇兵从旁击不备也"。而《唐太宗李卫公问对》对"奇正"范畴有了新的丰富和发展。它对"奇正"的论述更完备，分析更透彻，提出了一个重要论断："善用兵者，无不正，无不奇，使敌莫测。故正亦胜，奇亦胜。"这比孙子的"奇正"理论显然更全面，更深刻，但它依旧是祖述和发展《孙子兵法》的逻辑结果。

理解和运用"奇正"的重要性固不待言，而要在这方面有所作为、独领风骚，关键在于"造势"和"任势"，即积极发挥将帅的主观能动性，使自己方面的军事潜能得到最佳的凝聚和施展，形成强大无比、摧枯拉朽的战斗力（"善战者，求之于势，不责于人，故能择人而任势"），在此基础上把对手打得落花流水。

"造势""任势"是夺取战争主动权的关键，但如何在这个问题上把握分寸，恰到好处，乃是更为重要的事情。

孙子认为，"势"与"节"两者之间互为关系，相辅相成：有"势"而无"节"，不能发其机，"强弩之末，势不能穿鲁缟"；有"节"而无"势"，则不能逞其威，"龙游浅水受虾戏，虎落平阳遭犬欺"。"势"要险，即应该快速、突然、迅猛；"节"要短，即应该近距离发起最猛烈的攻击。只有做到节量远近，掌握时机，把握分寸，正中其宜，才能充分发挥"势"的强大威力，真正拥有"致人而不致于人"的战场主动地位。

孙子谈"势""节"，本质上是追求积极造势与把握分寸的有机统一，是一个如何掌控"度"的问题，"极高明而道中庸"，这是真正的用兵大艺术，人生大智慧。人之患，在于观察问题的一点论，只见其利，不见其害，只见其可，不见其否，反之亦然。孙子最瞧不起这种战略短视，指出以偏概全、以长饰短是用兵的大忌、致败的根源。这时候就要有一个"度"来中和、缓释思维上的偏激性，节制行动上的放任性。他说："必死，可杀也；必生，可擒也；忿速，可侮也；廉洁，可辱也；爱民，可烦也。"其实，勇于牺牲、善于保全、同仇敌忾、廉洁自律、爱护民众等，本来都是身为将帅者应该具备的优良品德，可是一旦失去节制，也就是说假如发展到"必"这一程度的话，其性质就会走向反面，而成为"覆军杀将"悲剧发生的原因了。另外像军队治理上既主张"视卒如婴儿""视卒如爱子"，又反对"厚而不能使，爱而不能令，乱而不能治"，作战指导上既强调"胜可知而不可为"，又肯定"胜可为也，敌虽众，可使无斗"等，也均是孙子以"势""节"大局观考虑问题，谋划方略的必有之义。

"造势""任势"的主要手段，是巧妙"示形"，机智"动敌"，即用谋略去迷惑敌人，调动敌人，从而达到消灭敌人、保全自己的目的。

战场上两军对垒，生死相搏，敌我双方在主观上都没有例外地致力于"造势"和"任势"，争做胜利的主宰，但是谁能够成功做到这一点，就看谁能够真正广施权变，示形动敌，出奇制胜。

"兵者诡道""兵以诈立"，打仗取胜需要真真假假，虚虚实实，来迷惑对手，算计敌人，使其一头雾水，两眼抓瞎，计无所出，力无所施，从而确保自己招招占先，左右战局。孙子把这种四两拨千斤的绝招，概括为"示形动敌"。

所谓"示形"，就是伪装和欺骗，即隐蔽真相，制造假象，让敌人乖乖地中计。所谓"动敌"，就是实施机动，调动敌人，牵着敌人的鼻子走，最后使其陷入失败的命运。在这里，"示形"是"动敌"的前提和基础，"动敌"则是"示形"的最佳效果。很显然，成功的机动是"造势""任势"的中心环节，它的目的在于创造和利用敌人的过失或弱点，积极争取主动，形成优势地位。

孙子指出，示形动敌必须具备一定的条件。这个条件就是自己要做到组织编制严整，将士素质优良，整体实力强大，即所谓"乱生于治，怯生于勇，弱生于强。治乱，数也；勇怯，势也；强弱，形也"。只有具备了这样的前提条件，军队欺敌误敌才有可靠的保障。在这基础上，指挥员发挥主观能动性，制造假象迷惑敌人，施以诱饵调动敌人，然后集中优势兵力，伺机攻击敌人，"以利动之，以卒待之"，从而达到出奇制胜的目的。值得指出的是，《老子》曾说过"将欲夺之，必先予之"，孙子的示形方法与《老子》之言颇有相通之处，这表明孙子高明军事思想的形成，乃是借鉴前人思想精华的结果。这种文化继承发展现象应引起我们的重视。

总之，孙子认为用兵打仗是生死较量，只有掌握了"奇正"的变化，具备了"造势""任势"的条件，又合理拿捏"势"与"节"的分寸，具备了"造势""任势"的尺度，再做到"示形动敌"，具备了"造势""任势"的手段，有利的作战态势才算是基本形成，战场上的主动权才算是大致到手。这时才可以同敌人一决高下，这就是所谓的"转圆石于千仞之山"，所向披靡，战无不胜。

◎ **释疑解惑**

1. 分数·形名·奇正·虚实

孙子在开篇使用了一个排比句，这个排比句总共谈了四个概念："分数""形名""奇正"和"虚实"。这些概念一个比一个费解，孙子花费的笔墨也越来越多。前面两个一笔带过，"奇正"在《势篇》中浓墨重彩，"虚实"则在后面开辟了专门的篇章进行讨论，这就是《虚实篇》。

"分数"其实是针对"众寡"而言的，目的是通过有效的组织管理，把人数很多的队伍管理得像人数很少的队伍那样井井有条。"众"和"寡"是孙子在《计篇》就已经提及的范畴，是就军队规模和士卒数量而言的。《谋攻篇》中，孙子说"识众寡之用者胜"，将其作为"知胜之道"之一。在《行军篇》中，孙子谈到部队的建设问题时说"兵非益多"，认为真正有战斗力的部队，不一定规模大、士卒多。相反，如果超过了国家的承受能力，那只能是穷兵黩武，反而会给国家和人民带来灾难。

而且，在孙子看来，"众"和"寡"之间还可以实现转换。比如孙子的"形人"之术及兵力机动、虚实之变等，都是力求实现"以十攻一"这种效果，其目的就是形成众寡之间的转换；再如，孙子认为正确对待战俘，把一些战俘收编，所谓"卒善而养之"，也可以实现"胜敌而益强"的效果，这和战场上大量杀伤敌人一样，也是可以实现众寡之间的转换的。这样就可以有效地依靠局部的兵力优势来击败敌人。

当然，在孙子看来，通过"分数"也是可以实现这种众寡转换的。与前面的转换方法不同的是，这是就部队的管理而谈的，而不是就战场上的指挥作战而谈的。所谓"分"和"数"，历史上有很多的解释，最具权威和最被广泛采用的是曹操的注释："部曲为分，什伍为数。"

所谓"部曲"，并非是孙子之世的军事编制，而是汉代的军事编制，"部是400人，曲是200人。"[①] 曹操以汉代的编制情况来注释孙子，无非是想直观地告诉当时的人们什么叫"分数"。"什伍"之法则起于齐国的管仲，目的就是"作内政而寓军令"，保持国防体制编制的相对稳定性，依靠这种方法组建起来的部队，在战场上能够同仇敌忾，协同作战。

接下来的"形"和"名"则是就部队机动指挥而言的。何为"形名"？我们还是看曹操的注释："旌旗曰形，金鼓曰名。"古代作战没有电子通信设备，有很长时间都是用金鼓、旌旗来作为指挥行军作战的手段。白天多用旌旗，晚上多用金鼓。

总体而言，"部曲"和"形名"是就理顺组织体制和指挥体制而言的，孙子着墨不多，接下来的"奇正"和"虚实"才是孙子讨论的重点内容。我们需要注意到两点：第一，孙子这个排比句，就"分数"和"虚实"等，都简单进行了描述，但都是就目的而谈的，不是讨论具体的方法问题。第二，孙子这种由"分数"到"虚实"的逐次排序是非常有讲究的，并不是胡乱排列。"分数"和"形名"属于刚性的"硬件"建设，"奇正"和"虚实"则是相对柔性的"软件"建设。"分数"讲的是组织编制，组织编制定了之后就需要"形名"进行管理，其目的就是要形成战术组合和变化，这就是"奇正"，而"奇正"的关键是占有战场的主动权，实现虚实相生，所以要讨论"虚实"。刚性的"硬件"部分容易理解，所以孙子没有就"分数""形名"展开具体的论述；柔性的"软件"部分不宜理解与把捏，更需要睿智地加以阐释，于是为了突出重点，孙子将《势篇》重点讨论的内容定位为"奇正"，"虚实"则另外专辟一章进行详细探讨，因此就有了《虚实篇》。

需要注意的是，孙子将"分数""形名""奇正"和"虚实"一字排开，都是为了讨论"造势"和"任势"的问题。孙子为什么讲这些内容，道理很简单：所谓"造势"和"任势"，其实也是一种"治众"和"斗众"的指挥艺术。所以，"形名""分数"和"奇正""虚实"一样，都是"造势"和"任势"的内容。

---

① 李零：《唯一的规则——孙子的斗争哲学》，上海：三联书店，2010年版。

通观《孙子》十三篇，作者在这种"治众"和"斗众"上费了不少笔墨，诸如《军争篇》的"勇者不得独进，怯者不得独退"，《九地篇》的"携手若使一人"这些，其实都是在讲"治众"和"斗众"的艺术，其目的都是为了求得整体上的"势"。正因为这个缘故，孙子才会在《势篇》讨论"造势"问题时，首先将"分数"和"形名"这些问题提出来进行讨论。

2. "形"与"势"的辩证关系

孙子重视军事实力，可他认为只有军事实力还不够，关键在于如何把军事实力淋漓尽致运用起来，发挥出来，即使静态的"力"转化为动态的"势"。在孙子看来，所谓"势"，就是"兵势"，它作为中国古典兵学的一个重要范畴，主要是指军事力量合理的组合、积聚和运用，表现为有利的态势和强大的冲击力。换句话说，"势"是战争指导者根据一定的作战意图，匠心独运，灵活地部署、使用兵力和正确地变换战术所造成的有利作战态势。孙子曾用十分形象的比喻来说明"势"的特征："势"就像大石头从万丈高山上滚下来，或者是像流水以飞快的速度奔泻，以至把河床上的石头给冲得漂浮起来："善战人之势，如转圆石于千仞之山者，势也"，"激水之疾，至于漂石者，势也"。在这样强大的"势"的冲击下，任何敌人都无法抵挡，遇之者毁，触之者折，抗之者灭："是故智者从之而不释，巧者一决而不犹豫。是以疾雷不及掩耳，迅电不及瞑目，赴之若惊，用之若狂，当之者破，近之者亡，孰能御之！"（《六韬·龙韬·军势》）

概略地说，"形"为实力，"势"为对实力的巧妙发挥与高明运用。在哲学上，这就是主客观的辩证统一。经营实力，这是尊重客观实际，尊重客观规律性。所谓"巧妇难为无米之炊"，要战胜对手，首先要做大、做强自己，"先为不可胜"，牢牢立于不败之地，否则一切都无从谈起。但是，拥有实力，只意味着胜利有了可能性，并不等于胜利有了现实性。实力如水，它有可能是一潭死水，要激活它，使它变为活水，能够推磨、发电，这需要有主观上的努力。这在军事上就是"造势"与"任势"，两者缺一不可。

"田忌赛马"的故事最能说明这种主客观之间的辩证统一关系。孙膑献策田忌，让田忌赛马时以上驷对中驷，以中驷对下驷，以下驷对上驷，比赛的结果，田忌是输一局，赢两局。这说明，在双方实力相差无几，处于僵持、平衡的状态时，智慧、谋略能起到四两拨千斤、牵一发而动全身的关键性作用，成为压垮骆驼的最后一根稻草。但是，我们再往深处说，如果你的马都是下驷，那么，不管怎样运用战略，不管如何排列组合，还是会输掉比赛。

◎ 思考辨析题

1. 怎么辩证认识孙子实力建设优先与充分发挥主观能动性的内在逻辑关系？

2. 为什么说"分别奇正"是用兵作战的关键？

虚　实　篇

　　本篇集中论述了战争活动中"虚""实"相互对立、相互转化这一具有普遍规律性的问题，揭示了军事上"避实击虚"的一般原则，并提出了在作战中掌握虚实，转化虚实，运用虚实的基本要领。孙子强调要通过对"虚""实"关系的全面认识和辩证把握，来夺取战争的主动权，即"致人而不致于人"。而要做到这一点，其关键在于如何争取优势，主动灵活地打击敌人。为此，孙子提出了著名的作战指导原则——"避实而击虚"。而这一原则在作战行动中的具体化，就是要做到：一、示形于敌，迷惑和欺骗敌人，诱使其暴露弱点，然后予以打击。二、集中优势兵力猛烈果断地打击敌人，即所谓的"以十击一"。三、因敌变化而取胜，在作战过程中不机械，不呆板，根据敌情变化，随时调整部署，始终保持主动。四、察知战场地理，了解战场天候，"知战之地，知战之日"，并采取策、作、形、角等方法，全面掌握敌情。五、正确选择主攻方向，做到牵一发而动全身，"出其所不趋"，"攻其所必救"。孙子认为，只要能充分发挥人的主观能动性，采取正确的作战指导原则和具体作战措施，那么，战争的胜利不但"可知"，而且完全"可为"了。

　　本篇文字较长，但条理分明，层层递进，名句迭出，妙语横生，变化无穷，出神入化，将避实击虚的规律阐述得淋漓尽致，既符合人们思维逻辑的认知过程，又符合军事家谋敌杀敌的行动过程，同时又给人们以智慧的启迪与美的享受，真可谓一篇千古奇文。《唐太宗李卫公问对》称云："观诸兵书，无出孙武；孙武十三篇，无出《虚实》。"这一评价，洵非虚言。

虚实，"虚"即空虚，指兵力分散而薄弱，"实"即充实，指兵力集中而强大。虚实也指作战行动中虚虚实实、示形佯动等手段。曹操注："能虚实彼己也。"李筌注："善用兵者，以虚为实；善破敌者，以实为虚。"杜牧注："夫兵者，避实击虚，先须识彼我之虚实也。"这些都是旧时注家对孙子"虚实"含义的正确理解。

此篇篇题各本皆作"虚实"，唯汉简本及篇题木牍作"实虚"。当以"虚实"名篇为确。查各家注皆言"虚实"，而无以"实虚"相称者，且上篇已明言"以碫投卵者，虚实是也"。篇次如张预注："《形篇》言攻守，《势篇》说奇正。善用兵者，先知攻守两齐之法，然后知奇正；先知奇正相变之术，然后知虚实。盖奇正自攻守而用，虚实由奇正而见。故次《势》。"

sūn zǐ yuē fán xiān chǔ zhàn dì ér dài dí zhě yì hòu chǔ zhàn

孙子曰：凡先处战地而待敌者佚①，后处战

dì ér qū zhàn zhě láo gù shàn zhàn zhě zhì rén ér bú zhì yú rén

地而趋战者劳②。故善战者，致人而不致于人③。

néng shǐ dí rén zì zhì zhě lì zhī yě néng shǐ dí rén bù dé zhì

能使敌人自至者，利之也④；能使敌人不得至

zhě hài zhī yě gù dí yì néng láo zhī bǎo néng jī zhī ān néng

者，害之也⑤。故敌佚能劳之⑥，饱能饥之⑦，安能

dòng zhī

动之⑧。

◎ 注释

①〔先处战地而待敌者佚〕处，占据，占领。佚，即"逸"，指安逸、从容。贾林注："先处形势之地以待敌者，则有备豫，士马闲逸。"②〔后处战地而趋战者劳〕趋，奔赴，这里是仓促、猝然的意思。趋战，仓促应战。此句意为作战中后据战地者，仓促应战，则疲劳被动。③〔致人而不致于人〕致，招致、引来。《周礼·秋官·小司寇》："掌外朝之政，以致万民而询焉。"致人，调动敌人。致于人，为敌人所调动。杜牧注云："致，令敌来就我，我当蓄力待之，不就敌人，恐我劳也。"按，这句话的核心含义是争取作战中的主动权，系孙子作战指导思想的精髓。④〔能使敌人自至者，利之也〕利之，以利引诱。意谓能使敌人自投罗网，乃是以利相引诱的缘故。⑤〔能使敌人不得至者，害之也〕害，妨碍、阻挠的意思。《书·旅獒》："不作无益害有益。"此言能使敌人不能到达战地，乃是牵制敌人的结果。⑥〔敌佚能劳之〕能，此处是乃、就的意思。劳，疲劳，这里是使动用法。此句梅尧臣注为"挠之使不得休息"，甚是。⑦〔饱能饥之〕饥，饥饿、饥困，使动用法。此句王晳注："谓敌人足食，我能使之饥乏耳。"⑧〔安能动之〕言敌人若安固守御，我就设法使它移动。曹操注："攻其所必爱，出其所必趋，则使敌不得不相救也。"

◎ 大意

孙子说：凡先占据战场等待敌人来犯的就安逸主动，而后抵战场仓促应战的就疲惫被动。所以善于指挥作战的人，总是能够调动敌人而不被敌人所调动。能够使敌人自动进到我预定地域，是用小利引诱的缘故；能够使敌人无法抵达其预定地域，则是设置重重困难阻挠的缘故。敌人休整良好，就设法使其疲劳；敌人粮食充足，就设法使其饥饿；敌人驻扎安稳，就设法使其移动。

chū qí suǒ bù qū　　qū qí suǒ bú yì　　xíng qiān lǐ ér bù láo

出 其 所 不 趋①，趋 其 所 不 意②。行 千 里 而 不 劳

zhě xíng yú wú rén zhī dì yě　　gōng ér bì qǔ zhě　　gōng qí suǒ bù

者，行 于 无 人 之 地 也③。攻 而 必 取 者，攻 其 所 不

shǒu yě　　shǒu ér bì gù zhě　　shǒu qí suǒ bù gōng yě　　gù shàn gōng

守 也④；守 而 必 固 者，守 其 所 不 攻 也⑤。故 善 攻

zhě　　dí bù zhī qí suǒ shǒu shàn shǒu zhě　　dí bù zhī qí suǒ gōng

者，敌 不 知 其 所 守；善 守 者，敌 不 知 其 所 攻⑥。

wēi hū wēi hū　　zhì yú wú xíng　　shén hū shén hū　　zhì yú wú shēng

微 乎 微 乎，至 于 无 形⑦！神 乎 神 乎，至 于 无 声⑧！

gù néng wéi dí zhī sī mìng

故 能 为 敌 之 司 命⑨。

◎ 注释

①〔出其所不趋〕意谓出兵要指向敌人无法救援的地方，即击其空虚。不，在此处当作"无法""无从"之意解，与《孙膑兵法·威王问》"必攻不守，兵之急者邪"之"不"义同。②〔趋其所不意〕指兵锋要指向敌人所不曾意料之处。与上句同义重复，表示强调。③〔行千里而不劳者，行于无人之地也〕张预注："掩其空虚，攻其无备，虽千里之征，人不疲劳。"无人之地，喻敌虚懈无备之处。④〔攻而必取者，攻其所不守也〕言我出击而必能取胜，乃由于出击的是敌人戒备虚懈之处。李筌注："无虞易取。"⑤〔守而必固者，守其所不攻也〕言我防守而必能稳固，乃由于所守的是敌人无法攻取的地方。⑥〔"故善攻者"至"敌不知其所攻"句〕梅尧臣注："善攻者，机密不泄；

善守者，周备不隙。"王晳注："善攻者，待敌有可胜之隙，速而攻之，则使其不能守也。善守者，常为不可胜，则使其不能攻也。"皆为精审。⑦〔微乎微乎，至于无形〕微，微妙、高明的意思。此句谓虚实运用微妙到极致，则无形可睹。⑧〔神乎神乎，至于无声〕神，神奇，神妙。《易·系辞》："阴阳不测之谓神。"此言虚实运用神奇之至，则无声息可闻。⑨〔司命〕命运的主宰者。《管子·国蓄》："五谷食米，民之司命也。"

◎ 大意

要出击敌人无法驰救的地方，要奔袭敌人未曾预料之处。行军千里而不劳累，是因为行进的是敌人没有防备的地区；进攻而必定能够取胜，是因为进攻的是敌人无法防御的地点；防御而必能稳固，是因为扼守的是敌人攻打不动的地方。所以善于进攻的，能使敌人不知道该如何防守；善于防御的，能使敌人不知道该怎么进攻。微妙啊！微妙到看不出任何形迹！神奇呀！神奇到听不见丝毫声息。所以能够成为敌人命运的主宰。

jìn ér bù kě yù zhě chōng qí xū yě tuì ér bù kě zhuī
进而不可御者，冲其虚也①；退而不可追
zhě sù ér bù kě jí yě gù wǒ yù zhàn dí suī gāo lěi shēn
者，速而不可及也②。故我欲战，敌虽高垒深
gōu bù dé bù yǔ wǒ zhàn zhě gōng qí suǒ bì jiù yě wǒ bú yù
沟，不得不与我战者，攻其所必救③也；我不欲
zhàn huà dì ér shǒu zhī dí bù dé yǔ wǒ zhàn zhě guāi qí suǒ zhī
战，画地而守之④，敌不得与我战者，乖其所之
yě
也⑤。

◎ 注释

①〔进而不可御者，冲其虚也〕御，抵御。《易·蒙卦》："上九，击蒙，不利为寇，利御寇。"冲，攻击，袭击。《战国策·齐策一》："使轻车锐骑冲雁门。"虚，虚懈薄弱之处。②〔退而不可追者，速而不可及也〕速，迅速、

神速。及，赶上，追上。《说文》："及，速也。"何氏注："兵退则利速，我能制敌而敌不能制我也。"③〔必救〕必定救援之处，指利害攸关之地。张预注："敌人虽有金城汤池之固，不得守其险而必来与我战者，在攻其所顾爱之地，使之相救援也。"即同书《九地篇》"先其所爱"之意。④〔画地而守之〕画，界限，指画出界限。通常对此句的解释为：在地上随便画出一条界限即可防守，而不必筑垒设防，比喻防守非常容易。但李零认为"画地"本为一种画地为方，不假城池，禁鬼魅虎狼的防身巫术，后来兵家用来指营垒的规划，孙子在此处指划定范围，不用沟垒，喻其至易。李说颇有新意，可资参考。⑤〔乖其所之也〕意谓调动敌人，将其引往他处。曹操注："乖，戾也。戾其道，示以利害，使敌疑也。"乖，违，背离。《论衡·薄葬》："各有所恃，故乖不合。"此处是改变、调动的意思。之，往、去。

◎ 大意

前进而使敌人无法抵御，是由于袭击敌人懈怠空虚的地方；撤退而使敌人不能追击，是因为行动迅速而使得敌人追赶不及。所以我军要交战时，敌人即使高垒深沟也不得不出来与我交锋，这是因为我们攻击了敌人所必救的地方。我军不想交战时，即使是画地防守，敌人也无法同我交锋，这是因为我们诱使敌人改变了进攻方向。

故形人而我无形①，则我专而敌分②。我专为一，敌分为十，是以十攻其一也③，则我众而敌寡。能以众击寡者，则吾之所与战者约矣④。吾所与战之地不可知⑤，不可知，则敌所备者多，敌所备者多，则吾所与战者寡矣⑥。故备前则后

guǎ bèi hòu zé qián guǎ bèi zuǒ zé yòu guǎ bèi yòu zé zuǒ guǎ
寡，备后则前寡，备左则右寡，备右则左寡，
wú suǒ bú bèi zé wú suǒ bù guǎ guǎ zhě bèi rén zhě yě zhòng
无所不备，则无所不寡⑦。寡者，备人者也⑧；众
zhě shǐ rén bèi jǐ zhě yě
者，使人备己者也⑨。

◎ **注释**

①〔形人而我无形〕形人，使敌人现形。形，此处作动词，显露的意思。我无形，即我方无形迹，"形"在此处为名词。此句意为使敌人显露实情而我方却能隐蔽真形。②〔我专而敌分〕杜佑注："我专一而敌分散。"专，专一、集中，此处指集中兵力。分，分散兵力。③〔是以十攻其一也〕言我在局部上对敌拥有以十击一的绝对优势。④〔吾之所与战者约矣〕梅尧臣注："以专击分，则我所敌少也。"约，少、寡的意思。杜牧注："约，犹少也。"⑤〔吾所与战之地不可知〕言我准备与敌人作战的地点，敌人无从知晓。所与战之地，指所准备与敌人交战的地点。⑥〔"不可知"至"则吾所与战者寡矣"句〕意谓我欲战之地敌人既无从知晓，则不得不多方防备，如此，则敌之兵力势必分散。敌之兵力既已分散，则与我局部交战之敌就寡弱，较为容易被战胜了。⑦〔无所不备，则无所不寡〕此句言倘若不分主次，平均使用力量，处处设防，必然是处处兵力寡弱，陷入被动。⑧〔寡者，备人者也〕敌人兵力相对薄弱，是由于分兵备敌。张预注："所以寡者，为分兵而广备于人也。"⑨〔众者，使人备己者也〕我方兵力占有相对优势，是因为迫使敌人分兵备战。张预注："所以众者，为势专而使人备己也。"

◎ **大意**

要使敌人显露真情而我军不露痕迹，这样，我军兵力就可以集中而敌人兵力却不得不分散。我们的兵力集中在一起，敌人的兵力分散在十处，这样，我们就能以十倍于敌的兵力去进攻敌人，从而造成我众而敌寡的有利态势。能做到集中优势兵力攻击劣势的敌人，那么同我军正面交战的敌人也就有限了。

我们所要进攻的地方敌人无从知道，既然无从知道，那么他所需防备的地方就多了；敌人防备的地方愈多，我们所要进攻的敌人就愈单薄。因此，防备了前面，后面的兵力就薄弱；防备了后面，前面的兵力就薄弱。处处加以防备，就处处兵力薄弱。兵力薄弱，是因为处处分兵防备；兵力充足，是因为迫使敌人处处分兵防备。

故知战之地，知战之日，则可千里而会战①。不知战地，不知战日，则左不能救右，右不能救左，前不能救后，后不能救前，而况远者数十里，近者数里乎②？以吾度③之，越人之兵虽多④，亦奚益于胜败哉⑤？故曰：胜可为也⑥。敌虽众，可使无斗⑦。

◎ 注释

①〔故知战之地，知战之日，则可千里而会战〕如能预先了解战场的地形条件与交战时间，则可以奔赴千里与敌交战。②〔"不知战地"至"近者数里乎"句〕张预注："不知敌人何地会兵，何日接战，则所备者不专，所守者不固。忽遇劲敌，则仓遽而与之战，左右前后犹不相接，又况首尾相去之辽乎？"所言甚是。③〔度〕估计，推测。《诗经·小雅·巧言》："他人有心，予忖度之。"成语有"审时度势"。④〔越人之兵虽多〕越人之兵，越国的军队。春秋时期，晋、楚长期争霸，晋拉拢吴以牵制楚，楚则如法炮制，利用越来抗衡吴，吴、越之间多年征战不已，两国遂为世仇。孙子为吴王论兵法，自然要以越国为吴的主要假想敌。⑤〔亦奚益于胜败哉〕奚，何，岂，哪能够。益，帮助，补益。于，对于。⑥〔胜可为也〕为，创造，争取。胜可为，言胜利

可以积极争取。⑦〔敌虽众，可使无斗〕言敌人虽多，但只要创造条件，就能够使它无法同我较量。

◎ **大意**

所以，如能预知交战的地点，预知交战的时间，那么即使跋涉千里也可以去同敌人会战。不能预知在什么地方打，不能预知在什么时间打，那么就会导致左翼救不了右翼，右翼救不了左翼，前面不能救后面，后面不能救前面的情况，何况想要在远达数十里，近在数里的范围内做到应付自如呢？依我分析，越国的军队虽多，但对于取得战争的胜利又有什么补益呢？所以说，胜利是可以造就的，敌军虽多，可以使它无法同我较量。

故策之而知得失之计①，作之而知动静之理②，形之而知死生之地③，角之而知有余不足之处④。故形兵之极，至于无形⑤。无形，则深间不能窥，智者不能谋⑥。因形而错胜于众⑦，众不能知；人皆知我所以胜之形⑧，而莫知吾所以制胜之形⑨。故其战胜不复⑩，而应形于无穷⑪。

◎ **注释**

①〔策之而知得失之计〕策，筹算，策度。《老子》："善数，不用筹策。"得失之计，敌计之优劣得失。此句张预注："筹策敌情，知其计之得失。"甚是。②〔作之而知动静之理〕作，兴起，这里是挑动的意思。动静之理，指敌人的活动规律。此言挑动敌人，借以了解其活动的一般规律。③〔形之而知死生之地〕形之，以伪形示敌。死生之地，指敌人之优势所在或薄弱致命的

环节。地，同下句"处"，均非实指战地。言以示形于敌的手段，来了解敌方的优劣环节。④〔角之而知有余不足之处〕角，较，量。曹操注："角，量也。"又，王晳注："角，谓相角也。角彼我之力，则知有余不足之处。"有余，指实（强）之处。不足，指虚（弱）之处。张预注："有余强也，不足弱也。角量敌形，知彼强弱之所。"⑤〔故形兵之极，至于无形〕形兵，指部署过程中的佯动。句意为我示形佯动臻于完善，则形迹俱无。⑥〔深间不能窥，智者不能谋〕间，间谍。深间，指隐藏极深的间谍。窥，刺探、窥视。示形佯动达到最高境界，则敌之深间也无从摸测底细，聪明的敌人也束手无策。⑦〔因形而错胜于众〕因，由，通过，依靠。因形，指根据敌情而灵活应变。错，同"措"，放置、安置的意思。⑧〔人皆知我所以胜之形〕此言人们只见到我克敌制胜的情况。形，形状、形态，此处指作战的方式方法。⑨〔而莫知吾所以制胜之形〕言众人无从得悉我克敌制胜的内在奥妙与规律。制胜之形，取胜的奥妙、规律。张预注："立胜之迹人皆知之，但莫测吾因敌形而制此胜也。"甚是。⑩〔故其战胜不复〕复，重复。取胜的方法不重复，指作战方法随机制宜，灵活机动，不拘一格。⑪〔应形于无穷〕应，适应。形，形状、形态，此处特指敌情。此句杜牧注："敌每有形，我则始能随而应之以取胜。"

◎ **大意**

所以，要通过认真的筹算，来分析敌人作战计划的优劣；要通过挑动敌人，来了解敌人的活动规律；要通过佯动示形，来试探敌人生死命脉的所在；要通过小规模交锋，来了解敌人兵力的虚实强弱。所以佯动示形达到最高的境界，就再也看不出什么形迹。看不出形迹，那么，即使是深藏的间谍也窥察不了底细，老谋深算的敌人也想不出对策。根据敌情变化而灵活运用战术，即便把胜利摆放在众人面前，众人仍然不能看出其中的奥妙。人们只能知道我用来战胜敌人的办法，却无从知道我是怎样动用这些办法出奇制胜的。所以每一次取胜，都不是简单的重复，而是适应各种不同的情况，变化无穷。

夫兵形象水①，水之形，避高而趋下②；兵之形，避实而击虚③。水因地而制流，兵因敌而制胜④。故兵无常势，水无常形⑤，能因敌变化而取胜者，谓之神⑥。故五行无常胜⑦，四时无常位⑧，日有短长，月有死生⑨。

◎ 注释

①〔兵形象水〕言用兵的规律同水的运动规律一样。兵形，用兵打仗的方式方法，也可以理解为用兵的一般规律。②〔水之形，避高而趋下〕水之形，水的活动形态。此句言水的活动趋向是避开高处流向低洼之地。③〔兵之形，避实而击虚〕言用兵的原则是避开敌人坚实之处，攻击其空虚薄弱且关键的地方。④〔水因地而制流，兵因敌而制胜〕制，制约，决定。制胜，制服敌人以取胜。此句意为水之流向受地形高低不同的制约，作战中的取胜方法则依据敌情不同来决定。⑤〔兵无常势，水无常形〕此句言用兵打仗无固定刻板的态势或模式，犹如流水并无一成不变的形态。势，态势，《易·坤卦·象辞》："地势坤，君子以厚德载物。"常势，固定的态势。形，一成不变的形态。⑥〔能因敌变化而取胜者，谓之神〕意谓若能依据敌情变化而灵活处置以取胜，则可视之为用兵如神。张预注曰："兵势已定，能因敌变动应而胜之，其妙如神。"⑦〔五行无常胜〕意谓金、木、水、火、土五行相生相克而无定数。⑧〔四时无常位〕此言春、夏、秋、冬四季推移变换永无止息。常位，固定不变的位置。⑨〔日有短长，月有死生〕意谓白昼因季节变化而有长有短，月亮因循环往复而有盈亏晦望。日，白昼。死生，月亮循环往复之"生霸（pò）"和"死霸"，通指月亮运转时盈亏晦明之变化。"霸"字亦作"魄"，是月之光明。生霸是指月生光明，死霸是指月亮由明转晦。古人将每个月之月相变化，顺次称为：初吉，即生霸；既

望，即死霸。详可见王国维《生霸死霸考》（载《王静安先生遗书》），俞樾亦作《生霸死霸考》。此处《孙子》言五行、四时及日月变化，含义均如曹操注所云："兵无常势，盈缩随敌。"

◎ 大意

用兵的规律就像流水。流水的属性，是避开高处而流向低处；作战的规律，是避开敌人的坚实之处而攻击敌人的弱点。水因地形的高低而制约其流向，作战则根据不同的敌情而制定取胜的方略。所以，用兵打仗没有固定的态势，正如水的流动不曾有一成不变的形态一样。能够根据敌情变化而灵活应对以取胜的，就叫作用兵如神。五行相生相克没有常胜者，四季轮流更替也没有不变的位置，白天有短有长，月亮也有缺有圆。

◎ 教学引导

《孙子兵法》十三篇，篇篇围绕作战指导这个核心问题而立论，而《虚实篇》则是其中最为精彩的一篇。唐太宗李世民的意见可以作证。他说："观诸兵书，无出孙武；孙武十三篇，无出《虚实》。夫用兵识虚实之势，则无不胜焉。"（《唐太宗李卫公问对》）《虚实篇》对军事活动中"虚""实"对立统一的关系做了精辟分析，全面论述了作战指挥中争取主动权的基本原则和重要方法，在《孙子》全书中占有极其重要的地位。

"虚实"是一个重要的兵学范畴，它的含义十分广泛。一般而言，无者为虚，有者为实；空者为虚，坚者为实。"虚"指的是兵力分散而薄弱，"实"指的是兵力集中而强大。表现在具体军情上，大凡怯、饥、乱、劳、寡、不虞、羸弱为"虚"，勇、饱、治、逸、众、有备、强盛为"实"。总之凡是构成一支军队战斗力的因素，譬如兵力的众寡、优劣、强弱、分合，部队的劳逸、饥饱、治乱、懈备，部署上的疏密、坚瑕，兵势上的锐钝，士气上的高低，心理上的勇怯，行迹上的真伪，处境上的安危，地形上的险易，等等，统统属于"虚实"的范畴。对此掌握得是否得当，运用得是否高明，转化得是否成功，直接关系着战争的胜负。显而易见，避实击虚是作战指导取得成功的关键所在，无怪乎孙子对它如此重视，要用专篇来阐发这个问题了。

"虚实"的核心宗旨，就是积极夺取作战的主动权，创造条件，争取优势，主动灵活地打击敌人。众所周知，主动权乃是军队行动的自由权。在战场上，谁失去行动自由，被对手束缚住了手脚，进退不得，攻守无措，谁也就是"孔夫子搬家——尽是书（输）"。可见，主动权实乃军队命脉之所系。孙子对这层道理早有深刻的领会，并用简洁而深刻的一句话，概括了牢牢掌握主动权的不朽命题——"致人而不致于人"，即善于调动敌人而不被敌人所调动。孙子强调，这既是理解"虚实"关系的钥匙，也是正确运用"虚实"、转化"虚实"所要达到的目的。我们认为这一原则是孙子制胜之道的灵魂。无怪乎《唐太宗李卫公问对》要这么说古代兵法："千章万句，不出乎'致人而不致于人'而已。"

知道"虚实"，是为了转化和运用"虚实"，而转化和运用"虚实"，关键在于找到走得通的途径和有效的手段。孙子认为，这手段说复杂也复杂，说简单也简单，就是"避实而击虚"。要打胜仗，窍门是让自己处于"实"而让对手据于"虚"。正如《管子·兵法》所讲的，善于指挥打仗的统帅，总能让对手处于无可奈何的尴尬境地，就像双脚踩在虚空当中，全身上下使不出一点劲；就像同影子搏斗，忙活半天全是白费力气。然而构成"虚实"的因素不是一成不变的，它需要指挥员去发现，去创造，去把握，而实现这一步骤的有效途径，则是在军事行动中努力做到"避实而击虚"，完成敌我虚实态势的转变。如此，"致人而不致于人"的意图便得到了具体的落实，克敌制胜就有了充分的保证。

"避实而击虚"，主要指在用兵打仗时，要避开敌人的强点，攻击敌人虚弱而性命攸关的部位，牵一发而动全身，使得敌人欲守不得，欲战不能，进退失据。这一点很重要，即"虚"不是单纯的虚弱，如果只是单纯的虚弱，而与战略全局不发生关系，那么即便攻击成功，也不能对敌人真正有所伤害，对战略全局产生不了实际的影响。只有打击敌人虚弱而又关键的地方，方可真正置敌人于死地。

通过"避实而击虚"来争取作战主动权，重点表现为选择攻击目标、攻击方向时，力求从根本上调动对手，制服敌人。所以他说"出其所不趋，趋其所不意。行千里而不劳者，行于无人之地也；攻而必取者，攻其所不守也；守而必固者，守其所不攻也"，又说"进而不可御者，冲其虚也"。在他看来，只要在作战目标以及方向选择上贯彻了"避实而击虚"的方针，就可以占据主动权，达到"善攻者，敌不知其所守；善守者，敌不知其所攻"的目的。

孙子"避实而击虚"以争取主动的原则，还表现在对攻击时机的把握上。

其基本的指导思想是，避免同正处于士气高涨、斗志旺盛阶段的敌人进行正面的交锋，而要通过各种手段瓦解敌人的士气，消磨敌人的斗志，使其失去锐气，显现虚弱之象，而后乘虚蹈隙，实施突然而凌厉的打击，夺取战争的胜利，即所谓"善用兵者，避其锐气，击其惰归"。

孙子认为，要贯彻"避实而击虚"作战方针，争取"致人而不致于人"，就需要掌握各种情况，从中分析利弊，制定正确的对策，这样就可以"千里而战"，保存自己，消灭敌人了。

孙子指出，军事指挥员所应了解和掌握的情况概略言之有两大类，一是天时地理，即"知战之地，知战之日"；二是敌情。一般情况下，第二类情况比较难以了解。为此，孙子着重论述了了解和掌握敌情的方法，"策之而知得失之计，作之而知动静之理，形之而知死生之地，角之而知有余不足之处"。应该说，这是非常具体而又行之有效的方法，它能够保证我方及时、全面地掌握敌人的作战计划、活动规律、作战部署、强弱环节，为我方定下作战决心、制订作战计划、实施"避实而击虚"策略提供客观根据，从而保障我方在作战中牢牢掌握主动权，"致人而不致于人"。

孙子强调指出："兵无常势，水无常形，能因敌变化而取胜者，谓之神。"这意思是说，高明的作战指导者在对敌作战过程中，切忌僵化保守，拘泥成法，而必须根据敌情的变化，随时调整兵力部署，改变作战方式，始终保持主动。水因地而制流，兵因敌而制胜，在孙子的观念中，唯有"因敌而制胜"，方可排除干扰，顺利实施"避实而击虚"的作战策略，真正做到"致人而不致于人"，由用兵的"必然王国"进入用兵的"自由王国"。

要"避实而击虚"，集中优势兵力，在全局或局部上造成"以镒称铢"的有利态势，各个歼灭敌人，乃是不可忽略的环节。

作战双方谁拥有战场上的优势地位，谁就能拥有军事行动的主动权，这乃是古今中外战争中的一条重要规律。两军对阵交锋，凡兵力薄弱、指挥笨拙的一方，一般情况下，总是比较被动，所以，古代军事家很自然地提出了"众寡分合"的著名命题。所谓"众寡"，就是指兵力的对比问题；所谓"分合"，就是指兵力的部署使用问题。两者的核心，就是要集中兵力，在全局或局部确立优势，分一为二，避实击虚，各个击破敌人。

孙子是中国历史上第一个重视并系统阐述"众寡分合"作战原则的兵学大师。在《谋攻篇》中，他明确强调"识众寡之用者胜"，把这看成"知胜"的一项重要因素。这里的"众寡"当然是指兵力的多少，而"用"则是指兵力的运用，即《军争篇》中所说的"分合为变"。孙子认为，要确保掌握主动权，使胜利的天平朝着自己一方倾斜，就必须按照"避实而击虚"的原则，在战场交锋时集中优势兵力，给敌人以毁灭性的打击。为此，他在本篇中反复阐发了集中优势兵力对于实现"避实而击虚"原则的重要性，并一再提出集中优势兵力的种种主张，如"并力""我专为一"，从而达到"以众击寡"的目的。

兵力的大小与兵力的集中分散，并不是同一回事情。总体兵力占优势的一方，在具体作战过程中也极有可能因兵力部署的分散而丧失优势；反之，总体兵力占劣势的一方，也有希望通过相对集中兵力而形成局部的优势。这说明，集中兵力是有一定条件的。从主观上说，敌我双方都力求集中兵力，千方百计追求战场上的优势。然而能不能实现这个初衷，则取决于指挥员主观能动性能否得到充分的发挥，这叫作"贤者识其大，不贤者识其小"。换言之，必须通过高明的指挥，使我方兵力集中而使敌人兵力分散，这才是集中兵力的关键。

孙子不愧为杰出的军事理论家，在"众寡之用"问题上，他既肯定集中兵力的意义，提倡"以十击一"，又积极探讨如何在战争中通过对"分合为变"等手段的运用，来达到集中兵力、掌握主动的目的。

孙子认为集中兵力的关键，在于最大限度地发挥主观能动作用，善于创造条件，捕捉战机。从战术上讲，就是要做到"形人而我无形"，使敌人显露真情而我军不露任何痕迹，也就是使敌人在明处当靶子，我方在暗处施计策。这样一来，我军兵力就可以集中，而敌人兵力却不得不分散，于是，集中兵力的意图得以实现，我方便能以十倍于敌的兵力去进攻敌人，从而造成我众而敌寡的有利态势。而能做到集中优势兵力攻击劣势之敌，"则吾之所与战者约矣"，出现"吾所与战者寡"的局面，使得敌人原先的"四手"变成"双拳"，使得自己原先的"双拳"变成"四手"。基于这样的想法，孙子非常乐观地表示了必胜的信心："胜可为也。敌虽众，可使无斗""越人之兵虽多，亦奚益于胜败哉"！

"举一反三""触类旁通"是孙子思维方式的显著特征，所以，他在肯定集中兵力重要性的同时，也深刻揭示了分散兵力的危害性，给所有的战争指导者敲了警钟。他认为，在兵力部署上如果不分主次，平均用力，单纯追求"无所不备"，那到头来势必形成"无所不寡"的局面，不能实现"我专而敌分"的意图，也就失去了"避实而击虚"主动地位的物质基础。据此，孙子一再语重心长地提醒战争指导者，要避免犯"以一击十""以少合众"这一类分散兵力的错误，因为那样做是彻头彻尾的"败之道"，到头来一定会覆军杀将，自取其辱！

◎ **释疑解惑**

1. "胜可知而不可为"与"胜可为也。敌虽众，可使无斗"的关系

《形篇》言"胜可知而不可为"，这乃是就客观规律性立论，指胜利可以预见，却不可凭主观愿望强求，而必须具备一定的客观物质基础。而本篇说"胜可为也。敌虽众，可使无斗"，乃是就主观能动性立论，是说当具备一定客观条件时，只要将帅充分发挥主观能动性，就能争取胜利。两者之间并无矛盾。《孙子兵法》中蕴含非常深刻的朴素辩证法思想，这就是一个显著的例证。

2. "兵形象水""兵无常势，水无常形"中"水"之含义

"兵形象水""兵无常势，水无常形"是军事名言，经常被人们提及和引用。其基本意思是说用兵打仗无固定刻板的态势或模式，犹如流水并无一成不变的形态。所以，用兵强调的是"不以法为守，而以法为用，常能缘法而生法，与夫离法而会法"（《何博士备论·霍去病论》），必须根据战场形势的变化而及时变化，否则就必然遭遇失败。

事实上，在千变万化的战场上，能把握稍纵即逝的战机的将领，才能做到孙子所说的"因敌制胜"，成为战场上的王者。否则，就会像马谡一样，胶柱鼓瑟，丧师辱身，为天下笑。说实在的，马谡在街亭之战中，都是按《孙子兵法》的原则部署兵力，展开行动的。如将部队部署在土山上，声称"居高击下，势如破竹"，这符合孙子"居高而向阳"的处军之道。人家提意见，以为切切不可：山上没有水源，一旦被曹魏军队所包围，断水就会使己方军队不战而溃。然而，马谡又搬出孙子的条文，将人家正确的建议堵了回去："置之死地而后生，投之亡地而后存！"但他恰恰忘了《孙子兵法》的精髓与灵魂："兵无常势，水无常形。"更何况他遭遇的对手是名将张郃，结果自然是一败涂地。

孙子以"水"喻指兵势，这其实正是孙子兵学哲理性的鲜明体现，也是兵家与道家之间渊源深厚、关系密切的具体体现。兵、道同源，这一点，从《道藏》中收录《孙子兵法》就可以有所领悟，因此，李泽厚才会写《孙老韩合论》一文，来揭示其共生互补的内在联系。《老子》和《孙子兵法》都遵循了中国文化的"阴阳""正反"之道，其基本范畴与概念都是对立的矛盾统一，这与儒家的情况是有所不同的。儒家的大多数概念与范畴，是侧重于同义叠加，如忠信、仁义、廉洁等，而道家与兵家的几乎所有概念都是对立而辩证统一

的，如多少、长短、高下、前后、攻守、奇正、虚实、迂直、得失、主客等。

水在老子与孙子的哲学体系中，同样具有至高无上的价值取向。古人重视"水"，老子和道家尤其推崇水之德。老子强调"上善若水"，认为世界上最柔弱的就是水，但正是这种柔弱的水，可以产生最惊人的力量。孙子也以"水"为喻，用它来形容用兵制胜的最上乘境界："兵无常势，水无常形，能因敌变化而取胜者，谓之神！"在老子与孙子的眼中，水本身没有形状，装在杯子里就是杯子的形状，装在茶壶里就是茶壶的形状，看起来似乎软弱可欺，任人宰割，其实不是这样。水的力量看似柔弱，其实是绵里藏针，在特定的时候就会爆发。这是水外表软弱而内里刚强的一面。

显而易见，"水"使兵家与道家紧密地结合在一起了，读《孙子兵法》，不能不注意到这一点。

◎ 思考辨析题

1. "孙武十三篇，无出虚实"，请谈谈你对这个观点的认识。

2. 为什么说"兵法千章万句，不出乎致人而不致于人"？

3. "无所不备，则无所不寡"，孙子此言在今天有什么启示价值？

军 争 篇

　　本篇主要论述如何趋利避害，保证军队在开进和接敌运动过程之中，掌握战场的主动权。孙子十分重视对有利作战地位的争取，并从辩证思维的高度，论证了军争的有利面和不利面。他强调对军争要做好充分的了解和准备，即察知"诸侯之谋"，得"山林、险阻、沮泽之利"与重"用乡导"。在争夺主动权的过程中，孙子要求指挥者坚持"兵以诈立，以利动，以分合为变"的原则，做到"悬权而动"。孙子还充分重视统一号令的意义，提倡军队进退攻守必须具备明确的标识和要求。为了确保掌握战争的主动权，孙子主张在军队行动过程中，贯彻"四治"的具体要求，其中"避其锐气，击其惰归"的主张，已成为著名的军事原则。本篇结尾处，孙子总结了八条"用兵之法"。这些原则，虽然带有一定的阶级、时代的局限性，但从总体来看，大都经受住了历史的检验，成为我国优秀军事文化传统中的重要精神内核。

　　军争，指敌我双方争夺取胜的有利条件。张预注："以军争为名者，谓两军相对而争利也。先知彼我之虚实，然后能与人争胜，故次《虚实》。"

孙子曰：凡用兵之法，将受命于君，合军聚众①，交和而舍②，莫难于军争③。军争之难者，以迂为直，以患为利④。故迂其途而诱之以利⑤，后人发，先人至⑥，此知迂直之计者也⑦。

◎ **注释**

①〔合军聚众〕合，聚集、集结。《诗经·大雅·民劳》郑玄笺："合，聚也。"此句意为征集民众，组织军队。梅尧臣注："聚国之众，合以为军。"②〔交和而舍〕意谓两军对垒而处。交，接，接触。《易·泰卦》："天地交而万物通也。"和，和门，即军门。曹操注："军门为和门。"交和，曹操注："两军相对为交和。"《战国策·齐策一》："与秦交和而舍。"舍，止，止宿。③〔莫难于军争〕于，比。军争，两军争夺制胜条件，即有利的态势和先机之利。④〔以迂为直，以患为利〕迂，曲折、迂远。《史记·河渠书》："北渡迂兮浚流难。"直，近便的直路。《诗经·小雅·大东》："周道如砥，其直如矢。"此句张预注曰："变迂曲为近直，转患害为便利。"甚是。⑤〔迂其途而诱之以利〕"其""之"均指敌人。迂，此处是使动用法。前句就我而言，此句则就敌而言。军争时既要使己"以迂为直，以患为利"，也要善于使敌以直为迂，以利为患。而要达到这一目的，关键在于以利引诱敌人，使其行迂趋患，陷入困境。⑥〔后人发，先人至〕比敌人后出动，却先抵达目的地。《荀子·议兵》："上得天时，下得地利，观敌之变动，后之发，先之至，此用兵之要术也。"⑦〔此知迂直之计者也〕知，这里是掌握的意思。计，这里是方法、手段的意思。

◎ 大意

　　孙子说：大凡用兵的法则，将帅接受国君命令，从征集民众、组织军队直到同敌人对阵，在这中间没有比争夺制胜条件更为困难的。而争夺制胜条件最困难的地方，在于要把迂回的弯路变为直路，要把不利转化为有利。同时，要使敌人的近直之利变为迂远之患，并用小利引诱敌人，这样就能比敌人后出动而先抵达必争的战略要地。这就是掌握了以迂为直的方法。

gù jūn zhēng wéi lì　jūn zhēng wéi wēi　jǔ jūn ér zhēng lì zé bù
故军争为利，军争为危①。举军而争利则不

jí　wěi jūn ér zhēng lì zé zī zhòng juān　shì gù juǎn jiǎ ér qū
及②，委军而争利则辎重捐③。是故卷④甲而趋，

rì yè bù chǔ　bèi dào jiān xíng　bǎi lǐ ér zhēng lì　zé qín sān
日夜不处⑤，倍道兼行⑥，百里而争利，则擒三

jiāng jūn　jìng zhě xiān　pí zhě hòu　qí fǎ shí yī ér zhì　wǔ shí
将军⑦，劲者先，疲者后，其法十一而至⑧；五十

lǐ ér zhēng lì　zé jué shàng jiāng jūn　qí fǎ bàn zhì　sān shí lǐ
里而争利，则蹶上将军⑨，其法半至⑩；三十里

ér zhēng lì　zé sān fēn zhī èr zhì　shì gù jūn wú zī zhòng zé wáng
而争利，则三分之二至⑪。是故军无辎重则亡，

wú liáng shí zé wáng　wú wěi jī zé wáng
无粮食则亡，无委积则亡⑫。

◎ 注释

　　①〔军争为利，军争为危〕为，这里作"是""有"解。《孟子·滕文公上》："将为君子焉，将为野人焉。"赵岐注："为，有也。"此句言军争既有有利的一面，也有不利的一面。梅尧臣注："军争之事，有利也，有危也。"②〔举军而争利则不及〕举军，带着所有辎重行动。此言若仅看到军争有利的一面而携带全部辎重去争夺，则必为辎重所累，行动迟缓，不能及时赶到预定地点。梅尧臣注："举军中所有而行则迟缓。"③〔委军而争利则辎重捐〕梅尧臣注："委军中所有而行则辎重弃。"意谓如果丢下辎重轻兵捷

进，则辎重将会受到损失。委，舍弃、丢弃。辎重，包括军用器械、营具、粮秣、服装等。捐，弃、损失。④〔卷〕收，藏。《论语·卫灵公》："邦有道则仕，邦无道，则可卷而怀之。"刘宝楠《正义》："卷，收也。"⑤〔日夜不处〕处，可解作"止""息"，见《说文》。此句言夜以继日，不得休息。⑥〔倍道兼行〕倍道，行程加倍。兼行，日夜不停地进军。⑦〔则擒三将军〕擒，俘虏，擒获。三将军，指上、中、下三军的主帅。此句意为若奔赴百里，一意争利，则三军的将领会成为敌之俘虏。⑧〔劲者先，疲者后，其法十一而至〕十一，十分之一。意谓士卒强壮者先到，疲弱者掉队，这种做法的结果，只有十分之一的兵力能够到位。⑨〔五十里而争利，则蹶上将军〕言奔赴五十里而争利，则前军将领会受挫折。蹶，失败、损折。上将军，指先头部队的统帅，贾林注："上犹先也。"⑩〔其法半至〕通常的结果是部队只能有半数到位。⑪〔三十里而争利，则三分之二至〕此言奔赴三十里以争利，士卒也仅能有三分之二到位。⑫〔军无辎重则亡，无粮食则亡，无委积则亡〕此句张预注曰："无辎重则器用不供，无粮食则军饷不足，无委积则财货不充，皆亡覆之道。"甚是。委积，泛指物资储备。《周礼·地官·遗人》："掌邦之委积，以待施惠。"郑玄注："少曰委，多曰积。"

◎ **大意**

军争既有有利的一面，也有危险的一面。假如全军携带所有辎重去争利，就无法按时抵达预定地域；如果放下辎重去争利，辎重就会损失。因此，卷甲疾进，日夜兼程，走上百里路去争利，那么三军的将领就可能被敌所俘；健壮的士卒先到，羸弱的士卒掉队，其结果是只会有十分之一的兵力到位。走五十里路去争利，就会损折前军的主将，只有一半的兵力能够到位。走上三十里路去争利，也只有三分之二的兵力能赶到。须知军队没有辎重就不能生存，没有粮食就不能生存，没有物资就不能生存。

故不知诸侯之谋者，不能豫交①；不知山林、险阻、沮泽②之形者，不能行军；不用乡导③者，不能得地利。故兵以诈立④，以利动⑤，以分合为变⑥者也。故其疾如风⑦，其徐如林⑧，侵掠如火⑨，不动如山⑩，难知如阴⑪，动如雷震⑫。掠乡分众⑬，廓地分利⑭，悬权而动⑮。先知迂直之计者胜⑯，此军争之法也。

◎ 注释

①〔不知诸侯之谋者，不能豫交〕谋，图谋，谋划。豫，通"与"，参与。《左传·隐公元年》："豫凶事，非礼也。"豫交，即结交诸侯。一说"豫"作"预"解，亦通。《广雅·释言》："豫，早也。"此句言如不知诸侯列国的意图，则不宜与其结交。②〔沮泽〕指水草丛生的沼泽地带。《礼记·王制》："居民山川沮泽。"孔颖达疏引何胤语："沮泽，下湿地也。"③〔乡导〕即向导，熟悉当地情况的带路者。④〔兵以诈立〕立，成立，此处指成功，取胜。《论语·为政》："三十而立。"此句言用兵打仗当以诡诈多变取胜。《韩非子·难一》："繁礼君子，不厌忠信；战阵之间，不厌诈伪。"⑤〔以利动〕言用兵打仗以利益大小为行动准则。《左传·僖公二十二年》："三军以利动也。"⑥〔以分合为变〕分，分散兵力；合，集中兵力。此句言用兵打仗应视不同情况而灵活处置兵力，或分散，或集中。张预注："或分散其形，或合聚其势，皆因敌动静而为变化也。"⑦〔其疾如风〕意为行动迅捷，如飘风之疾。张预注："其来疾暴，所向皆靡。"⑧〔其徐如林〕此言部队从容推进，行列整肃，犹似森然不乱之林木。徐，舒缓。《左传·昭公二十年》："清浊大小，短长疾徐。"⑨〔侵掠如火〕攻

击敌军恰似烈火之燎原，不可抵御。侵，越境进犯。掠，掠夺物资。侵掠，这里意为攻击敌军。⑩〔不动如山〕言屯兵防守似山岳之不可撼动。杜牧注："闭壁屹然不可摇动也。"⑪〔难知如阴〕言隐蔽真形，使敌莫测，有如阴云蔽日。李筌注："其势不测如阴，不能睹万象。"⑫〔动如雷震〕张预注："如迅雷忽击，不知所避。"⑬〔掠乡分众〕言分兵数路以掳掠敌国乡邑。陈皞注："夫乡邑村落，固非一处，察其无备，分兵掠之。"掠，一说当作"指"。⑭〔廓地分利〕此言开土拓境，分兵扼守有利之地形。张预注："开廓平易之地，必分兵守利，不使敌人得之。"廓，开拓，扩展。《尔雅·释诂》："廓，大也。"《方言》："张小使大谓之廓。"《荀子·修身》："狭隘褊小，则廓之以广大。"⑮〔悬权而动〕言权衡利弊得失而后采取行动。曹操注："量敌而动。"即所谓"合于利而动，不合于利而止。"权，原义为秤锤，这里指权衡利害关系。《礼记·王制》郑玄注："权，平也。"⑯〔先知迂直之计者胜〕张预注："凡与人争利，必先量道路之迂直，审察而后动，则无劳烦寒馁之患，而且进退迟速，不失其机，故胜也。"

◎ **大意**

所以，不了解诸侯列国的战略意图，不能与其结交；不熟悉山林、险阻、沼泽的地形，不能行军；不重用向导，便不能得到地利。所以用兵打仗必须依靠诡诈多变来争取成功，依据是否有利来决定自己的行动，按照分散或集中兵力的方式来变换战术。所以，军队行动迅速时就像疾风骤起，行动舒缓时就像林木森然不乱，攻击敌人时像烈火炽焚，实施防御时像山岳耸峙，隐蔽时如同阴天，冲锋时如同雷霆。分遣兵众，掳掠敌方的乡邑，分兵扼守要地，扩展自己的领土，权衡利害关系，然后相机行动。懂得以迂为直的将帅就能取得胜利，这是争夺制胜条件的原则。

《军政》①曰："言不相闻，故为金鼓②；视不相见，故为旌旗③。"夫金鼓、旌旗者，所以一人之耳目也④。人既专一⑤，则勇者不得独进，怯者不得独退，此用众之法也⑥。故夜战多火鼓，昼战多旌旗，所以变人之耳目也⑦。

◎ 注释

①〔《军政》〕上古兵书，已失传。王皙注："古军书。"梅尧臣注："军之旧典。"②〔为金鼓〕为，设，置。金鼓，古代用来指挥军队进退的器具，擂鼓进兵，鸣金收兵。③〔旌旗〕泛指旗帜。《周礼·春官·司常》："凡军事，建旌旗。"④〔所以一人之耳目也〕意谓金鼓旌旗之类，是用来齐一部卒的视听，统一军队的行动的。人，指士卒、军队。一，统一、齐一。《韩非子·五蠹》："法莫如一而固。"古籍中多有以金鼓统一军队行动的记载。如《左传·成公二年》："师之耳目，在吾旗鼓。"⑤〔专一〕一致，同一，谓士卒皆听遵号令，服从指挥。⑥〔此用众之法也〕用众，动用、驱使众人，即指挥人数众多的军队。法，法则、方法。⑦〔夜战多火鼓，昼战多旌旗，所以变人之耳目也〕变，适应。此句意为根据白天和黑夜的不同情况来变换指挥信号，以适应士卒的视听需要。

◎ 大意

《军政》里说："语言指挥听不到，所以设置金鼓；动作指挥看不见，所以设置旌旗。"金鼓、旌旗，是用来统一部队上下的视听的。全军上下既然一致，那么，勇敢的士兵不能单独冒进，怯懦的士兵也不敢单独后退了。这就是指挥大部队作战的方法。所以夜间作战多用火光、锣鼓，白昼作战多用旌旗，这都是出于适应士卒视听的需要。

故 三 军 可 夺 气①，将 军 可 夺 心②。是 故 朝 气
锐，昼 气 惰，暮 气 归③。故 善 用 兵 者，避 其 锐 气，
击 其 惰 归④，此 治 气 者 也⑤。以 治 待 乱⑥，以 静 待
哗⑦，此 治 心 者 也⑧。以 近 待 远，以 佚 待 劳，以 饱
待 饥，此 治 力 者 也⑨。无 邀 正 正 之 旗⑩，勿 击 堂
堂 之 陈⑪，此 治 变 者 也⑫。

◎ 注释

①〔三军可夺气〕夺，此处作"失"解。气，指旺盛勇锐之士气。此句意
谓三军旺盛勇锐之气可以挫伤而使之衰竭。②〔将军可夺心〕指将帅的意志和
决心可以设法使之动摇。张预注："心者，将之所主也。夫治乱勇怯，皆主于
心。故善制敌者，挠之而使乱，激之而使惑，迫之而使惧，故彼之心谋可以夺
也。"《左传·昭公二十一年》引《军志》："先人有夺人之心，后人有待其
衰。"③〔朝气锐，昼气惰，暮气归〕归，止息。《广雅》："归，止息也。"
这里指士气衰竭。此句言士气变化的一般规律是：开始时锐不可挡，继而渐趋
懈怠，最终完全衰竭。梅尧臣注："朝，言其始也；昼，言其中也；暮，言其
终也。"④〔避其锐气，击其惰归〕张预注曰："善用兵者，当其锐盛则坚守
以避之，待其惰归则出兵以击之。"⑤〔此治气者也〕意为此乃运用士气变化
的通常规律。张预注："善治己之气以夺人之气。"⑥〔以治待乱〕以严整有序
之己对付混乱不整之敌。贾林注："以我之整治待敌之挠乱。"治，整治。待，
对待、对付。《左传·宣公十二年》："内官序当其夜，以待不虞。"⑦〔以
静待哗〕言以沉着镇静之己对付轻躁喧动之敌。贾林注："以我之清静待敌之喧
哗。"哗，鼓噪喧哗，指骚动不安。《尚书·费誓》："公曰：'嗟，人无哗，

听命。'"⑧〔此治心者也〕此乃利用将帅心理的通常法则。张预注："善治己之心以夺人之心。"⑨〔此治力者也〕此乃运用军队战斗力的基本方法。张预注："近以待远，佚以待劳，饱以待饥，诱以待来，重以待轻，此所谓善治己之力以困人之力者也。"⑩〔无邀正正之旗〕邀，阻截，截击。《三国志·魏书·刘放传》："帝欲邀讨之，朝议多以为不可。"正正，严整的样子。曹操注："正正，齐也。"张预注："谓形名齐整也。"此言勿发兵截击旗帜齐正、队伍整齐之敌。⑪〔勿击堂堂之陈〕堂堂，壮大。曹操注："堂堂，大也。"张预注："行阵广大。"陈，同"阵"。言不要去攻击阵容壮大、实力雄厚的敌人。⑫〔此治变者也〕言此乃机动应变的一般方法。

◎ **大意**

　　所以对于敌人的军队，可以挫伤其士气；对于敌军的将帅，可以扰乱其心志。军队刚投入战斗时，士气饱满；过了一段时间，士气就逐渐懈怠；到了最后，士气就完全衰竭了。所以善于用兵的人，总是先避开敌人初来时的锐气，等到敌人士气懈怠、衰竭时再去打击它，这是掌握军队士气的方法。用自己的严整来对付敌人的混乱，用自己的镇静来对付敌人的轻躁，这是掌握将帅心理的手段。用自己部队接近战场的有利条件来对付远道而来的敌人，用自己部队的安逸休整来对付疲于奔命的敌人，用自己部队的粮饷充足来对付饥饿不堪的敌人，这是把握军队战斗力的秘诀。不要去拦击旗帜整齐的敌人，不要去进攻阵容壮大的敌人，这是掌握灵活机变的原则。

　　故用兵之法：高陵勿向①，背丘勿逆②，佯北勿从③，锐卒勿攻④，饵兵勿食⑤，归师勿遏⑥，围师必阙⑦，穷寇勿迫⑧。此用兵之法也。

◎ 注释

①〔高陵勿向〕意为敌人如果占据了高地，我军就不要进攻。梅尧臣注："敌处其高，不可仰击。"向，指仰攻。杜牧注："向者，仰也。言敌在高处，不可仰攻。"②〔背丘勿逆〕此言敌人如果背倚丘陵险阻，我军就不要正面进攻。背，倚托的意思。杜牧注："背者，倚也。"逆，迎击。③〔佯北勿从〕言敌人若是伪装败退，我军就不要去追击。张预注："敌人奔北，必审真伪。"佯，伪装、假装。《荀子·非十二子》："利心无足，而佯无欲者也。"北，败逃、败走。《说文·匕部》："北，乖也。从二人相背。"后由乖违义引申为部队战败溃逃，彼此不相照应。从，追随，跟随。④〔锐卒勿攻〕杜牧注："避实也。"意谓敌人的精锐部队，我军不要去攻击。⑤〔饵兵勿食〕此谓敌人若以小利作饵引诱我们，则不要去理睬它。饵，诱饵。《汉书·贾谊传赞》："施五饵三表以系单于。"⑥〔归师勿遏〕此言对于正在退还本国的敌军，不要正面阻截它。孟氏注："人怀归心，必能死战，则不可止而击也。"遏，阻截，截击。⑦〔围师必阙〕对敌进行包围作战，当留有缺口，避免使敌作困兽之斗。张预注："围其三面，开其一角，示以生路，使不坚战。"阙，同"缺"，缺口。⑧〔穷寇勿迫〕谓对陷入绝境之敌，不要加以逼迫，以免其垂死挣扎。穷，困厄。

◎ 大意

所以用兵的法则是，敌人占领山地就不要去仰攻，敌人背靠高地就不要正面迎击，敌人假装败退就不要追击，敌人的精锐不要去攻击，敌人的诱兵不要予以理睬，对正在撤往本国途中的敌军不要拦截，包围敌人一定要留出缺口，对于陷入绝境的敌人不要过分地逼迫。这些都是用兵的法则。

◎ 教学引导

本篇主要论述在通常情况下夺取制胜条件的基本规律，中心思想是如何趋利避害，保证军队在开进和接敌过程中争取先机之利，立于不败之地。

与《九变篇》主要论述作战"变法"问题不同的是，《军争篇》集中讨论了军事行动中的"常法"问题。如军事后勤保障上的"常法"，即"军无辎重则亡，无粮食则亡，无委积则亡"；作战指导上的常法，即"兵以诈立，以利动，以分合为变"；发挥军队战斗力的常法，即著名的"治气""治心""治力""治变"理论；统一号令和严格战场纪律的"常法"，即"夫金鼓、旌旗者，所以一人之耳目也。人既专一，则勇者不得独进，怯者不得独退，此用众之法也"；用兵制胜的"常法"，即所谓的"用兵八戒"等。由此可见，本篇所有文字都是围绕作战"常法"问题展开的，是探讨争夺先机之利的精彩篇章，在《孙子》全书中占有突出的地位。以下我们就本篇一些重要的军事观点做具体的分析。

（一）关于争夺先机之利问题的辩证认识

孙子高度重视对有利作战地位的争取，认为这是赢得战争胜利的重要条件。同时他又从辩证思维的角度，充分论证了"军争"的有利面和不利面，主张在军队开进过程中，要善于做到"以迂为直，以患为利"，考虑各种客观因素，通晓利弊关系，调动敌人，"后人发，先人至"，先敌占取有利战机。这样才算是"知迂直之计者"。为了确保军争的顺利，孙子强调做好各方面的充分准备，即了解"诸侯之谋"，察知"山林、险阻、沮泽"等地形条件，任用"乡导"，以及搞好"辎重""粮食""委积"等后勤保障等。

对普通人来说，了解"军争"的有利面并非太困难的事情，然而能懂得"军争"不利处的人，却为数寥寥。所以，孙子在篇中着重指出了争夺先机之利不当而可能引起的后果，分别列举了"百里而争利""五十里而争利""三十里而争利"的危害。这表明孙子的论述既照顾了全面，又突出了重点，真正把握了用兵的精髓。

（二）关于"兵以诈立，以利动，以分合为变"的作战指导原则

为了夺取先机之利，孙子要求作战指导者在军队接敌过程中，自始至终坚持和贯彻"兵以诈立，以利动，以分合为变"的指导原则，达到这样的理想境界：有利可夺时，军队行动"疾如风"；无利可夺时，军队行动"徐如林"。一旦进攻，要像烈火燎原，无坚不摧；一旦防御，要像山岳耸峙，岿然不动。需要隐蔽时，要如阴云蔽天，使敌人无从筹措；需要冲锋时，要如雷霆突鸣，使敌人猝不及防。一切"悬权而动"，唯求战胜强敌。孙子这一作战指导原则，文字不多，但内容精辟，它不但回答了夺取先机之利的条件和主要手段，而且概括了孙子制胜之道的主要内涵和基本特征。所谓"兵以诈立"，是说用兵的根本特征在于诡诈奇谲。短短四字，就将军事斗争的属性揭示无遗，真是高屋建

瓴，振聋发聩。所谓"以利动"，是说从事战争当以利害关系为最高标准，有利则打，无利则止。这实际上反映了孙子的战争宗旨，是其新兴阶级功利主义立场在军事斗争原则上的具体体现。"以分合为变"，则是孙子制胜之道的重要手段。其中心含义是灵活用兵，巧妙自如地变换战术，或分或合，"悬权而动"，掌握战场主动权。它是"兵以诈立"的必然要求，体现了孙子兵学注重灵活变化，讲求出奇制胜的精神风貌。

孙子这一思想，具有重要的时代意义。它从根本上划清了同以《司马法》为代表的旧"军礼"的界限，正确揭示了军事斗争的基本规律，实现了中国古代兵学理论发展史上的一次重要变革。这种变革的核心，其实是观念的更新，即对西周以来旧的军礼传统的否定。全书上下贯穿着理论创新、与时俱进的基本精神，具体表现为它揭去了战争温情脉脉的"礼乐"面纱，毫不掩饰地把"兵以诈立，以利动，以分合为变"的原则公之于世，不讳言"功利"是用兵打仗的出发点，从而放开手脚，理直气壮地在军事行动中进行"算计"和"欺骗"。① 对于这一点，后世不少学者是洞若观火的。如南宋郑友贤《孙子遗说》中云："《司马法》以仁为本，孙武以诈立；《司马法》以义治之，孙武以利动；《司马法》以正，不获意则权，孙武以分合为变。"从这个意义上说，孙子兵学不愧为迎合"出奇设伏，变诈之兵并作"时代要求的杰出代表。

孙子战争观的诡道原则，应该说是对战争本质属性的深刻反映。战争中双方斗智斗勇，隐形藏真，欺敌误敌，变化莫测，用尽手段争取先立于不败之地，而不放过任何可以击败对手的机会。所有这些，都表明了战争是一种灵活多变而无固定模式，不讲究繁文缛节的特殊社会活动，诡诈奇谲是战争的本质特征。而孙子"兵以诈立"的思想，其核心乃是强调以灵活的战术、快速的机动、巧妙的伪装来争取主动的地位，在复杂、激烈的军事斗争中成为胜利的主宰，"故其疾如风，其徐如林，侵掠如火，不动如山，难知如阴，动如雷震"。它的提出，无疑是对业已过时的"军礼"传统的彻底否定，是战争观念上的一个重大突破。换句话说，孙子的诡道论，深刻揭示了战争活动的本质属性，是中国古典兵学思想发展的一次质的飞跃。这也是《孙子兵法》区别于"宗仁本

---

① 参见黄朴民：《孙子制胜之道综说》，《中国文化月刊》，1997年第二期。

礼"的《司马法》，而成为划时代兵学经典的重要标志。

（三）关于"治气""治心""治力""治变"的基本主张

为了夺取有利的作战地位，掌握战争的主动权，孙子主张在军队行动过程中，贯彻"四治"的具体要求，即搞好全军上下"治气""治心""治力""治变"的各个环节，树立必胜的信念，激励士气，统一号令，灵活应变，捕捉战机，去夺取胜利。

所谓"治气"，就是"避其锐气，击其惰归"，其核心是后发制人，实施积极防御，即以防御为手段，以反攻为目的的攻势防御。所谓"治心"，就是"以治待乱，以静待哗"，即以己之严整对付敌之混乱，以己之镇静对付敌之轻躁。其实质是要求沉着冷静，从容对敌。所谓"治力"，就是"以近待远，以佚待劳，以饱待饥"，其核心是"先为不可胜"，以强大的军事实力为后盾，为争取先机之利创造条件。所谓"治变"，就是指"无邀正正之旗，勿击堂堂之阵"，即不打无把握之仗，不同敌人拼消耗，而要同敌人斗智斗谋，以灵活机动取胜。孙子的"四治"理论，是对战争实践的理性总结，符合作战行动的内在规律，因此为后人所重视和广泛运用，其中"避其锐气，击其惰归"等主张，业已成为经典性的军事原则，在战场上屡试不爽。

在本篇的结尾处，孙子还总结了八条"用兵之法"，即著名的"用兵八戒"。这些原则，是以丰富的战争实践活动为基础的，虽然它们中间某些提法在今天已显得陈腐过时，但在当时却不乏重要的价值，反映了当年孙子在探索真理时所能达到的高度，值得肯定。

◎ 释疑解惑

1."军争为利，军争为危"试解

"军争为利，军争为危"，意思比较清楚，即争夺战略上的先机之利有获利的一面，也存在不利或危险的一面。孙子这么说，充分表明了他从矛盾两点论出发，兼顾到正与反、得与失、利与弊等矛盾统一体。

但值得注意的是，在紧接着的文字中，孙子其实谈的都是"军争为危"的表现形式与严重后果，什么"举军而争利则不及，委军而争利则辎重捐""百里而争利"后果如何，"五十里而争利""三十里而争利"危害又怎样，总之，说的全是军争容易造成的弊端和危害，反而对所谓的"军争为利"不着一字。

其实，这不奇怪，因为孙子的哲学更注重于阐发重点。在他看来，人们趋利是下意识的，逐利而行乃是常态，所以对军争之利的关注与理解乃是本能，无须他多费笔墨。主要的问题，是人们对避害缺乏足够的自觉意识，在好处和诱惑面前容易丧失定力，不能警觉利益背后的陷阱，一味地追逐利益，如同飞蛾扑火，死不旋踵。所以，孙子认为需要对"军争"之危害特别予以提醒，引导人们不让诱惑冲昏头脑，保持清醒，战战兢兢，如履薄冰，从而确保战略利益得以最大化。从这个角度切入，孙子才对"军争为危"做出了深入的分析与论述。由此可见，孙子的战略思维是何等的辩证，何等的深刻！

2. "穷寇勿迫"所体现的战略大智慧

"用兵八法"是孙子继承前人兵学原则的集中体现，是所谓的"常法"，用岳飞的话讲，即"阵而后战，兵法之常"。

在这用兵的八条"戒律"中，"穷寇勿迫"最容易引起后人在解读和应用时的分歧，可谓聚讼纷纭，莫衷一是。不少人认为，对穷途末路的敌人，应穷追猛打，尽敌为上，不能放虎归山，以防止其死灰复燃，卷土重来。于是"宜将剩勇追穷寇，不可沽名学霸王"，也就成了对敌斗争的主旋律。

但是，如果换一个角度看问题，孙子"穷寇勿迫"的原则也不无道理。政治生态学的基本原则之一，是除恶不能务尽。留有对手，留有敌人，恰恰是我们自身存在与发展的前提。一个人，一个团队，一支军队，一个国家，不怕有对手，最怕的就是打遍天下无敌手。因为这时候，你就会让胜利冲昏头脑，最后在阴沟里翻船。也就是说，人们在逆境中往往能咬牙坚持，出问题往往是在顺境之中。这就是孟子所言"无敌国外患者，国恒亡"的道理！

所以，高明的战略家总是能留有余地，对敌手不汲汲于赶尽杀绝。他们懂得水涨船高的奥妙，能够把捏分寸，见好就收，因为他们知道，善于妥协，乃是最大的战略智慧。

◎ 思考辨析题

1.怎样理解"以迂为直，以患为利"原则中的哲学智慧？

2.今天，我们如何辩证看待"用兵八戒"的价值与意义？

九　变　篇

　　本篇是《孙子兵法》的第八篇，虽然篇幅在全书中最短小，但思想十分深邃，文辞隽永优美，富有深刻的哲理，对于人们从事任何社会活动都富有重要的启示价值。本篇主要阐述了在作战过程中如何根据特殊的情况，灵活变换战术以赢得战争的胜利，集中体现了孙子随机应变、灵活机动的作战指挥思想。孙子主张将帅应该根据五种不同的地理条件实施灵活的指挥，并明确提出以"五不"为中心内容的随机应变处置军事问题的基本原则。要求将帅必须做到全面、辩证地看问题，见利思害，见害思利，从而趋利避害，防患于未然。孙子还深刻地阐述了有备无患的备战观点，指出不能寄希望于敌人"不来""不攻"，而应该立足于自己做好充分的准备，具备强大的实力。为了真正贯彻"九变"的灵活作战指导原则，孙子特别重视将帅队伍的建设。所以在本篇的结尾处，孙子语重心长地叮嘱做将帅的人：要防止自己性格上"必死""必生""忿速""廉洁""爱民"等五种缺陷，避免导致"覆军杀将"的五种危害。

　　"九变"既是篇名，又是全篇中心思想的集中反映。九，多的意思。清代学者汪中《述学·释三九》云："古人措辞，凡一二所不能尽者，均约之以三以见其多；三之不能尽者，均约之以九以见其极多。"又云："三者，数之成也；积至十，则复归于一；十不可以为数，故九者，数之终也。"可见古人以九为数之极。变，改易，机变。《周易·系辞上》："一阖一辟谓之变。"孔颖达《正义》云："一阖一辟谓之变者，开闭相循，阴阳递至。"篇题"九""变"连用，指的就是军事行动中灵活机动、应变自如的原则。王晳注："九者数之极；用兵之法，当极其变耳。"张预注："变者，不拘常法，临事适变，从宜而行之之谓也。"以上各家注均符合孙子原旨。

此篇篇题十一家注本、武经本皆作《九变》。本篇篇次，张预注："凡与人争利，必知九地之变，故次《军争》。"本书从之。

孙子曰：凡用兵之法，将受命于君①，合军聚众，圮地无舍②，衢地交合③，绝地无留④，围地则谋⑤，死地则战⑥。涂有所不由⑦，军有所不击⑧，城有所不攻⑨，地有所不争⑩，君命有所不受⑪。故将通于九变之地利者，知用兵矣⑫。将不通于九变之利者，虽知地形，不能得地之利矣⑬。治兵不知九变之术⑭，虽知五利⑮，不能得人之用矣⑯。

◎ 注释

①〔将受命于君〕谓将帅从君主那里接受出征作战的命令。受命，接受命令。《左传·闵公二年》："帅师者，受命于庙，受脤于社，有常服矣。"《左传·襄公二十七年》："石恶将会宋之盟，受命而出。"②〔圮地无舍〕圮，毁坏、倒塌之意。《说文》："圮，毁也。"《尔雅·释诂》："圮，败也。"圮地，指难于通行的地区。《九地篇》曰："行山林、险阻、沮泽，凡难行之道者为圮地。"舍，止，此处指宿营。梅尧臣注："山林、险阻、沮泽之地，不可舍止，无所依也。"③〔衢地交合〕衢地，指四通八达之地。《说文》："四达谓之衢。"《九地篇》："四达者，衢地也。"交合，指结交邻国以为后援。张预注："四通之地，旁有邻国，先往结之，以为交援。"④〔绝地无留〕绝地，指交通困难，又无水草粮食，部队难以生存之地。李筌注："地无泉井、畜牧、采樵之处。"此句意谓遇上绝地，不要停留。⑤〔围地则谋〕围地，指四面险阻、进退困难、易被包围之地。《九地篇》云："所由入者隘，所从归者迂，彼寡可以击吾之众者，为围地。"谋，曹操注曰："发奇谋也。"即设奇计以摆脱困境。⑥〔死地则战〕指走投无路的绝地，非力战难以求生。《九地篇》曰：

"疾战则存，不疾战则亡，为死地。"又曰："无所往者，死地也。"⑦〔涂有所不由〕言有的道路不要通过。汉简《四变》此句下有释文为："徐（途）之所不由者，曰浅入则前事不信，深入则后利不接。动则不利，立则囚，如此者，弗由也。"贾林注："途且不利，虽近不从。"甚是。涂，即"途"，道路。由，从，通过。《论语·雍也》："谁能出不由户者，何莫由斯道也。"⑧〔军有所不击〕指有的敌军不宜攻击。汉简《四变》此句下释文曰："军之所不击者，曰两军交和而舍，计吾力足以破其军，獲其将。远计之，有奇势巧权于它……如此者，军唯（虽）可击，弗击也。"⑨〔城有所不攻〕意为有的城邑不应攻取。汉简《四变》此句释文曰："城之所不攻者，曰计吾力足以拔之，拔之而不及利于前，得之而后弗能守……及于前，利得而城自降，利不得而不为害于后。若此者，城唯（虽）可攻，弗攻也。"张预注："拔之而不能守，委之而不为患，则不须攻也。又若深沟高垒，卒不能下，亦不可攻。"⑩〔地有所不争〕意为有些地方可以不去争夺。汉简《四变》释文曰："地之所不争者，曰山谷水□无能生者……如此者，弗争也。"张预注："得之不便于战，失之无害于己，则不须争也。又若辽远之地，虽得之，终非己有，亦不可争。"⑪〔君命有所不受〕意谓君主之命令有的可以不接受。君命不受之前提，即汉简《四变》所谓"君令有反此四变（指上述"涂有所不由"等四种情况）者，则弗行也"。曹操注曰："苟便于事，不拘于君命也。"⑫〔故将通于九变之地利者，知用兵矣〕通，通晓，精通。《易·系辞上》："曲成万物而不遗，通乎昼夜之道而知。"此句意为将帅如果能通晓九种地形的利弊及其处置方法，就懂得如何用兵作战了。⑬〔将不通于九变之利者，虽知地形，不能得地之利矣〕意谓将帅如果不通晓九变的利弊，即使了解地形，也不能从中获得帮助。梅尧臣注："知地不知变，安得地之利！"⑭〔治兵不知九变之术〕术，手段、方法。《孟子·告子》曰："教亦多术矣。"九变之术，指九变的利弊得失及其处置方法。⑮〔五利〕指"涂有所不由"至"君命有所不受"等五事之利。⑯〔不能得人之用矣〕指不能够充分发挥军队的战斗力。王晳注："虽知五地之利，不通其变，如胶柱鼓瑟耳。"

◎ 大意

孙子说：用兵的法则是，将帅接受国君的命令，征集民众组织军队，出征时在"圮地"上不可驻扎，在"衢地"上应结交邻国，在"绝地"上不要停留，遇上"围地"要巧设奇谋，陷入"死地"要殊死战斗。有的道路不要通行，有的敌军不要攻打，有的城邑不要攻取，有的地方不要争夺，国君有的命令不要执行。所以将帅如果能够精通各种机变的利弊，就是懂得用兵了。将帅如果不能精通各种机变的利弊，那么，即使了解地形，也不能得到地形之利。指挥军队而不知道各种机变的方法，那么即便知道"五利"，也是不能充分发挥军队的战斗力的。

是故智者之虑①，必杂于利害②。杂于利而务可信也③，杂于害而患可解也④。

◎ 注释

①〔智者之虑〕聪明的将帅思考问题。虑，思虑、思考。《古文尚书·太甲》："弗虑胡获，弗为胡成。"②〔必杂于利害〕必须充分考虑利与弊两个方面。曹操注："在利思害，在害思利。"杂，《说文·衣部》释为"五彩相合"，引申为掺杂、混合。《国语·郑语》："先王以土与金、木、水、火杂，以成百物。"韦昭注："杂，合也。"后又引申为兼顾。③〔杂于利而务可信也〕意谓如果考虑到事情有利的一面，则可实现战略目标。王皙注："曲尽其利，则可胜矣。"务，任务、事务。《广韵·遇韵》："务，事务也。"此处指"争胜于天下"的大事。信，通"伸"，舒展，伸张。《易·系辞下》："尺蠖之屈，以求信也。"④〔杂于害而患可解也〕意谓在有利情况下考虑到不利的因素，祸患便可顺利消除。解，化解，消除。《荀子·臣道》："遂以解国之大患，除国之大害。"

◎ **大意**

所以，聪明的将帅考虑问题，必须兼顾利害两个方面。在不利情况下看到有利的条件，大事便可顺利进行；在顺利情况下看到不利的因素，祸患就能预先排除。

> shì gù qū zhū hóu zhě yǐ hài　　yì zhū hóu zhě yǐ yè　　qū zhū
> 是 故 屈 诸 侯 者 以 害①；役 诸 侯 者 以 业②；趋 诸
> hóu zhě yǐ lì
> 侯 者 以 利③。

◎ **注释**

①〔屈诸侯者以害〕指用敌国所厌恶的事情去伤害它，从而使它屈服。屈，屈服，屈从，此处作动词用，制服之意。《诗经·鲁颂·泮水》："顺彼长道，屈此群丑。"诸侯，此处指敌方、敌国。②〔役诸侯者以业〕指用危险的事情去烦劳敌国，使其疲于奔命。梅尧臣注："挠之以事则劳。"役，驱使的意思。《荀子·正名》："夫是之谓以己为物役矣。"业，曹操注"事也"，此处特指危险的事情，与《诗经·商颂·长发》中"有震且业"之"业"义近。③〔趋诸侯者以利〕指用小利引诱调动敌人，使之奔走无暇。张预注："动之以小利，使之必趋。"又一说，以利打动敌人，使之追随自己。趋，奔赴，奔走，此处为使动用法。

◎ **大意**

要用敌国诸侯最厌恶的事情去伤害它，迫使它屈服；要用敌国诸侯感到危险的事情去困扰它，迫使它听从我们的驱使；要用小利去引诱敌国诸侯，迫使它被动奔走。

故用兵之法，无恃其不来，恃吾有以待也①；
无恃其不攻，恃吾有所不可攻也②。

◎ 注释

①〔无恃其不来，恃吾有以待也〕意为不要寄希望于敌人不来，而要依靠自己做好了充分的准备。梅尧臣注："所恃者，有备也。"恃，依赖、倚仗的意思。有以待，指已做好充分的准备。②〔无恃其不攻，恃吾有所不可攻也〕意谓不可寄希望于敌人不来进攻，而要依靠自己的强大实力，使得敌人不敢贸然发起进攻。

◎ 大意

用兵的原则是，不要寄希望于敌人不来，而要依靠自己做好了充分的准备；不要寄希望于敌人不进攻，而要依靠自己拥有使敌人无法进攻的力量。

故将有五危：必死，可杀也①；必生，可虏也②；忿速，可侮也③；廉洁，可辱也④；爱民，可烦也⑤。凡此五者，将之过也，用兵之灾也。覆军杀将⑥，必以五危⑦，不可不察也。

◎ 注释

①〔必死，可杀也〕指将帅如果轻生决死，固执硬拼，就会有被杀的危险。曹操注："勇而无虑，必欲死斗，不可曲挠，可以奇伏中之。"必，固执、坚持的意思，与《论语·子罕》"毋意、毋必、毋固、毋我"中的"必"字义

同。②〔必生，可虏也〕谓将帅如果一味贪生怕死，临阵畏怯，就有被俘虏的危险。张预注："临阵畏怯，必欲生返，当鼓噪乘之，可以虏也。"③〔忿速，可侮也〕言将帅如果急躁易怒，遇敌轻进，就有中敌人轻侮之计的危险。忿，愤怒。《古文尚书·君陈》："尔无忿疾于顽。"速，快捷、迅速，这里指急躁、偏激。④〔廉洁，可辱也〕意为将帅如果过于廉洁自尊，自矜名节，就有因受辱而失去理智的危险。曹操注："廉洁之人，可污辱致之也。"⑤〔爱民，可烦也〕意谓将帅如果溺于"爱民"，而不知从全局把握问题，就容易为敌所乘，有被烦扰的危险。张预注："民虽可爱，当审利害。若无微不救，无远不援，则出其所必趋，使烦而困也。"烦，烦扰。《左传·僖公三十年》："若亡郑而有益于君，敢以烦执事。"⑥〔覆军杀将〕言使军队覆灭、将帅被杀。覆，覆灭、倾覆。《左传·隐公十一年》："吾子孙其覆亡之不暇，而况能祀许乎？"覆、杀，此处均为使动用法。⑦〔必以五危〕必，一定、肯定。《诗经·邶风·旄丘》："何其久也，必有以也。"以，由、因的意思。五危，即上述"必死""必生"等五事。

◎ 大意

将帅有五种致命的弱点：只知道死拼蛮干，就可能被诱杀；只顾贪生活命，就可能被俘虏；急躁易怒，就可能中敌人轻侮之计；一味廉洁好名，就可能陷入被敌人污辱的圈套；不分主次"爱民"，就可能导致烦劳而不得安宁。以上五点，是将帅的过错，也是用兵的灾难。使军队遭到覆灭，将帅被敌擒杀，都一定是由这五种危险引起的，这不可不予以高度的警惕。

◎ 教学引导

《九变篇》主要论述了在作战过程中如何根据特殊的情况，辩证地分析利弊得失，灵活变换战术以赢得战争胜利的问题，集中体现了孙子随机应变、灵活机动的作战指挥思想。其主要军事观点有以下几点：

（一）以"涂有所不由"等"五不"措施为基本内容的作战原则

这是"九变"问题的主旨之所在。灵活机动，应变自如，这是军事活动所应遵循的根本原则，是战场上夺取主动权的重要保障。整部《孙子》都贯穿着这一精神，而《九变篇》则集中阐述了这方面的具体要求以及方法。

孙子认为将帅应该根据五种不同的地理条件实施灵活的指挥，并明确提出以"五不"为内容的随机应变处置军事行动的具体要求，即"涂有所不由，军有所不击，城有所不攻，地有所不争，君命有所不受"。他强调战争指导者应精通各种机变的方法，充分发挥军队的战斗力，这才算是真正懂得和掌握了用兵之道。

应该指出的是，贯穿于整个"五不"原则的红线，乃是朴素辩证法的精神。它的实质含义，是要求战争指导者透过现象看本质，综合比较，深入分析，权衡利弊，唯利是动。假如权衡后得出的结论有碍于实现战略目标，损害到根本利益，那就必须舍弃眼前的小利，不汲汲于一城一地的得失，暂时放过某些敌人，留待日后时机成熟后再去解决。如果国君的命令不符合实际情况，不利于军事行动的展开，那么就应该本着"进不求名，退不避罪，唯人是保，而利合于主"的态度，拒绝执行。这样做表面上似乎违背了常理，否定了成规，实际上相反，乃是更好地遵循了军事斗争的基本规律，有利于最大限度地争取主动，夺取战争的胜利。

（二）见利思害、见害思利的辩证思维方法

稍早于孙子的大哲学家老子曾讲过这么一句充满辩证哲理的话："祸兮，福之所倚；福兮，祸之所伏。"意思是事物之间具有普遍联系，即使是在同一事物的内部，也存在着相互对立、互为渗透的属性，利与害互为依存，互为转化，任何事物都是矛盾的对立统一。

军事斗争的性质也不例外。孙子作为清醒的朴素唯物论者，对此有着深刻的认识。在他眼里，胜利和失败仅仅是一线之隔，胜利中往往隐藏着危机，而失败里也常常包含着制胜的因素。因此他要求战争指导者保持清醒的头脑，尽可能做到全面辩证地观察问题，正确地处理战争中的利害得失，趋利避害，防患于未然，制胜于久远。

孙子讲"杂于利害"，除了辩证看待利害之外，还有一层重要的意思，这就是怎样正确处理眼前利益与长远利益的关系。利有大利，有小利，有眼前之利，有长远之利，这是根本与枝节，实质与表面的关系问题。作为一位有哲学头脑的成熟的战争指导者，不能见了利便热血贲张，直奔主题，而应该先分清主次本末，再作主张。总之，"捡了芝麻，丢了西瓜"是非常愚蠢的做法，只有设法加以避免，才算是取得了谈战略、论战法的进门资格。

孙子说："百战百胜，非善之善者也；不战而屈人之兵，善之善者也。"这里讲的正是争取掌握长远之利、根本之利的问题。有的战争，从表面战果来看算是打胜了，可是在胜利表象的背后，却孕育着无穷的后患："杀敌一千，自损八百"，师老民疲，祸不旋踵。所以孙子"杂于利害"的观点启迪所有战争指导者，眼前利益和长远利益要统一起来，两者发生冲突时，必须以长远利益为归宿，枝节服从根本，局部服从全局，战术服从战略。

"杂于利害"，还要求战略决策者妥善处理道德与功利的关系，即做到义与利的高度统一。我们知道，中国古代文化的核心是儒家文化，而儒家是"耻于言利"的。孔子说"君子喻于义，小人喻于利"（《论语·里仁》），孟子见梁惠王，第一句话便是"王何必言利，亦有仁义而已矣"（《孟子·梁惠王上》），宋代程颢、程颐、朱熹等理学家，更进一步提出"存天理，灭人欲""饿死事小，失节事大"等主张。而兵家却把追求功利放在第一位。"兵以利动"，这当然是对的，但是，这并不意味着义与利应该完全对立，水火不容。应该将两者有机统一起来，见利思义，见义思利，这也是"杂于利害"的应有之义。一旦为求利而打破了道德底线，为非作歹，百无禁忌，所有的掩饰都不要，所有的招牌都打碎，只会对赢得真正的利益造成障碍，到头来因小失大，得不偿失。可见以"杂于利害"的原则考虑问题，利与义应该协调、统一，可以分出轩轻，区别主次，但不可以一笔抹杀其中的任何一个。

其实，即便是儒家，也不是不讲利，而是强调必须以仁义为统帅，利应服从于义，他们所反对的只是唯利是图。孔子说"放于利多怨"，问题不在于"利"，而在于"放"，超了限度就不行。董仲舒讲"修其理不急其功"，"功"是可以求的，关键是不要太热衷，太急切。由此可见，孙子"杂于利害"的观念与儒家的思想方式是可以沟通的，优势互补是它们共同作用于中华文化发展的最佳选择。

孙子"杂于利害"的主张，乃是一个带普遍性的指导原则，也是其以"五不"为内涵的机变制胜理论的哲学基础。它的精义在于辩证对待利害关系，知于未萌，预做准备。如此，顺利时便能做到冷静沉着，找到差距，从而保持优势，防止意外；遭到挫折时也能做到不丧失信心，正视现实，坚持不懈，从而摆脱被动局面，走向胜利。从这层意义上看，孙子"杂于利害"的思想，又是超越单纯军事领域的，具有方法论的普遍意义。它对于我们从事任何工作，都有着深刻的启示作用。

（三）有备无患的战争准备思想

在本篇中，孙子还深刻地阐述了有备无患的备战思想，强调指出不能寄希望于敌人"不来""不攻"，而要立足于自己做好充分的准备，拥有强大的实力，震慑住敌人，使其不敢轻举妄动。孙子认为夺取战争的胜利，必须具备主客观条件，两者缺一不可。活用"九变"，机动灵活，属于发挥主观能动性的范畴，它是制胜的重要途径，但要使它真正发挥作用，还应该有强大的军事实力作为后盾，而强大的实力则来自于认真的备战。从这个意义上说，"恃吾有以待也""恃吾有所不可攻也"，可谓是"九变"方法实施的必要条件。

需要指出的是，孙子有备无患的思想还具有更深刻的内涵，它揭示了国防建设的一般规律。在阶级社会里，战争是不可避免的社会现象。历史上，总有少数战争狂人穷兵黩武，将战争强加在人们的头上。乞求这些人发慈悲偃旗息鼓是不现实的。正确的对策是，既反对战争，又不惧怕战争，必要时以战止战，争取和平。

要做到"有以待""有所不可攻"，就必须修明政治，动员民众，发展经济，加强军队建设。这样广大民众才会积极投身于国防建设事业中，国家才有足够的经济力量支持反侵略战争，军队才能具有强大的战斗力粉碎敌对势力的进攻，这些都是确保国家安全的基本条件，也是孙子有备无患思想应有的逻辑意义。

（四）重视将帅个人的性格修养，防止"覆军杀将"悲剧的发生

在孙子的心目中，将帅是国家的辅木、军队的主宰，他的才能、品德在很大程度上关系着战争的胜负。同样的道理，能否实施随机应变、灵活机动的作战指挥，也依赖于将帅个人的主观条件。基于这样的认识，孙子强调，为了真正贯彻"九变"的灵活作战指导原则，必须高度重视将帅队伍的建设。为此，他在本篇结尾处语重心长地叮嘱那些身为将帅的人，要注意努力克服自己性格上"必死""必生""忿速""廉洁""爱民"这五种缺陷，以避免"覆军杀将"这一类悲剧的发生。

孙子的这番论述，是"九变"原则实施的条件保障，也是他朴素军事辩证法思想的集中体现。众所周知，春秋时期朴素辩证法思想的重要属性之一，是事物转化观点上"节"与"度"概念的提出。当时一些著名的思想家，如孔子、老子等人，已对事物转化的临界点——"度"有了较为深刻的认识，认为要保持事物的稳定性，既不可不及，又不能太过。孙子"将有五危"的论述，

就是这种理性的社会思潮在军事领域的反映。其实勇于牺牲、善于保全、同仇敌忾、廉洁自律、爱民善卒等，本来都是将帅应具有的优良品德，然而一旦过了度，也就是说假如发展到"必"这一程度的话，那么性质也就起了转化，甚至走向反面，成为"覆军杀将"的诱因。"杂于利害"，归根结底，和以"节"控"势"的情况一样，也是一个把握"度"的问题，它是用兵打仗上的"中庸之道"，提倡的是掌控事物变化的临界点，既不要做过头，也不要做不到，顺境之中不忘乎所以，逆境之中不灰心丧气。用兵讲求变化，变化越多越好，越神鬼莫测越高明巧妙，所以要"九变"，要"不拘常法，临事适变，从宜而行之"。然而，这种灵活机动、随机应变、屈伸自如不是毫无规律、杂乱无章的，而是有分寸感、大局观，恰到好处的"权宜机变"，看上去眼花缭乱、应接不暇，实质上丝丝入扣、斐然成章。所以它才是中国古典哲学中最佳的境界：极高明而道中庸。事实正是如此，不高明就没有辉煌灿烂的兵学文化，不中庸则不可能使这种兵学文化长期稳定而守恒。《孙子兵法》仅仅凭"杂于利害"这一条原则，也足以垂万古而不朽了！

由此可见，因敌变化，辩证分析，正是本篇主旨所在。

◎ 释疑解惑

"廉洁，可辱也"所蕴含的哲学精髓

孙子在《计篇》中曾经提出了将帅的"五德"：智、信、仁、勇、严。细究起来，《九变篇》中包括"廉洁"在内的"五危"，其实是可以和"五德"一一对应的。这里的"五危"，诚如钮先钟所言，是"五德"在具体运用上的偏差所致（《孙子三论》）。孙子认为，优秀的品德如果运用不当，也会给自己带来一定的危害。比如说，勇敢本来是美德，但如果总以必死来自律，则很可能会陷入敌人的圈套，白白送命；智本来也是美德，但如果总以智相求，换取生还的机会，那就会缺乏冒险精神，错失战机；信本来是美德，但如果总是循规蹈矩，眼看既定目标无法实现之时，就会盲目追求速度，终被戏耍；严本是美德，但是如果过于爱惜羽毛，一味严于律己，那就是"死要面子活受罪"，最终自取其辱，而且这类人非常在意外界的看法，容易被虚名所累，以致为敌所乘；仁本是美德，但如果不分场合地婆婆妈妈，最终会自缚手脚，寸步难行，陷入不可收拾的困局之中。

从"杂于利害"的哲理看，任何事物都包含着正反两种因素，利中有害，害中有利。最坏的东西也有其合理的成分，最优秀的事物、最高尚的品德也有它的软肋。在残酷的战场上，一旦被敌人抓住软肋并加以利用，决策者便很容易在错误的地点、错误的时间，做出错误的决策。而决策者一旦犯错，敌人立刻就会乘虚而入，给军队以致命的打击。这种情况之下，这些"美德"就不是正面的资产了，而成了负面的障碍与负担。

◎ **思考辨析题**

1. 《九变篇》的"变"，体现了孙子战略思维的何种特色？

2. 如何从辩证的角度，领会孙子所说的"将有五危"之微言大义？

行　军　篇

本篇主要论述军队在不同的地理条件下如何行军作战，如何驻扎安营以及怎样根据不同情况，透过表象看本质，观察、分析、判断敌情，从而做出正确应对之策等一系列问题。孙子认为，"处军相敌"是作战指挥中的重要问题，事关战争大局，强调指出在行军作战中，首先要将军队处置好。而"处军"的重要内容，便是要善于利用有利的地形，避开不利的地形。为此他列举了山地、江河、沼泽、平原等四种地形的不同处军原则，进而将利用地形的基本特点归纳为"凡军好高而恶下，贵阳而贱阴，养生而处实"。这是孙子对前人和当时利用地形经验的科学总结。在"处军"得宜的前提下，孙子强调"相敌"的重要性，即主张充分了解敌情，正确分析判断敌情。他从实战经验中概括出三十余种侦察判断敌情的方法。这些概括的特点是透过现象看本质，体现了孙子军事思想中的朴素辩证法色彩。孙子在本篇中还提出了一个重要的作战指导思想，即打仗并非兵力愈多愈好，关键在于能否集中兵力（并力），准确判断敌情（料敌），取胜于敌（取人）。

他反对少谋无虑，轻敌冒进。同时，孙子还扼要论述了治军的基本原则："令之以文，齐之以武。"主张教罚并用，宽严结合，以求得"与众相得"，夺取战争的胜利。

这里的行（háng）军，不同于现代军语中的"行军"概念，而指如何部署、动用军队。行，行列、阵势之意。《周礼·夏官》："行司马。"郑玄注："行，谓军行列。"《老子·第六十九章》："是谓行无行。"王弼注："行，谓行陈也。"军，驻扎之意。《国语·晋语》："军于庐柳。"韦昭注："犹屯也。"本篇题意，曹操注："择便利而行也。"王晳注："行军当据地，便察敌情也。"张预注："知九地之变，然后可以择利而行军，故次《九变》。"诸家之注，均言有所得。

孙子曰：凡处军①、相敌②，绝山依谷③，视生处高④，战隆无登⑤，此处山之军也。绝水必远水⑥；客⑦绝水而来，勿迎之于水内，令半济而击之⑧，利；欲战者，无附于水而迎客⑨；视生处高，无迎水流⑩，此处水上之军也。绝斥泽⑪，惟亟去无留⑫；若交军于斥泽之中⑬，必依水草而背众树⑭；此处斥泽之军也。平陆处易而右背高⑮，前死后生⑯，此处平陆之军也。凡此四军之利⑰，黄帝之所以胜四帝也⑱。

◎ 注释

①〔处军〕指行军舍营，处置军队，即在不同地形条件下，军队行军、作战、驻扎诸方面的处置方法。处，处置，部署。②〔相敌〕观察、判断敌情。相，视、看、观察的意思。《左传·隐公十一年》："量力而行之，相时而动。"③〔绝山依谷〕指通过山地要傍依溪谷行进。张预注："凡行军越过山险，必依附溪谷而居。一则利水草，一则负险固。"绝，横渡，穿越。《汉书·成帝纪》："不敢绝驰道。"颜师古注："绝，横度也。"依，傍依、靠近。王皙注："依，谓附近耳。"④〔视生处高〕视，看，审察，这里是面向的意思。生，生处、生地，此处指向阳地带。曹操注："生者，阳也。"李筌注："向阳曰生。"高，高地。处高，居高的意思，即依托高地。视生处高，指的是军队驻扎，要面南朝阳，居隆高之地。杜牧注："言须处高而面南也。"⑤〔战隆无登〕指在隆高之地同敌人作战，不宜自下而上仰攻。战，战斗。隆，高地。登，登攀、

151

仰攻。张预注："敌处隆高之地，不可登迎与战。"⑥〔绝水必远水〕意谓横渡江河，一定要在离江河稍远处驻扎。张预注："凡行军过水，欲舍止者，必去水稍远。一则引敌使渡，一则进退无碍。"绝，横渡。《荀子·劝学》："绝江河者，非舟楫也。"远，此处形容词作动词用，远离之意。⑦〔客〕指敌军，进攻之敌。下同。《礼记·月令》注："为客不利。"疏引《正义》曰："起兵伐人者谓之客。"主客是古代兵法重要范畴之一。就作战双方而言，主指己方，客指敌方；就作战形式而言，主指防御一方，客指进攻一方；就作战态势而言，主指主动一方，客指被动一方。⑧〔令半济而击之〕让敌军渡河渡到一半时发动攻击。此时敌军首尾不接，行列混乱，攻之容易取胜。济，渡河。半济，指渡过一半。⑨〔无附于水而迎客〕不要在挨近江河之处同敌人作战。附，毗近。迎，迎击。⑩〔无迎水流〕意谓勿居下游，此指不要把军队驻扎在江河下流处，以防敌人决水、投毒。贾林注："水流之地，可以溉吾军，可以流毒药。迎，逆也。"⑪〔绝斥泽〕通过盐碱沼泽地带。斥，盐碱地。《尚书·禹贡》："厥土白坟，海滨广斥。"郑玄注云："斥谓地盐卤。"通常"斥卤"合称，如《吕氏春秋·乐成》："终古斥卤，生之稻粱。"⑫〔惟亟去无留〕惟，宜，应该。亟，急，迅速。去，离开。意谓遇盐碱沼泽地带，应当迅速离开，切莫驻军。⑬〔若交军于斥泽之中〕言在盐碱沼泽地带与敌作战。交军，两军相交，指同敌军对峙与交战。⑭〔必依水草而背众树〕指一定要依近水草并背靠树林。依，依近，靠近。背，背靠，依托。张预注："不得已而会兵于此地，必依近水草以便樵汲，背倚林木以为险阻。"⑮〔平陆处易而右背高〕指遇到开阔地带，也应选择平坦之处安营，并把军队的翼侧部署在高地之前，以高地为依托。平陆，开阔的平原地带。易，平坦之地。右，指军队的主要翼侧。右背高，指军队翼侧要后背高地以为依托。一说右是上的意思，右背高，即以背靠高地为上。⑯〔前死后生〕前低后高。生、死此处指地势的高、低。《淮南子·地形训》："高者为生，下者为死。"又该书《兵略训》："所谓地利，后生而前死。"本句意谓在平原地带作战，也要做到背靠山险而面向平易。⑰〔凡此四军之利〕四军，指上述山地丘陵、江河、盐碱沼泽地、平原四种地形条件下的处军原则。⑱〔黄帝之所以胜四帝也〕这就是黄帝能战胜四方部族首领的缘由。曹操注："黄帝始立，四方诸侯无不称帝，以此四地胜之也。"又汉简本《黄帝伐赤帝》云："（南伐赤帝）……东伐（青）帝……北逐黑帝……西伐白帝……已胜四帝，大有天下。"黄帝是传说中的部族联盟首领，传说他曾败炎帝于阪泉，诛蚩尤于涿鹿，北逐獯鬻（xūn yù），合符釜山，统一了黄河流域。事见《竹书纪年》与《史记·五帝本纪》。四帝，四方之帝，即周边部族联盟的首领，一般泛指炎帝、蚩尤等人。

◎ 大意

孙子说：凡是部署军队和观察敌情，都应该注意：通过山地，要靠近有水草的山谷，驻扎在居高向阳的地方；如果敌人占领了高地，不要仰攻。这是在山地部署机动军队的原则。横渡江河，必须在远离江河处驻扎；敌人渡水来战，不要在江河中予以迎击，而要等敌人渡过一半时再攻击，这样才有利；如果要同敌人决战，不要紧挨水边布兵列阵；在江河地带驻扎也应当居高向阳，不可居于下游。这是在江河地带部署机动军队的原则。通过盐碱沼泽地带，应该迅速离开，不要停留；倘若同敌人相遇于盐碱沼泽地带，那就一定要靠近水草并背靠树林。这是在盐碱沼泽地带部署机动军队的原则。在平原地带，要占领平坦开阔的地域，侧翼则应依托高地，做到前低后高。这是在平原地带部署机动军队的原则。运用以上四种军队部署原则，正是黄帝能战胜"四帝"的原因。

凡军好高而恶下①，贵阳而贱阴②，养生而处实③，军无百疾，是谓必胜④。丘陵堤防，必处其阳而右背之⑤。此兵之利，地之助也⑥。上雨，水沫至，欲涉者，待其定也⑦。凡地有绝涧⑧、天井⑨、天牢⑩、天罗⑪、天陷⑫、天隙⑬，必亟去之，勿近也。吾远之，敌近之；吾迎之，敌背之⑭。军行有险阻⑮、潢井⑯、葭苇⑰、山林、蘙荟⑱者，必谨复索之⑲，此伏奸之所处也⑳。

◎ 注释

①〔好高而恶下〕好，喜爱，乐意。恶，厌恶，讨厌。张预注："居高则便于观望，利于驰逐；处下则难以为固，易以生疾。"②〔贵阳而贱阴〕指看重向阳之处而不喜欢阴湿地带。梅尧臣注："处阳则明顺，处阴则晦逆。"③〔养生而处实〕指军队要选择水草和粮食充足、物资供给方便的地域驻扎。养生，指水草丰盛，粮食充足，便于军队生活。曹操注："养生，向水草，可放牧，养畜乘。"实，坚实，这里指地势高的地方。梅尧臣注："处实，利粮道。"④〔军无百疾，是谓必胜〕张预注："居高面阳，养生处厚，可以必胜；地气干旱，故疾疠不作。"⑤〔必处其阳而右背之〕指置军于向阳之地并使其主要侧翼背靠高地。⑥〔地之助也〕意谓得自地形条件的辅助。梅尧臣注："兵所利者，得形势以为助。"⑦〔上雨，水沫至，欲涉者，待其定也〕沫，张预注"谓水上泡沤"。涉，原意为步行渡水，这里泛指渡水。定，指水势平稳。⑧〔绝涧〕指溪谷深峻、水流其间的险恶地形。曹操注："山深水大者为绝涧。"⑨〔天井〕指四周高峻、中间低洼的地形。曹操注："四方高、中央下为天井。"⑩〔天牢〕对高山环绕、易进难出的地形之形象描述。王晳注："牢，谓如狱牢。"张预注："山险环绕，所入者隘，为天牢。"⑪〔天罗〕罗，罗网。指草深林密，荆棘丛生，军队进入后有如深陷罗网而无法摆脱的地形。曹操注："可以罗绝人者为天罗。"⑫〔天陷〕陷，陷阱。指地势低洼、道路泥泞、车马易陷的地带。曹操注："地形陷者为天陷。"又张预注："陂池泥泞，渐车凝骑。"⑬〔天隙〕隙，狭隙，指两山相向、涧道狭窄险恶的地形。曹操注："山涧道迫狭，地形深数尺、长数丈者为天隙。"⑭〔吾远之，敌近之；吾迎之，敌背之〕意谓对于

上述"绝涧"等"六害"地形，我们要远离它、正对它，而让敌军去接近它、背靠它。梅尧臣注："言六害，当使我远而敌附，我向而敌倚，则我利敌凶。"之，指"绝涧"等六种不利地形。⑮〔险阻〕《释名》："山巘曰险，水隔曰阻。"曹操注："险者，一高一下之地；阻者，多水也。"⑯〔潢井〕指积水低洼之地。《汉书·龚遂传》颜师古注："积水曰潢。"又曹操注："潢者，池也；井者，下也。"⑰〔葭苇〕芦苇，这里泛指水草丛聚之地。曹操注："葭苇者，众草所聚。"⑱〔山林、蘙荟〕指山林森然，草木繁茂。曹操注："山林者，众木所居也；蘙荟者，可屏蔽之处也。"⑲〔必谨复索之〕一定要仔细、反复地进行搜索。谨，谨慎。复，反复。索，搜索，寻找。⑳〔此伏奸之所处也〕指"险阻""潢井"等处往往是敌人伏兵或奸细的藏身之处。张预注："恐兵伏其中，又虑奸细潜隐，觇我虚实，听我号令。伏、奸，当为两事。"

◎ 大意

一般情况下的驻军，总是喜欢干燥的高地，厌恶潮湿的洼地，重视向阳之处，轻视阴湿之地，靠近水草多、军需供应充足而地势高的地方，将士百病不生，这样，克敌制胜就有了保证。在丘陵堤防地域，必须占领向阳的一面，而使主要侧翼背靠着它。这些对于用兵有利的处置，是利用地形作为辅助条件的。上游下雨涨水，洪水骤至，想要涉水的，得等待水流平稳后再过。凡是遇上绝涧、天井、天牢、天罗、天陷、天隙这六种地形，必须迅速离开，不要靠近。我军远远离开它们，而让敌人去接近它们；我军面向它们，而让敌人背靠它们。行军过程中如遇到险峻的隘路、湖沼、水网、芦苇、森林和草木茂盛的地方，一定要谨慎地反复搜索，这些都是敌人可能设下伏兵和隐藏奸细的地方。

敌近而静者，恃其险也；远而挑战者，欲人之进也；其所居易者，利也①。众树动者②，来也；众草多障者，疑也③。鸟起者，伏也④；兽骇者，覆也⑤。尘高而锐者，车来也⑥；卑而广者，徒来也⑦；散而条达者，樵采也⑧；少而往来者，营军也⑨。辞卑而益备者，进也⑩；辞强而进驱者，退也⑪；轻车先出居其侧者，陈也⑫；无约而请和者，谋也⑬；奔走而陈兵车者，期也⑭；半进半退者，诱也⑮。杖而立者，饥也⑯；汲而先饮者，渴也⑰；见利而不进者，劳也⑱；鸟集者，虚也⑲；夜呼者，恐也⑳；军扰者，将不重也㉑；旌旗动者，乱也㉒；吏怒者，倦也㉓；粟马肉食㉔，军无悬瓿㉕，不返其舍者，穷寇也。谆谆翕翕㉗，徐与人言者㉘，失众也；数赏者，窘也㉙；数罚者，困也㉚；先暴而后畏其众者㉛，不精之至也㉜。来委谢者㉝，欲休息也㉞。兵怒而相迎，久而不合㉟，又不相去，必谨察之。

◎ **注释**

①〔其所居易者，利也〕敌军在平地上驻扎，一定是有利可图才这么做

的。杜牧注："敌不居险阻而居平易，必有以便利于事也。"易，平易，指平地。利，有利，有好处。又张预注："或曰敌欲人之进，故处于平易以示利，而诱我也。"②〔众树动者〕众树，许多树木。动，摇曳摆动。曹操注："斩伐树木，除道进来，故动。"③〔众草多障者，疑也〕在杂草丛生之处设下许多障碍，是企图使我方迷惑。曹操注："结草为障，欲使我疑。"疑，使动用法，使迷惑。④〔鸟起者，伏也〕鸟雀惊飞，是因为其下埋伏着敌军。曹操注："鸟起其上，下有伏兵。"伏，埋伏；伏兵。⑤〔兽骇者，覆也〕野兽受惊奔跑，这是敌军大举来袭。曹操注："敌广陈张翼，来覆我也。"骇，惊骇，受惊。覆，倾覆、覆没的意思，引申为铺天盖地，蜂拥而至。一说，"覆"亦为伏兵。《左传·隐公九年》："君为三覆以待之。"杜预注："覆，伏兵也。"⑥〔尘高而锐者，车来也〕尘土高扬，笔直上升，这是敌人兵车驰来。杜牧注："车马行疾，仍须鱼贯，故尘高而尖。"锐，锐直，笔直。车，兵车。⑦〔卑而广者，徒来也〕意为尘土低而宽广，这是敌人的步兵开来。张预注："徒步行缓而迹轻，又行列疏远，故尘低而来。"卑，低下。广，宽广。徒，步卒、步兵。⑧〔散而条达者，樵采也〕尘土散漫而细长，时断时续，这是敌人在伐柴。杜牧注："樵采者，各随所向，故尘埃散衍。"条达，王晳注"纤微断续之貌"。⑨〔少而往来者，营军也〕尘土稀少，此起彼落，这是敌人在安营驻军。梅尧臣注："轻兵定营，往来尘少。"⑩〔辞卑而益备者，进也〕敌人措辞谦卑恭顺，同时又加强战备，这表明敌人准备进犯。梅尧臣注："欲进者，外则卑辞，内则益备。"卑，谦卑，恭敬。益，增加，更加。⑪〔辞强而进驱者，退也〕敌人方面措辞强硬，在行动上又示以驰驱进逼之姿态，这是其准备后撤。⑫〔轻车先出居其侧者，陈也〕张预注："轻车，战车也。出军其旁，陈兵欲战也。"陈，同"阵"，布列阵势。⑬〔无约而请和者，谋也〕指敌人还没有陷入困境却主动前来请和，这中间一定怀有不可告人的目的。约，困屈、受制的意思。《说文》："约，缠束也。"《集韵》："约，屈也。"⑭〔奔走而陈兵车者，期也〕意思是敌人急速行动，摆开兵车，布好阵势，是期求与我军作战。期，期求。《韩非子·五蠹》："圣人不期古，不法常可。"此处是"期会"（按期会合进行决战）的意思。⑮〔半进半退者，诱也〕敌人似进不进，似退不退，这是为了诱我入其圈套。⑯〔杖而立者，饥也〕言倚着兵器而站立，这是饥饿的表现。王晳注："倚仗者，困馁之相。"杖，同"仗"，扶，倚仗的意思。⑰〔汲而先饮者，渴也〕取水的人自己先饮用，这是干渴的标志。张预注："汲者未及归营而先饮水，是三军渴也。"汲，汲水，打水。⑱〔见利而不进者，劳也〕明明有利可图军队却不前进，说明敌军已疲劳不堪。杜佑注："敌人来，见我利而不能进击者，疲劳也。"⑲〔鸟集者，虚也〕鸟雀群集敌营，表明敌营空虚无人。梅尧臣注："敌人既去，营垒空虚，乌鸟无猜，来集其上。"《左传·襄公十八年》："师向告晋侯曰：'城上有鸟，齐师其遁。'"虚，空虚无人的意思。⑳〔夜呼者，恐也〕军卒夜间惊呼，这是敌人惊恐不安的象征。杜牧注："恐惧不安，故夜呼以自壮也。"㉑〔军扰者，将不重也〕张预注："军中多惊扰者，将不持重也。"㉒〔旌旗动者，乱也〕敌军旗帜不停地摇动，表明敌人已经处于混乱之中。杜佑注："旌旗谬动，抵东触西倾倚者，乱也。"㉓〔吏怒者，倦也〕梅尧臣注："吏士倦烦，怒不畏避。"㉔〔粟马食肉〕拿粮食喂马，杀牲口吃肉。粟，粮谷，此处名词用作动词，指用粮食喂马。㉕〔军无悬瓶〕"瓶"同"缶"，汲水用的罐子，泛指炊具。此句是说敌军收拾起了炊具。㉖〔不返其舍者〕舍，营幕。此言军不归幕，暴露野宿。㉗〔谆谆翕翕〕低声下气、恳切温和的样子。谆，恳切。《说文》："谆，告晓之熟也。"这里有絮絮不休的意思。翕，和顺。㉘〔徐与人言者〕意谓语调和缓地同士卒商谈。徐，和缓、温和。人，此处指士卒。㉙〔数赏者，窘也〕敌军一再犒赏士卒，说明其处境困难。梅尧臣注："势穷忧叛离，屡赏以悦众。"数，多次，反复。窘，窘迫，困窘。㉚〔数罚者，困也〕敌军一再处罚士卒，表明其已经陷入困境。梅尧臣注："人弊不堪命，屡罚以立威。"㉛〔先暴而后畏其众者〕指开始对士卒粗暴，继而又惧怕士卒的将帅。李筌注："先轻后畏，是勇而无刚。"㉜〔不精之至也〕意谓将帅不精明到了极点。㉝〔来委谢者〕委，委质，遗礼。古人相见，多执贽以为礼，故称"委质"或"委贽"。谢，道歉，谢罪。委谢，指委质赔礼。㉞〔欲休息也〕敌人希望休兵息战。㉟〔久而不合〕久久没有展开交锋的意思。古代敌对双方交战曰"合"。

◎ 大意

敌人逼近而保持安静，是倚仗它占据着险要的地形；敌人离我很远而前来挑战，是想引诱我军入其圈套；敌人驻扎在平坦地带，是因为它这样做有利可图。许多树木摇曳摆动，这是敌人隐蔽前来；草丛中有许多遮障物，这是敌人故布疑阵；鸟雀惊飞，这是下面有伏兵；野兽骇奔，这是敌人大举突袭。尘土又高又尖，这是敌人的战车驰来；尘土低而宽广，这是敌人的步兵开来；尘土四散飞扬，这是敌人在拖曳柴薪；尘土稀薄而又时起时落，这是敌人正在结寨扎营。敌人的使者措辞谦卑却又在加紧战备，这是想要进攻；敌人的使者措辞强硬而军队又做出前进姿态，这是准备撤退；敌人战车先出动，部署在侧翼，这是在布列阵势；敌人尚未受挫而主动前来讲和，必定是另有阴谋；敌人急速奔跑并摆开兵车，是期待同我决战；敌人半进半退，是企图引诱我军上当。敌兵倚着兵器站立，这是饥饿的表现；敌兵打水的人自己先喝，这是干渴的表现；敌人明见有利而不进兵争夺，这是疲劳的表现；敌军营寨上方飞鸟集结，表明是座空营；敌人夜间惊慌叫喊，这是其恐惧的表现；敌营惊扰纷乱，这表明敌将没有威严；敌阵旗帜摇动不整齐，表明敌人队伍已经混乱；敌人军官烦躁易怒，表明全军已经疲倦；敌人拿粮食喂马，杀牲口吃肉，收拾起炊具，部队不返回营寨，这是打算拼死突围的穷寇。敌将低声下气同部下讲话，这表明敌将失去人心；接连不断地犒赏士卒，这表明敌人已无计可施；反反复复地处罚部属，这表明敌军处境困难；敌方将领先强暴继而又害怕部下，说明他实在是最不精明的统帅。敌人派遣使者前来送礼言好，这是敌人希冀休兵息战；敌人逞怒同我对阵，可是久不交锋又不撤退，这就必须审慎地观察它的意图。

bīng fēi yì duō yě   wéi wú wǔ jìn   zú yǐ bìng lì、liào dí

兵非益多也①，惟无武进②，足以并力、料敌、

qǔ rén ér yǐ   fú wéi wú lǜ ér yì dí zhě   bì qín yú rén

取人而已③；夫惟无虑而易敌④者，必擒于人。

◎ 注释

①〔兵非益多也〕意谓兵员并不是越多越好。王晳注："不以多为益。"这反映了孙子的精兵建军思想。益多，即以多为益。②〔惟无武进〕意为只是不要恃武冒进。王晳注："不可但恃武也。"惟，独，只是。武进，刚武轻进，犹言迷信武力而冒进。③〔足以并力、料敌、取人而已〕指能做到集中兵力，正确判断敌情，争取人心则足矣。张预注："并兵合力，察敌而取胜。"④〔无虑而易敌〕没有深谋远虑而妄自尊大，蔑视敌手。易，轻视、蔑视。《左传·僖公二十二年》："国无小，不可易也。"

◎ 大意

用兵打仗，并不是兵力越多越好，只要不轻敌冒进，而能做到集中兵力，判明敌情，取得部下的信任和支持，也就足够了。那种既无深谋远虑又狂妄轻敌的人，一定会被敌人所俘虏。

卒未亲附而罚之，则不服①，不服则难用也；卒已亲附而罚不行，则不可用也。故令之以文，齐之以武②，是谓必取③。令素行以教其民④，则民服；令不素行以教其民，则民不服。令素行者，与众相得也⑤。

◎ 注释

①〔卒未亲附而罚之，则不服〕在士卒还未亲近依附之前就施用刑罚，士卒就会怨愤不服。杜牧注："恩信未洽，不可以刑罚齐之。"亲附，亲近归附。《淮南子·主术》："群臣亲，百姓附。"②〔令之以文，齐之以武〕令，教育。文，指政治、道义。齐，整饬，规范。武，指军纪军法。此句的意思是，

用政治、道义来教育士卒，用军纪军法来约束、整饬部队。这是孙子治军思想的核心原则。《吴子·论将》："总文武者，军之将也；兼刚柔者，兵之事也。"③〔是谓必取〕指用兵打仗一定能取胜。④〔令素行以教其民〕令，法令规章。素，平时。行，执行。民，这里主要是指士卒、军队。此句梅尧臣注曰："素，旧也。威令旧立，教乃听服。"⑤〔令素行者，与众相得也〕意谓军纪军令平素能够顺利执行，是因为军队统帅同兵卒之间相处融洽。张预注："上以信使民，民以信服上，是上下相得也。"得，亲和。相得，指军队内部上下和睦，关系融洽。

◎ 大意

士卒还没有亲近依附就施行惩罚，那么他们就会不服，不服就难以使用；士卒已经亲近依附，而军纪军法仍得不到执行，那也就无法用他们去作战。所以要用怀柔宽仁的手段去教育他们，用军纪军法去约束管制他们，这样就必定会使部下敬畏和拥戴。平素能够严格贯彻命令，管教士卒，士卒就会养成服从的习惯；平素不能严格贯彻命令，管教士卒，士卒就不会服从。平时命令能够得到贯彻执行，这表明将帅同士卒之间关系融洽。

◎ 教学引导

孙子不但是伟大的战略学家，也是一位了不起的战术大师。《行军篇》的价值就在于从战术的层次说明了孙子用兵布阵的杰出才能。在本篇中，孙子系统论述了军队在不同的地理条件下安营扎寨、行军布阵的方法，告诉军事指挥员怎样掌握去伪存真、由表及里判断敌情的窍门。

（一）关于"处军"之法

自古至今，凡是兴师作战，止则为营，行则为阵。行军、立营同布阵打仗就像一根藤上的两只瓜，关系实在太密切了，所以历来受到军事家们的重视。《司马法·严位》就说："舍谨兵甲，行慎行列，战谨进止。"行军混乱一片，驻扎随便凑合，布阵毫无章法，那么这仗没打，便先输了一大半。孙子懂得其中的奥妙，所以他重视"处军"（即在不同地形条件下行军、驻扎、布阵的具体对策），成为中国历史上系统论述"处军"原则的第一人。

孙子认为，"处军"的重点内容和基本要求，便是要善于做到根据不同的情况，灵活机变地贯彻有针对性的方法和措施，利用有利的地形，避开不利的地形。为此，他一一列举了军队在山地丘陵、江河湖泊、沼泽泥潭以及开阔平原四种不同地形条件下行军、驻扎、布阵的原则和要领，进而将利用地形而"处军"的基本特点给归纳了出来：安营扎寨、行军布阵都要抢占干燥的高地，躲开潮湿的洼地，据有向阳的地方，放弃不见光的环境；驻扎在靠近水草的地区，军需供应充足，将士百病不生。他指出这才是掌握主动、立于不败之地的前提条件，所以不可不加以重视。

孙子的这些看法，由于讲得正确，讲得到位，合乎军队行动的一般规律，因此受到后人的普遍重视。如《武经总要·前集·制度》就说："顿舍必就薪水，畜牧必依刍草。一事不备，则自投于死，安能获寇哉？"

当然，对孙子我们也不可迷信，他提出的一系列"处军之法"，只是一般的作战原则罢了，要真正发挥它的作用，还有待于军事指挥员根据战场的情势，来灵活加以运用。譬如楚汉战争时期，汉军统帅韩信在破赵之役中背靠绵蔓水布列阵势的做法，单从表面上来看，这根本不合通常的"处军之法"。因为一般部署军队的原则是"右背山陵，前左水泽"，韩信却反其道而行之，变成"右背水泽"了。可是实际的战争进程出乎所有人的意料：韩信通过自己天才的指挥，杀得二十万赵军片甲不留，只用了一个早上的时间，就灭掉了赵国。这个事实表明，"处军"的种种原则，如同孙子的其他作战方法一样，是真理而不是教条，绝对不应该拘泥。

（二）关于相敌之法

"相敌"，顾名思义，指的是观察、了解各种征候、情况，并在这基础之上，正确地分析和判断敌情。它的本质，是要透过眼花缭乱的表面现象，找出真正的原因、动态，以求对敌人一方的基本情况做出缜密的分析、正确的判断，从而掌握主动，为夺取战役战斗的胜利创造必要的条件。

实践出真知，在战争活动中观察和判断敌情，很大程度上依赖于对以往战争经验与教训的借鉴和汲取。孙子的过人之处，是他把原先零散的经验、例证按照一定的体系归纳、总结在一起，形成了相对系统完整的"相敌"方法。这类方法他一共概括出三十多种，大多是经受过实战检验而被证明行之有效的。它们看起来很琐碎、很简陋，"卑之无甚高论"，其实非常适合冷兵器时代作战的需要，对于掌握敌情非常实用，从中也可以看到孙子兵学求真务实的基本特点。

这三十多种侦察和判断敌情的方法，包括了几大类型。一是通过对敌人言论行为的观察来判断敌人的作战企图，比如"敌近而静者，恃其险也；远而挑战者，欲人之进也"，"辞卑而益备者，进也；辞强而进驱者，退也；轻车先出居其侧者，陈也；无约而请和者，谋也"，等等。观察时要过滤种种蛛丝马迹，拨开层层迷雾，看清事情的本相，料定敌人想干什么，要干什么，然后预做防范，给敌人以迎头痛击。二是通过对鸟兽草木和尘土的观察，来判断敌人方面的行动意向，比如"众树动者，来也；众草多障者，疑也。鸟起者，伏也；兽骇者，覆也。尘高而锐者，车来也；卑而广者，徒来也；散而条达者，樵采也；少而往来者，营军也"。敌人有动作，不可能把一切捂得严严实实，总会在不经意中透露一二，这时便可以从种种现象中分析其动态，未雨绸缪，稳操胜券。三是通过对敌人举止动态、活动状况的观察，来判断敌人的虚实，看他休整是否充分，士气是否高涨，补给是否跟上，如"杖而立者，饥也；汲而先饮者，渴也；见利而不进者，劳也"，"夜呼者，恐也；军扰者，将不重也；旌旗动者，乱也；吏怒者，倦也"，等等。就这样，通过"相敌"寻找出敌人的弱点，把握住有利的战机，彻底击垮敌人。

当然，在今天看来，孙子在本篇中所总结的三十二条"相敌"之法，属于直观经验的粗浅判断和预测，非常古老、简单，无法同当今先进的军事侦察技术相比。但是，在当时的历史条件下，孙子主张"相敌"，把它作为战争指导者达到"知彼知己""知天知地"目的的主要手段之一，是具有特殊意义的，反映了孙子本人对作战规律孜孜探求的可贵努力，我们不能因为历史的原因而否定它当时的实用性。同时，我们也应该看到，孙子有关"相敌"方法的概括，虽然直观粗浅，但包含着深厚的哲理价值。这就是，任何事物都是现象与本质的统一，人生中最大的课题就是如何透过各种表象，去了解事物的本质属性，从而在社会实践活动中洞察先机，建功立业。这种朴素辩证的思想方法，永远不会过时，永远能给后人以启迪，孙子"相敌"之法的价值其实正体现在这个方面。

（三）孙子的精兵强军思想

春秋战国之际，战争越来越频繁，战争规模越来越大，战争的杀伤程度也越来越严重。在这种形势之下，各诸侯国无论是为了争霸，还是为了自保，都需要拥有一支规模庞大的军队，于是扩军备战的潮流便如农历八月十八的钱塘江大潮，一波高过一波。

孙子顺应历史潮流，提倡发展军队，为从事争霸战争增加筹码。所以"十万之师"是他用兵打仗所考虑的一个数额基数。然而，他比当时一般人高明的地方，是他提出了军队发展的正确方向。他认为"兵非益多也，惟无武进，足以并力、料敌、取人而已"，也就是要走精兵建设之路。这既是对争取战争胜利基本条件的论列，也是对军队建设根本原则的揭示。

"兵非益多"的观点称得上是军队建设思想发展史上的一个重要里程碑。众所周知，军队的数量固然是构成军队战斗力的重要因素，可是没有质量的军队人数再多，也是无法很好发挥战斗力，履行军队职责的。军队的数量与质量之间存在着对立统一的关系，建设军队的正确方向，应该是既注重保持一定的数量规模，又注意提高军队的质量性能，并且把重点放在后者的上面。

道理非常浅显，如果军队数量过于庞大，那么就会给国家经济带来沉重的负担，不利于有效地教育训练，不利于改良武器装备（大量的人头费占用了军事技术所需投入的经费），也有碍于提高指挥的效能。春秋战国时期楚国军队人数最多，可它与晋国、秦国交锋，老是处于下风；北宋时期冗兵冗将，结果导致军队战斗力严重削弱，在和西夏、辽、金军队作战时吃尽败仗，这些都是明显的例证。由此可知，孙子的精兵理论的确击中了军队建设的关键，具有重大的军事学术价值，所以为后世兵家所普遍重视。例如，战国时期吴起主张"简募良材"，孙膑提倡"兵之胜，在于篡卒"，《尉缭子》作者鼓吹裁军强兵，都是对孙子"精兵"观点的继承与发展。

孙子的"兵非益多"思想，同时也是精兵决胜、多谋制敌作战指导原则的具体体现。孙子认为用兵打仗，绝非是简单的兵力投入和使用，不能以兵力的多少来衡量和展望战争胜负的前景，关键要看作战指挥是不是高明。具体地讲，就是要看能否做到集中优势兵力，准确判断敌情，内部团结一致，上下齐心协力。与此相应，孙子坚决反对狂妄自大、寡谋无虑、刚愎自用、轻敌冒进的行为，指出一旦出现这类情况，军队就会彻底陷入被动，难以逃脱失败的可悲命运。

（四）"令之以文，齐之以武"的治军原则

军队是国家政权机器的柱石，是执行武装斗争任务的特殊团体，要确保其发挥强大的战斗力，关键之一是要搞好内部的治理，即所谓"以治为胜"。而要治理好军队，使它在关键时刻顶得上去，用得顺手，就必须遵循一定的原则，因为只有在正确原则的指导之下，再配合以具体的方法和手段（比如严格军纪、信赏必罚、强化训练等），才能使全军上下进退有节，团结一致，令行而禁止，无往而不胜。

孙子治军原则的根本精神，就是刚柔相济，恩威并施："故令之以文，齐之以武，是谓必取。"文武两手都要硬，双管齐下，互补协调，共同作用于治理军队的实践。这里所谓的"文"，指的是精神教育、物质奖励，是"胡萝卜"；这里所谓的"武"，是军纪军法、重刑严罚，是"大棒"。孙子指出，在军队管理上，如果没有教化，一味讲求军纪军法，使大家整天生活于恐惧之中，那么必然导致将士思想不统一，精神不振，离心离德，矛盾激化，极大地影响部队战斗力的正常发挥，"卒未亲附而罚之，则不服，不服则难用也"。但是如果不严肃军纪军法，单纯宽厚溺爱，行"姑息之政"，也势必会导致将士斗志涣散，各行其是，整支军队如同一盘散沙，"卒已亲附而罚不行，则不可用也"，这同样是军队建设上的灾难。所以，在孙子看来，只有真正做到教罚并用，宽严结合，"胡萝卜"与"大棒"一样不缺，方可"与众相得"，有效地控御全军上下，使广大官兵在沙场上视死如归，英勇杀敌，从而赢得战争。

◎ 释疑解惑

1. 竹简《孙子兵法》佚文的分类与性质

临沂银雀山汉墓竹简《孙子兵法》佚文，根据竹简整理小组的考定，比较明确的共有5篇，分别为《吴问》《见吴王》《黄帝伐赤帝》《四变》以及《地形二》。通过对其内容的考察，我们认为从性质上，它可以分为三个类型：一是有关孙子生平事迹的记载。如《吴问》记叙孙子与阖闾讨论、预测晋国政治发展大势之事，深刻揭示了孙子的政治见解和进步倾向，表明孙子不但是卓越的军事家，同时也是很有头脑的政治家。《见吴王》追叙孙子与阖闾的君臣际会，重现孙子吴官教战的戏剧性一幕，内容较司马迁《史记》所叙更为翔实。它们在某种程度上可以补充《史记》本传叙述孙子行事不足之缺憾。二是对《孙子兵法》本文中有关原则或提法的补充性阐释与说明。如《四变》为对《孙子兵法·九变篇》中"涂有所不由，军有所不击，城有所不攻，地有所不争"之缘由的具体解释。如"城之所不攻者，曰：计吾力足以拔之。拔之而不及利于前，得之而后弗能守。若力（不）足，城必不取。及于前，利得而城自降，利不得而不为害于后。若此者，城唯（虽）可攻，弗攻也"（《银雀山汉墓竹简［壹］》），将"城有所不攻"的道理，说明得一清二楚。《黄帝伐赤帝》则显然是就《孙子兵法·行军篇》中"黄帝之所以胜四帝"一语做出明确的说明，叙述历史事迹，从中阐明战争制胜的基本条件："休民，孰（熟）穀，赦罪"。三是不见于存世本《孙子兵法》的兵学论述，如《地形二》。

2."令之以文"当为"合之以文"

"令之以文，齐之以武"，在汉墓竹简本中，作"合之以文，齐之以武"。应该说，汉墓竹简本的文字表述，要优于传世本的表述。

同先秦时期其他著名兵书如《司马法》《吴子》《尉缭子》《六韬》等相比，对治军问题的论述，在《孙子兵法》一书中并不占据突出的位置。但是，这并不等于孙子不重视治军，相反，孙子对这个问题还是有自己独到看法的，曾就如何治军经武提出过许多精辟的原则。

这些原则的根本精神，就是刚柔相济，恩威并施："故合之以文，齐之以武，是谓必取。"文武两手都要硬，双管齐下，互补协调，共同作用于治理军队的实践。

但是，在传世本中，"合之以文，齐之以武"乃作"令之以文，齐之以武"。应该说，从文义上讲，这也是讲得通的。其意为：要用怀柔宽仁的手段去教育士卒，用军纪军法去约束士卒。这也是将帅管束部队、治理属下的通常做法，即《吴子·论将》所言为将者的基本要求："总文武者，军之将也；兼刚柔者，兵之事也。"

然而，细加体会，我们不得不指出，"合之以文"比"令之以文"更为妥帖，且在语法结构上与下句"齐之以武"更为对应和一致。考汉简本，此句作"合之以交，济之以……"。此处，"交"当为"文"之误，"济"则当为"齐"之借字。可见其文应为"合之以文，齐之以武"。若是，则"合"字之义在这里显然要胜过"令"之义。因为，"文""武"对文，"合""齐"亦对文。"合"本身亦含有"齐"义。（参见吴九龙主编：《孙子校释》）从语词与语法角度考察，"令""合""齐"虽皆为动词，但是，"令"表述单纯性的动作行为，而"齐""合"皆可表现动作之后所呈示的状态。据此，则我们可知孙子所追求的治军理想境界：通过怀柔宽仁的手段教育士卒，使全军上下凝聚成一体；通过军纪军法约束士卒，使全军上下步调一致。

很显然，按汉简本的文字，孙子在这里强调的是用文、武两手管治部队，并具体说明了治军管理上的终极目标。而传世本的文字，仅仅表述了孙子的前一层意思，并没有反映出后一层意思，这无疑是要稍逊色于汉简本的表述的。

我们讲汉简本"合之以文，齐之以武"的表述要胜于传世本"令之以文，齐之以武"的表述，也是有文献学上的依据的。《淮南子·兵略训》亦云"是故合之以文"，可见《淮南子》所据之本，当与汉简本相同。《北堂书钞》卷一一三与《太平御览》卷二九六引《孙子》时亦并作"合之以文，齐之以武"，表明在唐宋时期，同样有《孙子》文本与汉简本之文字相同。这些情况均表明，《孙子兵法》此语的正确文字当为"合之以文，齐之以武"，今传世本"合"作"令"，或因与"合"字形近似而讹误，或涉下文"令素行""令不素行"而臆改，实是值得商榷的。

◎ **思考辨析题**

1. 有人认为，孙子的"处军""相敌"之法已经过时了，你的看法如何？

2. 试析《孙子兵法》的"精兵"思想。

3. 从"合之以文"与"令之以文"之别，谈谈你对银雀山汉简学术价值的认识。

地　形　篇

　　本篇的主旨是阐述利用地形条件克敌制胜的基本原则以及军队在各种地形条件下实施作战的一般方法。它是中国历史上最早系统论述有关军事地形学的精辟专文，与本书中专门阐述兵要地理（战略地理）的《九地篇》一起，构成了孙武军事地理学思想的主要内容，弥足珍贵，价值永恒。

　　孙子在本篇中扼要地揭示了巧妙利用地形的重要性，列举了战术地形的主要类型和不同特点，提出了在不同的地形条件下军队行军作战的若干基本原则，辩证地分析了判断敌情与利用地形之间的相互关系。在此基础上，孙子进而探讨了军队作战失利的六种主要原因，指出造成"六败"局面的责任应该由将帅来承担："非天之灾，将之过也。"他还阐述了将帅的道德行为准则，即"进不求名，退不避罪，唯人是保，而利合于主"。孙子论述了若干治军上的一般原则，主张将领既要爱护士兵，"视卒如婴儿""视卒如爱子"，又要严肃治军的纪律，做到"爱"与"严"相结合。全篇讲"地"，更讲"人"；讲"助"，更讲"主"；讲地形，又高于地形。总之，本篇是反映《孙子兵法》唯物与辩证的统一、客观与主观的统一原则精神的佳作。

　　汉简篇题木牍有《□刑（形）》，在《九地》之前，似即本篇篇题，但汉简中未发现此篇简文。本篇篇题，曹操注曰："欲战，审地形以立胜也。"张预注称："行师越境，审地形而立胜。故次《行军》。"都扼要概括了全篇的主旨。

孙子曰：地形有通者^①，有挂者^②，有支者^③，有隘者^④，有险者^⑤，有远者^⑥。我可以往，彼可以来，曰通。通形者，先居高阳^⑦，利粮道^⑧，以战则利^⑨。可以往，难以返，曰挂。挂形者，敌无备，出而胜之；敌若有备，出而不胜，难以返，不利^⑩。我出而不利，彼出而不利^⑪，曰支。支形者，敌虽利我^⑫，我无出也；引而去之^⑬，令敌半出而击之^⑭，利。隘形者，我先居之，必盈之以待敌^⑮；若敌先居之，盈而勿从，不盈而从之^⑯。险形者，我先居之，必居高阳以待敌^⑰；若敌先居之，引而去之，勿从也^⑱。远形者^⑲，势均^⑳。难以挑战^㉑，战而不利。凡此六者，地之道也^㉒，将之至任^㉓，不可不察也。

◎ 注释

①〔地形有通者〕地形，地理形状、山川形势。《商君书·农战》："人君不能服强敌破大国也，则修守备，便地形，抟民力，以待外事。"通，通达，此处指广阔平坦、四通八达的地区。梅尧臣注曰："道路交达。" ②〔挂者〕挂，悬挂，牵碍。《仪礼·少牢·馈食礼》郑玄注："挂，悬也。"此处指前

平后险、易入难出的地区。赵本学曰："往则顺而下，返则逆而上，前低后高，如物挂者然也。"③〔支者〕支，支持，支撑。《左传·定公元年》："天之所坏，不可支也。"杜预注："支，持也。"这里指敌我均可据险对峙，不易于发动进攻的地区。梅尧臣注曰："相持之地。"④〔隘者〕狭隘险要之地。这里特指两山之间的峡谷地带。梅尧臣注："两山通谷之间。"⑤〔险者〕险，险恶、险要，指行动不便的险峻地带。⑥〔远者〕指路途迂回曲折、敌我双方相距甚远的地区。⑦〔先居高阳〕意为抢先占据地势高隆且向阳之处，以争取主动。杜牧注："通者，四战之地，须先据高阳之处，勿使敌人先得而我后至也。"⑧〔利粮道〕指保持粮道的畅通无阻。"利"，此处用作动词。杜牧注："利粮道者，每于津厄或敌人要冲，则筑垒或作甬道以护之。"杜佑注："无使敌绝己粮道也。"⑨〔以战则利〕以，为的意思。《玉篇》："以，为也。"⑩〔"挂形者"至"难以返，不利"句〕意谓在"挂"形地带，敌方如无防备，可以主动出击夺取胜利；如果敌人已有戒备，出击不能取胜，军队想要归返就困难了。故梅尧臣注云："出其不意，往则获利；若其有备，往必受制。"⑪〔彼出而不利〕敌人出击同样不利。而，此处作"亦""也"解。⑫〔敌虽利我〕利，利诱，指敌人以利相诱。杜牧注、张预注均曰："佯背我去。"⑬〔引而去之〕引，引导，带领。《史记·魏公子列传》："公子引侯生坐上座。"去，离去，离开。引而去之，指率领部队假装退去。⑭〔令敌半出而击之〕令，使。此句张预注曰："敌若来追，伺其半出，行列未定，锐卒攻之，必获利焉。"⑮〔必盈之以待敌〕一定要动用充足的兵力堵塞隘口，来对付来犯的敌军。杜佑注云："以兵陈满隘形，欲使敌不得进退也。"盈，满、充实的意思。⑯〔盈而勿从，不盈而从之〕此言在"隘"形地域，敌人如果已先我占领，并用重兵把守住了隘口，我方就不可顺随敌意去攻打；如果敌人还未用重兵扼守隘口，我军就应该全力进攻，去争夺险阻之利。从，顺从、随从，这里指发起进攻。⑰〔险形者，我先居之，必居高阳以待敌〕意谓在险阻之地，我军应当抢先占据地高向阳的要害之处以待敌军，争取主动。张预注："平陆之地，尚宜先据，况险厄之所，岂可以致于人？故先处高阳，以佚待劳，则胜矣。"⑱〔若敌先居之，引而去之，勿从也〕张预注："若敌已据此地，宜速引去，不可与战。"甚是。⑲〔远形者〕这里特指敌我营垒距离甚远。陈皞注曰："与敌垒相远。"⑳〔势均〕孟氏注、张预注皆谓"兵势"相均，杜佑注则谓"地势"相均。两种说法于文义都讲得通，但由于此篇是就"地形"立论，所以杜说似乎更为在理，即敌我双方所处地理条件均等。㉑〔难以挑战〕此言由于地远势均，近敌挑战则劳师辱军，所以称之为"难"。挑战，挑动敌人出战。㉒〔地之道也〕意为上述六者是将帅指挥作战时利用地形的基本原则。道，原则、规律。㉓〔将之至任〕指将帅所应担负的重大责任。至，最、极的意思。《论语·雍也》："中庸之为德，其至矣乎！"

◎ 大意

　　孙子说：地形有"通""挂""支""隘""险""远"等六种。凡是我们可以去，敌人也可以来的地域，叫作"通"。在"通"形地域上，应抢先占领开阔向阳的高地，保持粮草补给线的畅通，这样对敌作战就有利。凡是可以前进，难以返回的地域，称作"挂"。在"挂"形地域上，假如敌人没有防备，我们可以突然出击战胜他们；倘若敌人已有防备，我们出击就不能取胜，而且难以回师，这就不利了。凡是我军前出不利，敌人前出也不利的地域，叫作"支"；在"支"形地域上，敌人虽然以利相诱，我们也不要出击，而应该率军假装退却，诱使敌人前出一半时再回师反击，这样就有利。在"隘"形地域上，我们应该先敌占领，并用重兵封锁隘口，以等待敌人的进犯。如果敌人已先占据了隘口，并用重兵把守，我们就不要去攻击；如果敌人没有用重兵据守隘口，那么就可以进攻。在"险"形地域上，如果我军先敌占领，就必须控制开阔向阳的高地，以等待敌人来犯；如果敌人先我占领，就应该率军撤离，不要去攻打它。在"远"形地域上，敌我双方势均力敌，就不宜去挑战，勉强求战，就非常不利。以上六点，是利用地形的原则。这是将帅的重大责任所在，不可不认真考察研究。

故兵有走者^①，有弛者，有陷者，有崩者，有乱者，有北者。凡此六者，非天之灾^②，将之过也。夫势均，以一击十，曰走^③；卒强吏弱，曰弛^④；吏强卒弱，曰陷^⑤；大吏怒而不服^⑥，遇敌怼而自战^⑦，将不知其能，曰崩^⑧；将弱不严^⑨，教道不明^⑩，吏卒无常^⑪，陈兵纵横^⑫，曰乱^⑬；将不能料敌^⑭，以少合^⑮众，以弱击强，兵无选锋^⑯，曰北^⑰。凡此六者，败之道也^⑱；将之至任，不可不察也。

◎ **注释**

①〔兵有走者〕兵，这里指败军。走，与以下"弛、陷、崩、乱、北"，共为"六败"之名。贾林注："皆败坏大小变易之名也。"②〔非天之灾〕意谓导致用兵"六败"的原因，不在于天然的灾难。③〔走〕跑、奔，这里指军队败逃。④〔弛〕涣散，松懈。这里指将吏软弱无能，队伍涣散难制。张预注："士卒豪悍，将吏懦弱，不能统辖约束，故军政弛坏。"⑤〔陷〕陷没。此言将吏虽勇强，但士卒没有战斗力，遇敌，将吏不得不孤身奋战，力不能支，最终陷于败没。王晳注："为下所陷。"⑥〔大吏怒而不服〕曹操注："大吏，小将也。"此句意谓偏裨将佐恚怒，不肯服从主将的命令。⑦〔遇敌怼而自战〕意为恚怒的"大吏"，遇敌心怀怨愤，擅自出阵作战。怼，《尔雅》释为"怨也"。⑧〔崩〕土崩瓦解，形容全军溃败。明刘寅《武经七书直解》："如山之崩坠。"⑨〔将弱不严〕指将帅懦弱无能，毫无威严可以制下。⑩〔教道

不明〕指治军缺乏法度，军队管理不善。张预注："教道不明，谓教阅无古法也。"教道，指训练、教育之法度。⑪〔吏卒无常〕指军中上下关系处于失常无序状态。无常，没有法纪、常规。⑫〔陈兵纵横〕指布兵列阵杂乱无章。杜牧注："引兵出陈，或纵或横，皆自乱之也。"陈，古"阵"字。⑬〔乱〕队伍混乱。⑭〔料敌〕指研究敌情。⑮〔合〕指两军交战。⑯〔选锋〕精选勇敢善战的士卒组织而成的先锋部队。《尉缭子·战威》："武士不选，则众不强。"战国时期，齐国的技击、魏国的武卒、秦国的锐士，都是当时各国的选锋部队。⑰〔北〕败北。《荀子·议兵》云："遇敌处战则必北。"杨倞注："以败走为北也。"⑱〔凡此六者，败之道也〕陈皞注："一曰不量众寡，二曰本乏刑德，三曰失于训练，四曰非理兴怒，五曰法令不行，六曰不择骁果，此名六败也。"

◎ 大意

军队打败仗有"走""弛""陷""崩""乱""北"六种情况。这六种情况的发生，不是由于自然的灾害，而是将帅自身的过错。在势均力敌的情况下，以一击十而导致失败的，叫作"走"。士卒强悍，将吏懦弱而造成败北的，叫作"弛"。将帅强悍，士卒懦弱而溃败的，叫作"陷"。偏将怨怼而不服从命令，遇到敌人愤然擅自出战，主将又不了解他们的能力，因而失败的，叫作"崩"。将帅懦弱缺乏威严，训练教育没有章法，官兵关系混乱紧张，列兵布阵杂乱无常，因此而致败的，叫作"乱"。将帅不能正确判断敌情，以少击众，以弱击强，作战又没有精锐的先锋突击部队，因而落败的，叫作"北"。以上六种情况，均是导致作战失败的原因。这是将帅的重大责任之所在，不可不认真加以考察研究。

夫地形者，兵之助也①。料敌制胜②，计险厄远近③，上将④之道也。知此而用战者必胜⑤，不知此而用战者必败。故战道必胜⑥，主⑦曰无战，

必 战 可 也⑧；战 道 不 胜，主 曰 必 战，无 战 可 也⑨。
故 进 不 求 名，退 不 避 罪，唯 人 是 保⑩，而 利 合 于
主⑪，国 之 宝 也⑫。

◎ 注释

①〔地形者，兵之助也〕地形的审用，是用兵作战的重要辅助条件。按，这是孙子军事地理思想的根本原则。助，辅助，辅佐。②〔料敌制胜〕指正确地分析判断敌人的虚实强弱情况，以夺取胜利。③〔计险厄远近〕指考察地形的险厄，计算道路的远近。④〔上将〕贤能、高明之将。《吕氏春秋·简选》："令能将将之。"高诱注："能将，上将。"陈奇猷《校释》云："上将，犹言上乘之将，亦即贤能之将。"⑤〔知此而用战者必胜〕知此，指懂得上述道理。用战，指挥作战。张预注："既知敌情，又知地利，以战则胜。"⑥〔战道必胜〕战道，作战具备的各种条件，引申为战争的一般指导规律。战道必胜，是根据战争规律分析，具备了必胜的把握。⑦〔主〕指国君。杜牧注："主者，君也。"⑧〔必战可也〕言可自行决定与敌开战，无须听从君命。⑨〔无战可也〕犹言拒绝君命，不同敌人交战。⑩〔唯人是保〕人，百姓、民众。保，保全。此句意谓对个人的进退在所不计，只求保全民众。⑪〔利合于主〕指符合国君的利益。⑫〔国之宝也〕国家的宝贵财富。杜牧注："进不求战胜之名，退不避违命之罪，如此之将，国之珍宝，言其少得也。"

◎ 大意

地形是用兵打仗的辅助条件，正确判断敌情，积极掌握主动，考察地形险厄，计算道路远近，这些都是贤能的将领必须掌握的方法。懂得这些道理去指挥作战的，必定能够胜利；不了解这些道理去指挥作战的，必定失败。所以，根据战争规律进行分析，有必胜把握的，即使国君主张不打，坚持去打也是可以的；根据战争规律进行分析，没有必胜把握的，即使国君主张一定要打，不

打也是可以的。进不谋求战胜的名声，退不回避违命的罪责，只求保全民众，而有利于国君的大业，这样的将帅，乃是国家的宝贵财富。

视①卒如婴儿，故可与之赴深谿②；视卒如爱子，故可与之俱死。厚而不能使，爱而不能令③，乱而不能治④，譬若骄子，不可用也⑤。

◎ **注释**

①〔视〕看待、对待的意思。《左传·成公三年》："贾人如晋，荀罃善视之。"②〔深谿〕谿，同"溪"。深谿，极深的溪涧，这里比喻危险地带。③〔厚而不能使，爱而不能令〕只知厚待而不能使用，只知溺爱而不重教育。厚，厚养、厚待。令，这里是教育的意思，梅尧臣注为"爱宠而不教"。④〔乱而不能治〕指士卒放纵不羁而不能加以惩治。治，治理，这里有惩处的意思。《史记·李斯列传》："赵高治斯，榜掠千余。"⑤〔譬若骄子，不可用也〕张预注："恩不可以专用，罚不可以独行，专用恩则卒如骄子而不能使。"甚是。

◎ **大意**

对待士卒就像对待婴儿一样，那么士卒就可以同他共患难；对待士卒就像对待爱子一样，那么士卒就可以跟他同生死。如果厚待士卒而不能使用他们，溺爱士卒而不能教育他们，士卒违法而不能惩治，那么士卒就如同娇惯的子女一样，是不可以同敌人作战的。

知吾卒之可以击，而不知敌之不可击，胜之半也①；知敌之可击，而不知吾卒之不可以

击，胜之半也；知敌之可击，知吾卒之可以
击，而不知地形之不可以战，胜之半也②。故知
兵者③，动而不迷④，举而不穷⑤。故曰：知彼知
己，胜乃不殆；知天知地，胜乃不穷⑥。

◎ 注释

①〔胜之半也〕意谓胜利或失败的可能性各占一半，即没有必胜的把握。曹操、李筌等均注："未可知也。"②〔而不知地形之不可以战，胜之半也〕此言如果不知道地形不适于作战，得不到地形之助，则能否取胜同样无把握。梅尧臣注："知彼知己而不知地形，亦或不胜。"③〔知兵者〕通晓用兵打仗之道的人。④〔动而不迷〕行动起来从不迷惑，含有不盲动的意思。迷，迷惑、困惑。⑤〔举而不穷〕举，行动。穷，困窘、困厄的意思。《论语·卫灵公》："君子亦有穷乎？"此句意为所采取的作战措施因敌制宜，变化无穷。梅尧臣注："无所不知，则动不迷暗，举不困穷也。"⑥〔胜乃不穷〕指胜利永远不会有穷尽。

◎ 大意

只了解自己的部队可以打，而不了解敌人不可以打，取胜的可能只有一半；只了解敌人可以打，而不了解自己的部队不可以打，取胜的可能只有一半；既知道敌人可以打，也知道自己的部队可以打，但是不了解地形不利于作战，取胜的可能性仍然只有一半。所以，懂得用兵的人，他一旦行动起来就不会迷惑，他的作战方法变化无穷而不致困窘。所以说，了解对方，了解自己，争取胜利也就不会有危险。既懂得天时，又懂得地利，克敌制胜就会永无穷尽。

◎ 教学引导

用兵打仗，需要有一个平台，这个平台，就是时间和空间。换句话说，战争总是在一定的空间和时间范围中进行的。这里，时间体现为战争过程的速决或是持久，空间体现为战争规模（主要指战场覆盖面）的广阔或是狭小。在古代冷兵器作战时代，没有飞机，没有导弹，也没有潜艇，所以，战争当然只是在陆地或水面的范围内展开，这决定了战争不能不受一定的地形条件的影响和制约。

由于战争与地理关系密切，对于影响军队行动的战场地形地貌，就不能不详细研究，全盘掌握；而为了在整个战略布局上取得主动的地位，就不能不对兵要地理形势作用做缜密的考察。前者属于"军事地形学"的范畴，而后者则属于"军事地理学"的概念。[①] 当然，在中国古代，对两者的区分并不严格，人们通常是对它们做通盘的研究和阐述的，就像人们不曾严格规范战略、战役、战术、战法、战斗基本含义的情况一样。孙子尽管很伟大，但在这些方面也不可能超越时代，有所例外。

在冷兵器作战时代，掌握和利用地形地理，对于决定战争的胜负关系尤为重大。如在戈壁荒漠地区，如果后勤补给跟不上，那么不用打仗，饥饿与干渴便能置人于死地。因此，早在孙子之前，就有人探讨军事与地理条件之间的关系了，并且留下了一些足资启迪的军事地理理论的雏形。例如，《易·师卦·六四》有云："师，左次，无咎。"它的意思是说，军队在作战行动中只要占领了有利的地形，就掌握了主动，不再会有任何危险。《易·同人卦·九三》也说："伏戎于莽，升其高陵，三岁不兴。"意谓如果能充分利用草木茂盛、地势起伏的特殊地形条件，巧妙隐蔽军队，并抢先占领制高点，就能够顺顺利利打败敌人，并使得敌人元气大伤，使之在好多年之内都无法恢复。这些片言只语的论述，在很大程度上成了孙子构筑其军事地理思想的历史文化渊源。

然而，在孙子之前，关于军事活动中运用地理条件相应原则的阐述，还远远不够火候。一方面，这些言论只是片言只语，零碎散漫，不见系统，缺乏深度；另一方面，这些言论只谈地形，不谈地域，没有涉及军事地理中最核心的兵要地理问题，缺乏广度。只有到了孙子那里，利用地理条件来达到克敌制胜

[①] 参见姜春良主编：《军事地理学》，北京：军事科学出版社，1995年版。

的目的，才成为兵学理论中的重要组成部分，所谓的军事地理学才基本具备规模。这就是说，孙子称得上是中国古代历史上第一位系统探讨地形、地理条件与军事斗争成败之相互关系的兵学大师。

孙子的军事地理学思想主要包括两个方面。一是对兵要地理（现今时髦的叫法是"战略地理"）的论述。他撰写《九地篇》，对这一问题集中进行了探讨，提出了军队在九种不同的战略地理环境当中展开行动的指导原则。二是对战术地理的论述，主要内容见于本篇以及前面的《行军篇》。概括地说，孙子本篇集中揭示了巧妙利用地形的重要性，列举了战术地形的主要类型和不同特点，提出了在不同地形条件下军队行军作战的若干要领，辩证地分析了判断敌情与利用地形之间的相互关系等。作为中国历史上最早的军事地形学的系统化、规范化理论，它的学术价值是怎么评估也不为过的。

"知彼知己，胜乃不殆；知天知地，胜乃不穷"，这是孙子认识战争、指导战争的思想基础。它要求战争指导者尽可能全面地了解和掌握各种情况，在这个基础上筹划战略全局，实施战役指导，活用战法战术，赢得生死搏杀，即所谓"动而不迷，举而不穷"。关注地形，了解地形，分析地形，利用地形，就属于"知天知地"的范围，这正是孙子苦心孤诣打造其军事地形学理论体系的出发点。

孙子非常重视战场地形条件对作战行动展开的具体影响，提出了"地形者，兵之助也"这一精辟的论断，强调作战指导者要注重对地形的观察和利用。了解和熟悉地形，认真研究、巧妙利用地形，即在判断和掌握敌情的同时，准确地计算地理形势上的险要或平坦、遥远或邻近、广阔或狭窄，以便对军队的开进速度、机动方式、部署主次以及阵地的选择和使用等，做出正确的抉择。孙子对此非常重视，他强调这是高明指挥员所不可或缺的素质，是夺取军事斗争胜利的基本保证，即所谓"料敌制胜，计险厄远近，上将之道也"。

从"地形者，兵之助也"这一基本见解出发，孙子根据当时实战的具体要求，系统地探讨了战术地形的基本类型和主要特征。他具体列举了军队在作战行动中极有可能遇到的六种基本地形：四通八达的"通形"，能进难退的"挂形"，双方行动都不便的"支形"，狭隘重阻、易守难攻的"隘形"，险峻陡峭、不便展开的"险形"以及距离遥远、双方机遇相等的"远形"。他指出了这六种基本地形的各自特点所在，并且就这六种不同的地形条件，提出了详尽而又有针对性的作战指挥要领。例如，在敌我双方都可以自由来去、四通八达的

"通形"地域上，作战指挥者应该抢先占领开阔向阳的高地，确保粮草后勤补给线的畅通无阻，从而牢牢把握主动。又如，在"支形"地域上，先要戒除贪多务得的人性弱点，不受敌方诱兵的迷惑，持重待机，然后"以其人之道，还治其人之身"，统率部队假装退却，诱使敌人前出一半时再突然回师反击，大杀回马枪。

按孙子的理解，地形条件是客观的存在，它虽然重要，但毕竟只是用兵打仗的辅助条件。如何巧妙利用地形，确立战场优势，关键还在于发挥将帅的主观能动性，实施卓越的作战指导。因此，孙子进而论述了军队由于将帅战术呆板、指挥失当而导致失败的六种情况——"走、弛、陷、崩、乱、北"，细致剖析了产生"六败"的具体原因和主要表现，并且强调指出作战失败的责任应该由将帅来承担，不能归咎于自然条件。由此可见，孙子的军事地形学思想是相当系统和辩证的，真正做到了主客观条件的有机结合，既通过对"地有六形"的具体阐发，揭示了地形条件与战争活动之间的内在关系，又通过对"兵有六败"的深刻论述，说明了主观指导失误必然会造成作战行动的失败。这里，"地有六形"讲的是自然的客观因素，"兵有六败"讲的是人为的主观因素。孙子军事地形学思想的高明之处，正在于它既恰如其分地评价了地形在军事上的重要作用，又正确地强调了发挥人的主观能动性的意义。孙子认为只有将战场地形等有利的客观因素与战争指导者的主观能动性相结合，才能达到趋利避害、稳操胜券的目的。

当然，孙子的军事地形学思想作为冷兵器作战时代的产物，随着岁月的流逝，其中不少内容已明显过时，成了明日黄花。新的时代，自有新的战法，也自有新的利用地形条件的做法，这是事物发展的规律。现代战争是全方位、多维空间范围内的高技术较量，它对地形的利用提出了新的更高的要求。然而需要充分肯定的是，孙子重视利用地形的思维方式及其基本精神是具有永恒价值的。

只要战争是在一定的空间范围内展开，那么，地形条件对战争活动具有制约意义这一根本属性就永远不会改变，熟悉地形、利用地形就始终是战争指导者驾驭战争、赢得胜利的一个不可或缺的环节。现代战争虽然是全方位、多维空间范围内的高技术较量，但是，这并不意味着地形条件的重要性有了本质的改变，地形环境、气候因素对于高技术兵器效能的发挥依然有着重要的影响，这是不以人们的主观意志为转移的。

本篇除论述军事地形学理论外，还讨论了由于将帅指挥失当而导致军队作战失败的六种情况。"兵有走者，有弛者，有陷者，有崩者，有乱者，有北者"，具体说明了"六败"各自的外在表现。而"六败"的原因，完全在于人事，而非天意，责任应由军事指挥者来承担。所以孙子对将帅提出了严格的要求，这就是要做到"进不求名，退不避罪，唯人是保，而利合于主"。这一卓越的识见，是那个时代那些唯主上之命是从的庸人所无法望其项背的。本篇中，孙子还阐述了官兵关系的基本准则，主张将领既要关心爱护士卒，使其感恩戴德，又要严格治军纪律，使其敬畏权威。"爱""严"结合，奖惩适宜，这一治军理论，在当时具有一定的进步性，对后人也不乏启迪。

◎ 释疑解惑

1. 孙子"爱兵观"的基本原则

"视卒如婴儿""视卒如爱子"，这显而易见，是孙子的仁义思想在军队管理问题上的具体反映。在《计篇》中，孙子在讨论影响战争胜负的五个重要因素——"五事七计"时，用到了一个"仁"字。孙子把"将"作为"五事"的第三项，并且指出，为将者必须具备"智、信、仁、勇、严"这五种基本素质。这五种基本素质中，"仁"被列为第三位，固不如儒家重视程度之高，但也能充分体现出孙子的仁爱思想。因为与"仁"相比，"严"字被列在最后一位。很显然，孙子认为在治理军队、对待部下之时，仁爱之情要比严酷为治更为重要，也更为管用。可能正是因为有了这种认识，孙子才会有"视卒如婴儿"和"视卒如爱子"的用兵思想。孙子认为，只有这样，才能保证作战之时三军用命，才可以达成"可与之赴深谿"和"可与之俱死"的作战效果。

然而，需要看到的是，孙子的仁爱是有限度的。孙子认为对士卒的爱护如果超过了一定的限度，即"厚而不能使，爱而不能令，乱而不能治"，那就是培养娇生惯养的"骄子"，关键时候派不上用场。可见，孙子所阐述的官兵关系的基本准则，乃是将领既要关心爱护士卒，使其感恩戴德，又要严格治军纪律，使其敬畏权威，做到"爱""严"结合，奖惩适宜，恩威并施，刚柔相济。

2. "胜乃不穷"抑或"胜乃可全"

"知天知地，胜乃不穷"，这是传世的"十一家注本"的表述。而历史上的大多数版本，则与"十一家注本"的这些文字有较大的差异，如《太平御览》卷三二二引此作"胜乃可全"，孙校本从《御览》和杜佑注改"不穷"为"可全"。平津馆本、武经本、樱田本、《兵诀评》诸本亦均作"胜乃可全"。

那两种说法，何者为优？我认为是一样合理，一样优秀，只是各自的切入点不同，侧重点有别而已。"胜乃不穷"是从时间无限性的层面切入。时间流逝，永无尽头，胜利也永无止境，这符合孙子的发展观："奇正相生，如循环之无端，孰能穷之？""胜乃可全"则是从空间广大性的角度考量。空间无边无垠，包罗万象，胜利也稳妥圆满，这同样合乎孙子对"自保而全胜""兵不顿而利可全"的兵学理想境界的追求。由此可见，"胜乃不穷"与"胜乃可全"，均是孙子兵学要旨的生动体现，异彩纷呈，使后人能够从不同的维度真切地感受《孙子兵法》的永恒魅力！

◎ **思考辨析题**

1. 试析《地形篇》中地理因素与人事作为之间的辩证关系。

2. 谈一谈孙子地形学思想在当代的价值。

九 地 篇

　　本篇约一千二百字，占全书总篇幅的五分之一左右。它内容丰富，说理透彻，文采斐然，富有极其深刻的战争哲理，虽然列于下卷，但在《孙子兵法》全书中的重要性并不亚于《计篇》《谋攻篇》《虚实篇》等。

　　本篇篇题，曹操注"欲战之地有九"，王晳注"用兵之地，利害有九也"，张预注"用兵之地，其势有九"。这些旧注均向我们提示了一个信息，就是孙子在本篇中，是围绕地理形势与作战之间的关系来展开对作战指导规律的探讨的。这一点是我们把握全篇中心思想，认识孙子兵学原则奥妙的一把钥匙。

　　所谓"九地"，是指散地、轻地、争地、交地、衢地、重地、圮地、围地、死地等九种不同的战略地理。通观全篇，可知孙子立足于战略地理学的高度，放眼战争全局，围绕当时诸侯争霸兼并战争的新的特点和需要，深刻地论述了军队在九种不同战略地理条件下进行作战的基本指导原则，特别强调了要根据不同作战地区官兵所产生的不同心理状态，来制定切合实际、行之有效的战略战术，确保赢得战争的胜利。其中对战略进攻中如何实施突然袭击问题的论述，是全篇的精华所在。

　　首先，孙子从战略态势上，概括了九种不同兵要地理的特点及其对官兵心理状态所产生的影响，进而提出具体灵活的应变措施，以充分发挥军队的战斗力。其次，孙子提倡深入敌境进行作战，认为这样做能激励士兵听从指挥，努力作战，无所畏惧，并且可以就地解决军队的给养问题。再次，孙子进一步强调了贯穿于他的整个思想体系中的重要作战原则，如隐蔽突然、迅猛机动、争取主动、避实击虚、集中兵力等，并把它们同地理条件的特点结合起来。在本篇中，孙子还提出了某些具有一定进步意义的治军主张，如强调带兵要做到法令严明，禁止迷信和谣言，重视保持军队的团结和战斗力，为克敌制胜创造充分的条件。但是，我们也应该看到，本篇中有些地方反映了孙子的愚兵思想，应该有所甄别。

九地，指九种不同的战略地理环境。赵注本云："上篇《地形》之'地'，排兵布阵之地也，以宽狭险易言之。《九地》之'地'，侵伐所至之地也，以浅深轻重言之。兵之所至，其地有九等，其法不同，大要皆本于人情。善用兵者，深达人情之理，驭之以术，发之以机，则人可用而地不困。"赵本学看出《地形篇》之"地"指单纯的地形，与《九地篇》之"地"不同，差别在于"人情"。其所谓"人情"，当是指士卒心态、诸侯态势、敌我形势等具有战略影响的因素。

孙子曰：用兵之法，有散地，有轻地，有争地，有交地，有衢地，有重地，有圮地，有围地，有死地。诸侯自战之地，为散地①。入人之地而不深者，为轻地②。我得则利，彼得亦利者，为争地③。我可以往，彼可以来者，为交地④。诸侯之地三属，先至而得天下之众者，为衢地⑤。入人之地深，背城邑多者，为重地⑥。行山林、险阻、沮泽，凡难行之道者，为圮地⑦。所由入者隘，所从归者迂，彼寡可以击吾之众者，为围地⑧。疾战则存，不疾战则亡者，为死地⑨。是故散地则无战⑩，轻地则无止⑪，争地则无攻⑫，交地则无绝⑬，衢地则合交⑭，重地则掠⑮，圮地则行⑯，围地则谋⑰，死地则战⑱。

◎ **注释**

①〔诸侯自战之地，为散地〕在本土作战，士卒近家，危急时容易逃散，这叫作散地。曹操注："士卒恋土，道近易散。"又李筌注："卒恃土怀妻子，急则散，是为散地也。"散，离散。②〔入人之地而不深者，为轻地〕军队进入敌境不深的地区作战，士卒离本土不远，情况危急时易于返回本土，这叫作

轻地。张预注："始入敌境，士卒思还，是轻返之地也。"③〔我得则利，彼得亦利者，为争地〕我军占领有利，敌军占领也有利的地区，叫作争地。杜佑注："谓山水厄口，有险固之利，两敌所争。"又梅尧臣注："无我无彼，先得则利。"④〔我可以往，彼可以来者，为交地〕四通八达，我军可以前往，敌军也可以前来的地区，叫作交地。交，纵横交叉。陈皞注："交，错也。言其道路交横，彼我可以来往。"⑤〔诸侯之地三属，先至而得天下之众者，为衢地〕同多个诸侯国相邻，谁先到达就可以得到四周诸侯援助的地区，叫作衢地。诸侯之地三属，指与多方诸侯国相邻。属，连接，毗邻。杜牧注："我须先至其冲，据其形势，结其旁国。"⑥〔入人之地深，背城邑多者，为重地〕进入敌境已远，隔着很多敌国城邑的地区，叫作重地。梅尧臣注："过城已多，津要绝塞，故曰重难之地。"⑦〔行山林、险阻、沮泽，凡难行之道者，为圮地〕山林、险要隘路、水网湖沼这类难以通行的地区，叫作圮地。《说文》："圮，毁也。"⑧〔所由入者隘，所从归者迂，彼寡可以击吾之众者，为围地〕入口狭隘、归路迂远、敌人能够以少兵胜我多众的地区，叫作围地。何延锡注："围地，入则险隘，归则迂回，进退无从，虽众何用。"⑨〔疾战则存，不疾战则亡者，为死地〕地势险恶，只有奋勇作战才能生存，不迅速力战就难免覆灭的地区，叫作死地。张预注："山川险隘，进退不能，粮绝于中，敌临于外，当此之际，励士决战而不可缓也。"⑩〔散地则无战〕在散地上不宜作战。梅尧臣注："我兵在国，安土怀生，陈则不坚，斗则不胜，是不可以战也。"⑪〔轻地则无止〕止，停留、逗留。意为军队在轻地上不宜停留。梅尧臣注："始入敌境，未背险阻，士心不专，无以战为。勿近名城，勿由通路，以速进为利。"⑫〔争地则无攻〕遇到争地，我方应该先行占据；如果敌人已先占领，则不要去强攻争夺。梅尧臣注："形胜之地，先据乎利。敌若已得其处，则不可攻。"⑬〔交地则无绝〕绝，隔绝、断绝。此句意为在交地要做到军队部署上能够首尾连贯，互相策应。曹操注："相及属也。"杜牧注："川广地平，四面交战，须车骑部伍首尾联属，不可使之断绝，恐敌人因而乘我。"⑭〔衢地则合交〕合交，结交。曹操注："结诸侯也。"意谓在衢地上要加强外交活动，结交诸侯，以为己援。王晳注："四通之境，非交援不强。"⑮〔重地则掠〕指深入敌方腹地，后方接济困难，要"因粮于敌"，就地解决部队的补给问题。梅尧臣注："去国既远，多背城邑，粮道必绝，则掠畜积以继食。"掠，掠取、抢掠。⑯〔圮地则行〕军队行进中遇到圮地，必须设法迅速通过。张预注："难行之地，则不可稽留也。"⑰〔围地则谋〕此言军队如陷入"围地"，就必须善用计谋来摆脱困境。曹操注："发奇谋也。"⑱〔死地则战〕言军队如进入"死地"，就必须奋勇力战，以求脱险。曹操注："殊死战也。"

◎ 大意

孙子说：根据用兵的原理，兵要地理可以区分为散地、轻地、争地、交地、衢地、重地、圮地、围地、死地九类。在本国境内作战的地区，叫作散地。进入敌境不深的地区，叫作轻地。我方得到有利，敌人得到也有利的地区，叫作争地。我军可以前往，敌军也可以前来的地区，叫作交地。同多个诸侯国相毗邻，先期到达就可以获得四周诸侯国援助的地区，叫作衢地。深入敌国腹地，背靠敌人众多城邑的地区，叫作重地。山林险阻、水网沼泽这一类难于通行的地区，叫作圮地。进军的道路狭窄，退兵的道路迂远，敌人可以用少量兵力攻击我方众多兵力的地区，叫作围地。迅速奋战就能生存，不迅速奋战就会全军覆没的地区，叫作死地。因此，处于散地就不宜作战，处于轻地就不宜停留，遇上争地就不要强攻，遇上交地就不要断绝联络，进入衢地就该结交诸侯，深入重地就要掠取粮草，碰到圮地就必须迅速通过，陷入围地就要设谋脱险，处于死地就要力战求生。

所谓古之善用兵者，能使敌人前后不相及①，众寡不相恃②，贵贱不相救③，上下不相收④，卒离而不集⑤，兵合而不齐⑥。合于利而动，不合于利而止⑦。敢问："敌众整而将来，待之若何？"

曰："先夺其所爱，则听矣⑧。"兵之情主速⑨，乘人之不及⑩，由不虞之道⑪，攻其所不戒也⑫。

◎ 注释

①〔前后不相及〕前军与后卫不能相互策应。及，策应。②〔众寡不相恃〕众，指大部队。寡，指小分队。恃，依靠。此句言大部队与小部队之间不能相互依靠和协同。③〔贵贱不相救〕贵，指军官。贱，指士卒。救，救应、救援。指军官和士卒之间不能相互救应。④〔上下不相收〕收，《说文·攴部》释为"捕也"，引申有收集、聚齐义。谓部队建制被打乱，上下之间失去联络，无法聚合。⑤〔卒离而不集〕离，离散。集，集结。言使敌军士卒离散而无法集结起来。⑥〔兵合而不齐〕虽能使士卒集合在一起，但无法让军队整齐统一，形成充分的战斗力。⑦〔合于利而动，不合于利而止〕合，符合。于，和。动，作战。止，不战。此句重见于《火攻篇》。⑧〔先夺其所爱，则听矣〕爱，珍爱，引申为要害、关键。听，听从、顺从。此句的意思是，首先攻取敌人的要害之处，敌人就不得不听从我的摆布了。⑨〔兵之情主速〕情，情理。引申为关键。主，重在、要在。速，迅速、疾速。此句言用兵的关键在于迅速，出敌不意。王皙注："兵上神速，夺爱尤当然也。"⑩〔乘人之不及〕人，敌人。不及，措手不及。意谓要乘敌人措手不及时采取行动。⑪〔由不虞之道〕由，经过、通过。不虞，意料不到。此句言出兵要走敌人预料不到的路径。张预注："出兵于不虞之径。"⑫〔攻其所不戒也〕戒，防备、戒备、警戒。《说文》："戒，警也。"此句意为攻击敌人没有戒备的地方。

◎ 大意

从前善于指挥作战的人，能够使敌人前后部队不能相互策应，主力和小部队无法相互依靠，官兵之间不能相互救援，上下之间无法聚集合拢，士卒离散难以集中，交战时阵形也不整齐。至于我军，则是见对我有利就打，对我无利就停止行动。试问："敌人兵员众多且阵势严整，向我发起进攻，那该用什么办法对付它呢？"回答是："先夺取敌人最关键的有利条件，这样它就不得不听从我们的摆布了。"用兵之理，贵在神速，要乘敌人猝不及防的时机，走敌人所预料不到的路径，攻击敌人没有戒备的地方。

凡为客之道①，深入则专②，主人不克③；掠于饶野④，三军足食；谨养而勿劳⑤，并气积力⑥，运兵计谋，为不可测⑦。投之无所往⑧，死且不北，死焉不得⑨，士人尽力。兵士甚陷则不惧⑩，无所往则固⑪，深入则拘⑫，不得已则斗⑬。是故其兵不修而戒⑭，不求而得，不约而亲⑮，不令而信⑯。禁祥去疑⑰，至死无所之⑱。吾士无余财，非恶货也；无余命，非恶寿也⑲。令发之日，士卒坐者涕沾襟⑳，偃卧者涕交颐㉑。投之无所往者，诸、刿之勇也㉒。

◎ 注释

①〔为客之道〕客，客军，指离开本土进入敌境作战的军队。道，规律、原则。②〔深入则专〕专，齐心、专心。《广雅·释言》："专，齐也。"此言军队深入敌境作战，就会齐心协力，意志专一。杜牧注："若深入敌人之境，士卒有必死之志，其心专一。"③〔主人不克〕主人，处于防御地位的一方，此处指在本土作战的军队。克，战胜。此句的意思是，在本土作战的敌军不能够战胜我军。

梅尧臣注："主人不能克我。"④〔掠于饶野〕掠取敌方富饶田野上的庄稼。王皙注："饶野多稼穑。"⑤〔谨养而勿劳〕谨，注意、注重。养，休整。此句意思是，认真地搞好部队的休整，不要使将士过于疲劳。王皙注："谨养，谓抚循饮食，周谨之也。"⑥〔并气积力〕并，合，引申为集中、保持的意思。积，积蓄。意谓保持士气，积蓄战斗力量。王皙注："并锐气，积余力。"⑦〔为不可测〕使敌人无从判断。杜牧注："动用变化，使敌人不能测我也。"测，推测、判断。⑧〔投之无所往〕投，投放、投置。意谓把军队投置于无路可走的绝境。张预注："置之危地，左右前后皆无所往。"⑨〔死焉不得〕焉，疑问代词，何、什么的意思。此句意谓士卒死尚且不惧，那还有什么做不到的呢？⑩〔兵士甚陷则不惧〕士卒们深陷危险境地就不再恐惧。张预注："陷在危亡之地，人持必死之志，岂复畏敌也？"甚，很、非常的意思。⑪〔无所往则固〕无路可走的情况下军心就会稳固。张预注："动无所之，人心坚固。"固，坚固、牢固、稳固的意思。⑫〔深入则拘〕拘，拘束、束缚。曹操注："拘，缚也。"这里引申为人心专一而不会涣散。此句言军队进入敌境已深，则军心凝聚。梅尧臣注："入深则自然志专也。"⑬〔不得已则斗〕迫不得已就会殊死战斗。曹操注："人穷则死战也。"⑭〔是故其兵不修而戒〕修，修治、修明法令。戒，戒备、警戒。指士卒不待整治督促，就知道加强戒备。杜牧注："兵在死地，上下同志，不待修整而自戒。"⑮〔不约而亲〕指不待约束就能做到内部的亲近团结。约，约束。亲，团结。⑯〔不令而信〕指不待申令就能做到信任服从。张预注："不号令而信命。"信，服从、信从。⑰〔禁祥去疑〕禁止占卜之类的迷信，消除谣言，以避免士卒产生疑惑。曹操注："禁妖祥之言，去疑惑之计。"祥，吉凶的预兆，这里指占卜之类的迷信活动。疑，疑惑、疑虑。⑱〔至死无所之〕即便到死也不会逃避。杜牧注："士卒至死无有异志也。"之，往。⑲〔吾士无余财，非恶货也；无余命，非恶寿也〕我军士卒没有多余的钱财，这并不是他们厌恶财宝；没有第二条命（却去拼死作战），这也并不是他们不想长寿。张预注："货与寿，人之所爱也。所以烧掷财宝、割弃性命者，非憎恶之也，不得已也。"余，多余。恶，厌恶、讨厌。货，财宝、财物。寿，长寿、寿考。⑳〔士卒坐者涕沾襟〕坐着的士卒热泪沾满衣襟。张预注："感激之，故涕泣也。"涕，眼泪。㉑〔偃卧者涕交颐〕

躺着的士卒则泪流面颊。偃，仰倒。颐，面颊。㉒〔诸、刿之勇也〕像专诸和曹刿那样英勇无畏。梅尧臣注："既令以必死，则所往皆有专诸、曹刿之勇。"诸，专诸，春秋时吴国的勇士。公元前515年，专诸在吴公子光（即阖闾）招待吴王僚的宴席上，用藏于鱼腹的剑刺死吴王僚，自己也当场被杀。刿，曹刿，又名曹沫，春秋时期鲁国武士。在齐鲁柯地（今山东东阿）会盟上，他持剑劫持齐桓公，迫使齐同鲁订立盟约，归还所侵占的鲁国土地。在历史上他们遂成为勇士的代称。

◎ 大意

在敌国境内作战，其一般规律是：深入敌国的腹地，我军的军心就会坚固，敌人就不能战胜我们。在敌国丰饶的田野上掠取粮草，全军上下的给养就有了足够的保障。要注意休整部队，不要使其过于疲劳。保持士气，积蓄力量，部署兵力，巧设计谋，使敌人无法判断我军的意图。将部队置于无路可走的绝境，士卒就会宁死不退，士卒既能宁死不退，那么，他们怎么会不殊死作战呢？士卒深陷危险的境地，心里就不再存有恐惧；无路可走，军心自然就会稳固；进入敌国的纵深地区，军队就不会离散；遇到迫不得已的情况，军队就会殊死奋战。因此，这样的军队不须整饬就能注意戒备；不用强求就能完成任务；无须约束就能亲附团结；不待申令就会遵守纪律。禁止占卜迷信，消除士卒的疑惑，他们就至死也不会逃避。我军士卒没有多余的钱财，这并不是他们厌恶钱财；我军士卒置生死于度外，这也不是他们厌恶长寿。当作战命令颁布之时，坐着的士卒泪沾衣襟，躺着的士卒泪流满面。把士卒投置到无路可走的绝境，他们就都会像专诸、曹刿一样勇敢了。

故善用兵者，譬如率然①；率然者，常山②之蛇也。击其首则尾至，击其尾则首至，击其中则首尾俱至。敢问："兵可使如率然乎？"曰：

"可。"夫吴人与越人相恶也，当其同舟而济，遇风③，其相救也如左右手。是故方马埋轮，未足恃也④；齐勇若一，政之道也⑤；刚柔皆得，地之理也⑥。故善用兵者，携手若使一人⑦，不得已也。

◎ 注释

①〔譬如率然〕率然，古代传说中的一种蛇。《神异经·西荒经》："西方山中有蛇，头尾差大，有色五彩。人、物触之者，中头则尾至，中尾则头至，中腰则头尾并至，名曰率然。"②〔常山〕即恒山，是五岳中的北岳，位于今山西浑源南。西汉时为避汉文帝刘恒之讳，改称"常山"。北周武帝时，重新改称为"恒山"。③〔当其同舟而济，遇风〕指乘坐同一条船横渡江河，遇上大风。济，渡。④〔方马埋轮，未足恃也〕言将马并排地系缚在一起，将车轮掩埋固定起来，想以此来稳定部队，那是靠不住的。方，并、比的意思。《说文》："方，并船也。"曹操注："方马，缚马也。埋轮，示不动也。"⑤〔齐勇若一，政之道也〕使士卒齐心协力、英勇杀敌如同一人，这才是治理军队的正确方法。梅尧臣注："使人齐勇如一心而无怯者，得军政之道也。"齐，齐心协力。政，治理、管理的意思。⑥〔刚柔皆得，地之理也〕言使强者和弱者能各尽其力，根本在于恰当地利用地形。王晳注："刚柔，犹强弱也。言三军之士，强弱皆得其用者，地利使之然也。"⑦〔携手若使一人〕使全军携手作战，就像一个人一样。携手，挽手、拉手。《诗经·邶风·北风》："惠而好我，携手同行。"

◎ 大意

善于指挥作战的人，能使部队自我策应如同率然一样。率然是常山的一种蛇。打它的头部，尾巴就来救应；打它的尾巴，头就来救应；打它的腰身，它的头尾都来救应。试问："那么可以使部队像率然一样吗？"回答是："可以。"那吴国人和越国人是互相仇视的，但当他们同船渡河而遇上大风时，他们相互救援，配合默契就如同人的左右手一样。因此，想用把战马并缚在一起，深埋车轮这种显示死战决心的办法来稳定部队，那是靠不住的。要使部队能够齐心协力奋勇作战如同一人，关键在于部队管理教育有方。要使优劣条件不同的士卒都能发挥作用，根本在于恰当地利用地形。所以善于用兵的人，能使全军上下团结如同一人，这是因为客观形势迫使部队不得不这样。

将军之事①，静以幽②，正以治③。能愚士卒之耳目，使之无知④。易其事，革其谋，使人无识⑤。易其居，迂其途，使人不得虑⑥。帅与之期，如登高而去其梯⑦。帅与之深入诸侯之地，而发其机⑧，焚舟破釜⑨，若驱群羊，驱而往，驱而来，莫知所之。聚三军之众，投之于险，此谓将军之事也⑩。九地之变，屈伸⑪之利，人情之理，不可不察。

◎ **注释**

①〔将军之事〕将，此处作动词用，主持、指挥的意思。此句意为指挥军队打仗的事情。②〔静以幽〕静，沉着冷静。以，而。幽，幽深莫测。张预注："其谋事，则安静而幽深，人不能测。"③〔正以治〕谓严肃公正而治理得宜。正，严正、公正。治，治理、有条理。张预注："其御下，则公正而整治，人不敢慢。"④〔能愚士卒之耳目，使之无知〕指能够蒙蔽士卒，使他们不能知觉。

李筌注："为谋未熟，不欲令士卒知之。可以乐成，不可与谋始，是以先愚其耳目，使无见知。"愚，蒙蔽、蒙骗。⑤〔易其事，革其谋，使人无识〕变更正在做的事情，改变计谋，使他人无法识破。张预注："前所行之事，旧所发之谋，皆变易之，使人不可知也。"易，变更。革，改变、变置。⑥〔易其居，迂其途，使人不得虑〕变换驻防的地点，迂回行军的路线，使敌人无法图谋。梅尧臣注："更其所安之居，迂其所趋之途，无使人能虑也。"虑，图谋。《尔雅·释诂》："虑，谋也。"⑦〔帅与之期，如登高而去其梯〕将帅赋予军队作战任务的同时，要像使其登高而抽掉梯子一样，断绝其归路，迫使士卒勇往直前。帅，将帅。期，约定时间。与之期，指与部队约定赴战，即赋予部下战斗任务。⑧〔帅与之深入诸侯之地，而发其机〕言统率军队深入敌国腹地，如击发弩机射出的箭镞一般笔直向前。王晳注："皆励决战之志也。机之发，无复回也。"而，如同。王引之《经传释词》卷一："而，犹如也。"机，指弩机。⑨〔焚舟破釜〕指烧掉船只，打碎炊具，以示决一死战之意。釜，锅。⑩〔聚三军之众，投之于险，此谓将军之事也〕集结全军，把他们投置到险恶的绝地，这就是指挥军队作战中的要事。⑪〔屈伸〕指部队的前进或后退。张预注："九地之法，不可拘泥，须识变通。可屈则屈，可伸则伸，审所利而已。"

◎ 大意

在指挥部队这件事情上，要做到考虑谋略沉着冷静而幽邃莫测，管理部队公正严明而有条不紊。要能蒙蔽士卒的视听，使他们对于军事行动懵懂无知；变更作战部署，改变原定计划，使人无法识破真相；不时变换驻地，故意迂回行进，使人无从推测我方的意图。将帅向部队赋予作战任务，要像使其登高而抽掉梯子一样，使得部队有进无退。将帅率领士卒深入诸侯国土，要像弩机发出的箭镞一样一往无前。要烧掉舟船，打碎炊具，以显示死战的决心。对待士卒，要如同驱赶羊群一样，赶过去又赶过来，使他们不知道要到哪里去。集结全军官兵，把他们投置于险恶的境地，这就是指挥军队作战的要务。九种地形的应变处置，攻防进退的利弊得失，全军上下的心理状态，这些都是身为将帅者所不可不认真研究和周密考察的。

凡为客之道，深则专，浅则散①。去国越境而师者，绝地也②；四达者，衢地也；入深者，重地也；入浅者，轻地也；背固前隘者，围地也③；无所往者，死地也。是故散地，吾将一其志④；轻地，吾将使之属⑤；争地，吾将趋其后⑥；交地，吾将谨其守⑦；衢地，吾将固其结⑧；重地，吾将继其食⑨；圮地，吾将进其途⑩；围地，吾将塞其阙⑪；死地，吾将示之以不活⑫。故兵之情，围则御⑬，不得已则斗，过则从⑭。

◎ 注释

①〔深则专，浅则散〕指在敌国国土上作战，深入则士卒斗志专一，浅入则士卒离散。②〔去国越境而师者，绝地也〕离开本国，越过边界进行作战的地区，叫作绝地。张预注："去己国，越人境而用师者，危绝之地也。"③〔背固前隘者，围地也〕背后地势险要，前面道路狭隘，进退易受制于敌的地区，叫作围地。④〔散地，吾将一其志〕在散地作战，我们要做到统一全军的意志。一，统一。⑤〔轻地，吾将使之属〕在轻地作战，我们要使部队部署相互连接。梅尧臣注："行则队校相继，止则营垒联属。"属，连接、相连。⑥〔争地，吾将趋其后〕在争地作战，我们要使后续部队迅速跟进。杜佑注："利地在前，当进其后。争地先据者胜，不得者负。"⑦〔交地，吾将谨其守〕遇到交地，我们将谨慎守卫。⑧〔衢地，吾将固其结〕遇上衢地，我们要巩固与诸侯国的结盟。

张预注："财币以利之，盟誓以要之，坚固不渝，则必为我助。"⑨〔重地，吾将继其食〕在重地，我们要保障军粮供给。贾林注："使粮相继而不绝也。"继，继续，引申为保障、保持。⑩〔圮地，吾将进其途〕遇上圮地，我们要迅速通过。张预注："遇圮毁之地，宜引兵速过。"⑪〔围地，吾将塞其阙〕陷入围地，我们要堵塞缺口，迫使士卒不得不拼死作战。曹操、李筌注："以一士心也。"阙，缺口。⑫〔死地，吾将示之以不活〕到了死地，我们要向敌人显示我方将士决一死战的决心。梅尧臣注："必死可生，人尽力也。"⑬〔围则御〕军队被包围就会奋起抵御。⑭〔不得已则斗，过则从〕迫不得已士卒就会奋起战斗，身陷绝境士卒就会听从指挥。过，甚，这里指深陷危境。从，指服从指挥。

◎ 大意

在敌国境内作战，其通常的规律是：进入敌国境内越深，军心就越稳定专一；进入敌国境内越浅，军心就容易懈怠涣散。离开本土，越入敌境进行作战的地区，叫作绝地；四通八达的地区，叫作衢地；进入敌境深的地区，叫作重地；进入敌境浅的地区，叫作轻地；背有险阻面对隘路的地区，叫作围地；无路可走的地区，叫作死地。因此，处于散地，要统一部队的意志；处于轻地，要使营阵紧密相连；在争地上，要迅速出兵抄到敌人的侧后；在交地上，就要谨慎防守；在衢地上，就要巩固与诸侯列国的结盟；遇上重地，就要保障军粮的供应；遇上圮地，就必须迅速通过；陷入围地，就要堵塞缺口；到了死地，就要显示殊死奋战的决心。所以，士卒的心理状态是，陷入包围就会竭力抵抗，形势逼迫就会拼死战斗，身处绝境就会听从指挥。

是故不知诸侯之谋者，不能预交；不知山林、险阻、沮泽之形者，不能行军；不用乡导者，不能得地利①。四五者，不知一，非霸王之兵也②。

夫霸王之兵，伐大国，则其众不得聚③；威加于敌，则其交不得合④。是故不争天下之交⑤，不养天下之权⑥，信己之私⑦，威加于敌，故其城可拔，其国可隳⑧。施无法之赏⑨，悬无政之令⑩，犯三军之众⑪，若使一人。犯之以事，勿告以言⑫；犯之以利，勿告以害⑬。投之亡地然后存，陷之死地然后生⑭。夫众陷于害，然后能为胜败⑮。故为兵之事，在于顺详敌之意⑯，并敌一向⑰，千里杀将，此谓巧能成事者也。

◎ **注释**

①〔"是故"至"不能得地利"句〕已见于前《军争篇》，疑系衍文。②〔四五者，不知一，非霸王之兵也〕此言九地的利害关系，有一不知，就不能成为霸王的军队。张预注："九地之利害，有一不知，未能全胜。""四五者"，曹操注为"谓九地之利害"。霸王，即霸主，春秋时期诸侯之伯长。③〔则其众不得聚〕指敌国军民来不及动员和集中。聚，聚集、集中。④〔威加于敌，则其交不得合〕向敌人施加强大的兵威，那么它在外交上也就无法联合与国了。王皙注："威之所加者大，则敌交不得合。"⑤〔不争天下之交〕指没有必要争着和其他的国家结交。杜牧注"不结邻援"，甚是。⑥〔不养天下之权〕养，培养、培植。此句意为没有必要在其他的国家里培植自己的权势。一说，"不"当为"必"，似有道理，惜未有证据。⑦〔信己之私〕信，通"伸"，申

196

张、伸展。私，私志、意图。此句谓当伸张自己的战略意图。李筌注："惟得伸己之私志。"⑧〔威加于敌，其城可拔，其国可隳〕指兵威施加于敌，则敌国的城邑可以攻拔，敌人的国都可以摧毁。隳，毁坏、摧毁。国，都城。春秋时的"国"，一般都是指大城邑或国都。⑨〔施无法之赏〕意谓施行超出惯例的奖赏，即所谓的法外之赏。无法，不合惯例、超出规定的意思。梅尧臣注："瞻功行赏，法不预设。"⑩〔悬无政之令〕谓颁布打破常规的命令。无政，即无正，指不合常规。悬，悬挂，引申为颁发、颁布。⑪〔犯三军之众〕犯，使用。曹操注："犯，用也。"一说为调动。都是指挥运用的意思。此句意为指挥三军上下行动。⑫〔犯之以事，勿告以言〕犯，用。之，指士卒。事，指作战。言，指谋虑、实情。意为驱使士卒参战，但不要说明任务的意图。张预注："任用之于战斗，勿谕之以权谋；人知谋则疑。"⑬〔犯之以利，勿告以害〕意谓驱使士卒进行战斗时，只告诉其有利的条件，而不告诉其任务的危险性。梅尧臣注："用令知利，不令知害。"⑭〔投之亡地然后存，陷之死地然后生〕将军队置于危亡之地，然后可以保存；使军队陷入死绝之地，然后可以生存。梅尧臣注："地虽曰亡，力战不亡；地虽曰死，死战不死。故曰亡者存之基，死者生之本也。"⑮〔夫众陷于害，然后能为胜败〕谓只有把军队投置于险恶境地，才能取胜。张预注："士卒用命，则胜败之事在我所为。"害，害处，指恶劣处境。胜败，指取胜、胜利，这是偏正结构用法。⑯〔顺详敌之意〕顺，通"慎"，谨慎的意思（据杨丙安《孙子会笺》说）。详，详细考察。此句意为审慎地考察敌人的意图。一说是指假装顺从敌人的意图，亦通。⑰〔并敌一向〕指集中兵力攻向敌人的一点。曹操注："并兵向敌。"王晳注："并兵一力以向之。"皆是。

◎ **大意**

因此，不了解诸侯列国的战略意图，就不能预先与之结交；不熟悉山林、险阻、沼泽等地形情况，就不能行军；不重用向导，就无从得到地利。这些情况，如有一样不了解，都不能成为称王争霸的军队。凡是称王争霸的军队，进攻敌对大国，能使敌国的军民来不及动员集中；兵威加在敌人头上，能使敌方的盟军无法配合策应。因此，没有必要去争着同天下的诸侯结交，也用不着在各诸侯国里培植自己的势力；只要伸展自己的战略意图，把兵威施加在敌人头上，就可以拔取敌人的城邑，摧毁敌人的国都。施行超越惯例的奖赏，颁布不拘常规的号令，指挥全军就如同使用一个人一样。向部下布置作战任务，但不说明其中的意图。动用士卒，只说明有利的条件，而不指出危险的因素。将士卒投置于危地，才能转危为安；使士卒陷身于死地，才能起死回生。军队深陷于绝境，然后才能奋起拼杀赢得胜利。所以，指导战争这种事，关键在于谨慎地观察敌人的战略意图，集中兵力攻击敌人之一部，千里奔袭，擒杀敌将。这就是所谓巧妙用兵，实现克敌制胜的目标。

是故政举之日①，夷关折符②，无通其使③，厉于廊庙之上，以诛其事④。敌人开阖⑤，必亟入之。先其所爱⑥，微与之期⑦。践墨随敌⑧，以决战事⑨。是故始如处女，敌人开户⑩；后如脱兔，敌不及拒⑪。

◎ **注释**

①〔政举之日〕政，指战争行动。举，指实施、决定。此句意为决定战争行动的时候。张预注："庙算已定，军谋已成。"②〔夷关折符〕封锁关口，废除通行的凭证。梅尧臣注："灭塞关梁，断毁符节。"夷，削平，此处引申为封锁。折，折断，这里可以理解为废除。符，古时以木、竹、铜等材料做成的牌子，上书图文，分为两半，用作传达命令、调兵遣将和通行关界的凭证。此处泛指通行凭证。③〔无通其使〕不同敌国的使节相往来。张预注云："恐泄我事也。"使，使节。④〔厉于廊庙之上，以诛其事〕谓在庙堂上反复推敲计议，来决定战争行动事宜。厉，同"砺"，本义为磨刀石，此处意为反复推

敲、计议。廊庙，即庙堂，喻指最高决策机构。诛，意为研究决定。曹操注："诛，治也。"⑤〔敌人开阖〕敌人敞开门户，指敌人有隙可乘之时。阖，门扇。《礼记·月令》："耕者少舍，乃修阖扇。"郑玄注："用木曰阖，用竹苇曰扇。"⑥〔先其所爱〕指首先攻取敌之要害，以争取主动。杜牧注："凡是敌人所爱惜，倚恃以为军者，则先夺之也。"爱，珍爱、宝贵，此处指要害。⑦〔微与之期〕不要事先与敌人约期交战。微，无、毋的意思。《经传释词》："微，无也。"之，指敌人。期，约期。⑧〔践墨随敌〕指避免墨守成规，要随着敌情的变化来决定作战行动。贾林注："随敌计以决战事，惟胜是利，不可守以绳墨而为。"践，通"划"。贾林注："划，除也。"避免的意思。墨，墨线，喻指陈规、教条。⑨〔以决战事〕以解决战争胜负问题，即求得战争的胜利。⑩〔始如处女，敌人开户〕军事行动开始之前，要做到如同处女一样沉静柔弱，诱使敌人放松戒备。张预注："如处女之弱，令敌懈怠，是以启隙。"开户，开门，此处指松懈戒备。⑪〔后如脱兔，敌不及拒〕战斗一旦打响，就要像脱逃的兔子一样迅速，使得敌人来不及抗拒。张预注："攻则犹脱兔之疾，乘敌仓卒，是以莫御。"

◎ 大意

因此，在决定战争方略的时候，就要封锁关口，废除通行凭证，不允许敌国使者往来，要在庙堂里反复秘密谋划，做出战略决策。敌人方面一暴露虚隙，就要迅速地乘虚而入。首先要夺取敌人的战略要地，但不要轻易与敌约期决战。要灵活机动，因敌变化来决定自己的作战行动。因此，战斗打响之前，要像处女那样沉静柔弱，诱使敌人放松戒备；战斗展开之后，则要像脱逃的野兔一样行动迅速，使得敌人措手不及，无从抵抗。

◎ 教学引导

《九地篇》的文字有一千多言，几乎占《孙子兵法》全书的五分之一，在十三篇中篇幅之大，首屈一指。本篇不仅内容丰富，而且思想深刻，兵学理论全面、独到、精深，这集中体现在三个方面。

第一，考察不同类型的兵要地理，根据具体的地理条件制定适宜的作战行动方案。

所谓"兵要地理",其实就是军事战略地理,按现代术语表示,军事战略地理"是在军事领域内,从战略的高度研究与军事有关的地理环境对军事战略的影响,为决策者进行安全环境分析,选择战略目标,拟定战略方针,制定武装部队建设规划和建立一个有利的战略态势服务"①。

对兵要地理在军事活动中的地位与作用,孙子是高度重视的,他曾从自然地理与人文地理相结合的角度,阐述了战略地理环境的不同类型及其主要特点。孙子把兵要地理区分为九个大类:散地、轻地、争地、交地、衢地、重地、圮地、围地、死地。其实它们可笼括划分为两个类型,一是自己国土内的"散地",一是敌人国土内的"重地"。

既然兵要地理如此复杂多样,那么战争指导者就要善于根据不同的战略地理条件,采取适宜的作战方针,以掌握战争的主动权。孙子认为,在不同类型兵要地理上展开军事行动,有其一般规律可循,这个规律就是军队在不同环境之下,其心理状态与战斗潜能发挥的可能态势。为此,他系统地提出了针对各种兵要地理的作战要领。例如,在散地上要统一部队的意志,稳定军心,同时尽可能避免作战;在争地上,不可贸然发起进攻,而要注意后续部队迅速跟进,以便相互策应;在四通八达的衢地之上,应该广泛结交诸侯,引为外援,至少也要让其保持中立,不来蹚浑水;等等。

第二,结合兵要地理用兵原则的具体要求,提出了一整套精辟深刻的战略突袭的理论及方法。

为了实现速战速决的战略意图,达到"兵不顿而利可全"的目的,孙子提倡采取突然袭击的方式来展开战略进攻行动,主张纵深突袭,似尖刀直插敌人的心脏,一举战胜敌人。

首先,战前秘密决策,隐蔽准备。为了确保突然袭击能出敌不意,攻其无备,孙子主张在战前做出秘密决策,保证军事机密不致泄露,即所谓"厉于廊庙之上,以诛其事"。这一是要"夷关折符",即封锁关口,销毁通行凭证,防止敌方间谍潜入侦察。二是要"无通其使",即不接受敌方新派使臣来访,以防其高明的间谍见微知著,察觉我方的战略意图;也不允许敌方留居人员离境,防范消息的走漏。还要巧妙地加以伪装,诱使敌人放松戒备,暴露弱点,即所谓

---

① 雷杰:《战略地理学概论》,北京:解放军出版社,1990年版。

"始如处女，敌人开户"。

其次，及时把握进攻的时机，正确选择主攻的方向。孙子强调，优秀的作战指导者应该善于捕捉战机，一旦发现敌人呈示弱点，有机可乘，就应当以迅雷不及掩耳的速度发起攻击，"敌人开阖，必亟入之"，"后如脱兔，敌不及拒"，如神兵从天而降，打得敌人措手不及。作为军事指挥员，则要在这个过程中充分发挥主观能动性，通过"顺详敌之意""运兵计谋，为不可测"等方法，来催化有利进攻时机的形成，而不要站在一旁无所事事。关于选择主攻方向的问题，孙子反对采取平均使用力量的打法，主张在实施战略突袭的时候，做到"并敌一向，千里杀将"，"兵之情主速，乘人之不及，由不虞之道，攻其所不戒也"，"先夺其所爱"，等等，即集中优势兵力，以最快的速度，打击敌人的要害，大量杀伤敌人的有生力量，事半功倍地解决战斗。

再次，巧妙灵活地变换战术，刚柔兼济，因敌变化。一旦做出了战斗的决心，决定了进攻的时机，选定了主攻的方向，做好了打击的准备，那么，在战斗中，灵活用兵，巧妙指挥也就成为实现战略突袭目标的主要环节了。孙子对战略进攻中的战术运用问题进行了认真探索，提出了有关的原则和方法。其中心内容是"践墨随敌，以决战事"，即根据敌情的变化，灵活机动地决定自己的战术运用。如隐蔽自己的作战企图，示形于敌，瞒天过海，牵着敌人的鼻子走，"易其事，革其谋""易其居，迂其途"；布列阵势要如同常山之蛇一般，灵活自如，反应敏捷，善于策应，"击其首则尾至，击其尾则首至，击其中则首尾俱至"；等等。其宗旨就是强调灵活的指挥，多变的战术，反对墨守成规，避免贻误战机，陷入被动。

这里，孙子实际上已触及战术运用上的最深层次命题，即战术理论原则性与灵活性的统一问题，这用哲学范畴来表述，就是"常"与"变"的对立与统一。就兵学而言，"常"与"变"的统一尤为重要，因为战争本身就是或然性与盖然性的有机统一。成形的战术原则，是用千百万人的鲜血和生命凝聚而成的，自然有它的合理性和通用性，对它自然应该予以最大的尊重。这一点孙子心里非常清楚，他一再强调"高陵勿向，背丘勿逆"，坚决提倡"围师必阙，穷寇勿迫"，就充分说明他对既定的战术原则是何等的信赖，何等的推崇。

但是战争是最具有或然性的活动之一，随机性、变化性是它的根本特点，战术上的常法不可能适应千变万化的战场形势，如果一味拘泥以往的经验，迷恋于作战的成规，那么就等于胶柱而鼓瑟，非打败仗不可，即所谓"法有定论，而兵无常形。一日之内，一阵之间，离合取舍，其变无穷，一移踵瞬目，而兵形易矣。守一定之书，而应无穷之敌，则胜负之数戾矣"（《何博士备论·霍去病论》）。因此，用兵打仗，在尊重常法的同时，更要注重战术的灵活变化，随机创新，因为后者才是真正的用兵艺术魅力之所在，才是兵学原则不断丰富、升华的不竭动力。这正如何去非所说的那样："不以法为守，而以法为用，常能缘法而生法，与夫离法而会法。"（《何博士备论·霍去病论》）从这个意义上说，孙子主张在战略进攻中，坚定不移地贯彻"践墨随敌"、因敌变化的战术原则，实在是切中了要害，识破了玄机。

最后，大胆坚决地深入重地，把战争指向敌人的腹心地区。战略纵深是敌人的腹心，对它的打击，效果远远超过其他地区，往往能起到大伤元气、动摇根本的作用。所以，孙子主张以坚决果断的行动，迅速快捷地将重兵插入敌人的心脏地带，"帅与之深入诸侯之地，而发其机"，"信己之私，威加于敌"，来确保战略突袭行动取得成功。为达到这一目的，他要求在敌国浅近纵深的"轻地"迅速通过，不做纠缠，即便是敌之战略前哨的"争地"，也要巧妙迂回，决不旁骛，免得干扰和牵制自己的战略主攻行动。同时，要实行脱离后勤保障的无后方作战，依靠对敌国的劫掠来补充自己军队的粮草。

综上所述，孙子关于战略突袭的指导思想，是以优势的兵力，多变的战术，出敌不意的时间、方向，深入敌之重地，给敌以毁灭性的打击。这样，在战术上，可收到"使敌人前后不相及，众寡不相恃，贵贱不相救，上下不相收，卒离而不集，兵合而不齐"的效果；在战略上，可达到"伐大国，则其众不得聚；威加于敌，则其交不得合""其城可拔，其国可隳"的目的。

第三，正确运用军事心理学知识，激励士气，充分发挥部队战斗力。

仗是靠人来打的，将军手下没有兵，便成了光杆司令；最好的武器没人去用，便成了一堆废铜烂铁。离开了人，什么仗都打不成。然而人又是有血有肉有感情的，到了残酷的战场上，面对强大的敌人，是扑上去拼个输赢，还是掉头撒腿逃跑，往往是一念之差。在战场上，不是让恐惧吓破肝胆，就是让勇敢战胜恐惧，这一切都取决于人的心理状态。这表明将士们精神面貌的好坏、参战意识的强弱，在很大程度上成了决定战争胜负的筹码。因此，重视人的心理因素，激励官兵士气，发挥部队的战斗力，乃是战争指导者在管理部队、指导战争时必须优先解决的问题。

孙子是中国历史上第一位系统阐述军事心理学的兵学大师，军事心理思想是他兵学理论体系中的重要组成部分。在本篇中，他对军事心理学做了最原始的考察，提出了在正确认识部队心理状态的基础上，激励士气，夺取胜利的主要原则和具体方法。

孙子认为"人情之理，不可不察"。基于这样的观念，他对部队官兵在不同情况下的心理反应进行了细致的分析。首先，他从作战区域的远近角度阐述了军心的凝聚或涣散问题，指出凡是越境进攻作战，越是深入敌方的重地，就越能使军心稳固，使士气振奋，牢牢立于不败之地："凡为客之道，深则专，浅则散"，"深入则专，主人不克"。接着，孙子探讨了导致这种奇怪现象的原因，认为这是由部队官兵的心理状态所决定的：在本土作战，免不得想到家中的父母妻儿，七思八想，斗志就涣散了，瞅准机会就开溜，这样的军队如何能有战斗力？反之，如果远离乡土，深入敌国的腹地，家里的事鞭长莫及，死亡的威胁则始终包围着自己。在这样的情况下，便只好排除杂念，鼓起全身勇气，去同敌人拼命，以求死里逃生，这叫作"深入则拘，不得已则斗"。

孙子进而论述了部队作战中更为普遍的心理活动规律，这就是"兵之情，围则御，不得已则斗，过则从"。他指出要想让部队官兵充满斗志，最好的办法是把他们安置到无路可走的"绝境"上去，这样，全军上下就会在求生意识的驱使下，奋不顾身去战斗了。孙子强调，这是军队作战心理的共性："投之无所往，死且不北，死焉不得，士人尽力。兵士甚陷则不惧，无所往则固。"

了解军事心理，是为了在战争中加以运用。为此，孙子系统提出了巧妙利用部队作战心理的具体方法，其宗旨是因势利导，使官兵深陷危险窘迫的环境之中，为生存而死战。具体地说，就是"塞其阙""示之以不活""投之亡地""陷之死地"等。

该如何做到这一点呢？孙子也想出了方法：推行"愚兵"之术，让士卒成为任凭将帅驱使的战争工具。这样，将帅在利用部队心理"投之无所往"的时候，便可以得心应手，士卒的战斗潜能也能够充分地发挥（不管是自愿还是不自愿），便可以造成"携手若使一人"的"理想"局面，舒舒服服地圆自己的胜利之梦！

应该说，孙子的军事心理思想透着冷酷残忍的血腥味儿，反映了古代上层统治者与普通士兵之间的阶级对立本质属性。孙子的"道"，是让民众去服从君主的意志，而不是让统治者去迁就民众的利益。所以，他在谈到部队作战心理时，考虑的只是将帅的利益，而视士兵生命为草芥。在这样的立场之下，他的招数越高明，对士兵所造成的痛苦也就越深重。这一点我们在今天是要有清醒的认识的。

当然，"投之亡地然后存"的作战心理原则，如同孙子其他兵学原则一样，虽是制胜之法宝，却非用兵之教条。换句话说，实践这一原则，要灵活运用，因敌变化，而不能生搬硬套，死守拘泥。历史上就有因死啃教条，不能灵活掌握这一原则而导致失败的，如三国时期马谡不讲客观条件，侈谈"陷之死地然后生"原则，舍水上山，放弃要冲，最终惨遭失败，痛失街亭。由此可见，要正确发挥孙子军事心理思想的巨大威力，必须辅之以具体的条件，实施高明的指导，用孙子自己的话说，就是"兵无常势，水无常形，能因敌变化而取胜者，谓之神"（《虚实篇》）。

◎ 释疑解惑

"霸王之兵"当为"王霸之兵"

传世本《九地篇》言"霸王之兵"，如"四五者，不知一，非霸王之兵也。夫霸王之兵，伐大国，则其众不得聚；威加于敌，则其交不得合"。但是，银雀山汉墓竹简则言"王霸之兵"。细加分析，可以基本断定《孙子兵法》原文应该是"王霸之兵"。春秋战国时期，只有"王霸"的提法，而罕见"霸王"的称呼。如《尉缭子·制谈》言"独出独入者，王霸之兵也"，《司马法·仁本》云"王霸之所以治诸侯者六"，《吕氏春秋·知度》"夫成王霸者固有人"，又《荀子》一书中有《王霸篇》。故银雀山汉简整理小组在校语中指出，"汉简本作'王霸'胜于传本"[①]。简言之，汉简本"王霸之兵"乃是孙子之原意，而传世本"霸王之兵"则应是后人在传抄《孙子兵法》过程中出现的错讹。

◎ 思考辨析题

1. 试述孙子战略突袭理论的要点及其当代价值。

2. 如何辩证看待孙子军事心理学思想的合理性与局限性？

---

① 《银雀山汉墓竹简 [壹]》，北京：文物出版社，1985年版。

火 攻 篇

本篇是我们现在所能见到的中国古代最早系统总结火攻作战经验和特点的专门文字，主要论述了春秋以前火攻的种类、条件、实施火攻的方法以及火发后的应变措施等问题。孙子认为以火助攻是提高军队战斗力，夺取胜利的重要作战方式。他把火攻归纳为五大类，即火人、火积、火辎、火库、火队。他指出火攻必须具备"发火有时，起火有日"的气象条件和"行火必有因，烟火必素具"等物质条件。孙子主张火攻与兵攻相结合，明确提出"必因五火之变而应之"，即利用纵火所引起的敌情变化，及时地指挥军队发起攻击，以扩大战果。本篇中又一个重要内容，是孙子的慎战思想。他强调君主和将帅对战争要慎重从事，指出国君不可以凭个人喜怒而发动战争，将帅也不可以逞一时意气而轻率动武。无论是战是和，都必须以利益的大小或有无为依据，"合于利而动，不合于利而止"，这才是真正的"安国全军之道"。

火攻，指以火助攻，杀伤敌之有生力量，摧毁敌之战争资源，从而夺得战争的胜利。曹操注："以火攻人，当择时日也。"王皙注："助兵取胜，戒虚发也。"皆符合孙子本篇主旨。其篇次，汉简篇题木牍《火攻》列在《用间》之后，与各传本相反。

孙子曰：凡火攻有五①：一曰火人②，二曰火积③，三曰火辎④，四曰火库⑤，五曰火队⑥。行火必有因⑦，烟火必素具⑧。发火有时，起火有日⑨。时者，天之燥也⑩；日者，月在箕、壁、翼、轸⑪也；凡此四宿者，风起之日也⑫。

◎ **注释**

①〔五〕五类、五种。②〔火人〕焚烧敌军人马。火，此处用作动词，焚烧的意思。以下"火积""火辎"等之"火"义同。③〔火积〕焚烧敌军的粮秣物资。积，积聚、积蓄，此处指粮草。梅尧臣注："焚其委积，以困刍粮。"④〔火辎〕焚烧敌军的辎重。张预注："焚其辎重，使器用不供。"⑤〔火库〕意为焚烧敌军的物资仓库。梅尧臣注："焚其库室，以空蓄聚。"库，仓库。《释名·释宫室》："库，舍也。物所在之舍也。故齐鲁谓库曰舍也。"⑥〔火队〕指焚烧敌之军事交通和转运设施。贾林注："烧绝粮道及转运也。"队，通"隧"，道路。《左传·文公十六年》："楚子会师于临品，分为二队以伐庸。"《广雅·释宫》："队，道也。"又，《广雅疏证·释宫》："队，与'隧'同，谓分为二道以伐庸也。"一说，火队即焚烧敌军队伍。如杜牧注："焚其行伍，因乱而击之。"⑦〔行火必有因〕指实施火攻必须具备一定的条件。李筌注："因奸人而内应也。"张预注："凡火攻，皆因天时燥旱，营舍茅竹，积刍聚粮，居近草莽，因风而焚之。"皆是对火攻条件的具体罗列。行，实施。因，原因，此处指进行火攻的必备条件。⑧〔烟火必素具〕烟火，指火攻的器具和燃料等物。曹操注："烟火，烧具也。"素，平素、经常的意思。具，准备妥当。此句意为发火用的器材平时必须准备妥当。张预注："贮火之器，燃火之物，常须预备，伺便而发。"⑨〔发火有时，起火有日〕意谓当根据天时条件实施火

攻。张预注："不可偶然，当伺时日。"⑩〔时者，天之燥也〕燥，气候干燥。言火攻应在气候干燥时进行。⑪〔箕、壁、翼、轸〕中国古代星宿的名称，是二十八宿中的四个。其中，箕属东方苍龙七宿之一，壁属北方玄武七宿之一，翼、轸属南方朱雀七宿。⑫〔凡此四宿者，风起之日也〕此言月球行经箕、壁、翼、轸四个星宿时，正是起风便于火攻的时候。李筌注："天文志月宿此者多风。"古人迷信，认为月亮运行到箕、壁、翼、轸这四个星宿位置时多风。《史记·天官书》："翼为羽翮，轸为车，主风。"张守节《正义》："箕主八风。"

◎ 大意

孙子说：火攻的形式共有五种，一是焚烧敌军人马，二是焚烧敌军粮草，三是焚烧敌军辎重，四是焚烧敌军仓库，五是焚烧敌军粮道。实施火攻必须具备条件，火攻器材必须平时即有准备。放火要看准天时，起火要选好日子。所谓天时，是指气候干燥；所谓日子，是指月亮行经箕、壁、翼、轸星宿位置的时候。凡是月亮在这四个星宿的时候，就是起风的日子。

凡火攻，必因五火之变而应之①。火发于内，则早应之于外②。火发兵静者③，待而勿攻，极其火力④，可从而从之，不可从而止⑤。火可发于外，无待于内⑥，以时发之⑦。火发上风，无攻下风⑧。昼风久，夜风止⑨。凡军必知有五火之变，以数守之⑩。

◎ 注释

①〔必因五火之变而应之〕因，根据、利用。应，应对，采取对策。本句意谓应当根据"火发于内"至"昼风久，夜风止"等五种不同情况而灵活处置。梅尧臣注："因火为变，以兵应之。"注家多以"五火之变"为"火人"等五种火攻方式，不确。②〔早应之于外〕及早用兵在外面策应。张预注："火才发于内，则兵急击于外；表里齐攻，敌易惊乱。"③〔火发兵静者〕兵，此处指敌军。静，安静、沉着、不慌乱。④〔极其火力〕让火势烧到最旺之时。极，尽、穷尽的意思。⑤〔可从而从之，不可从而止〕此句意如曹操所注："见可而进，知难而退。"从，跟从，这里指用兵进攻。而，则、就。⑥〔无待于内〕意谓不必等待内应。无，无须、不必。内，内应。⑦〔以时发之〕根据气候、月象的情况实施火攻。贾林注："得时即应发，不可拘以常势也。"以，依据、根据。⑧〔火发上风，无攻下风〕上风，风向的上方。下风，风向的下方。梅尧臣注："逆火势，非便也。"⑨〔昼风久，夜风止〕意为白天风刮久了，夜里风势就会止息。张预注："昼起而夜息，数当然也。故老子曰'飘风不终朝'。"一说，白天有风放火时，军队可以跟进攻击；夜里顺风放火时，军队不能随之发起攻击。刘寅《孙子直解》引张贲说："谓白昼遇风而发火，则当以兵从之；遇夜风而发火，则止而不从，恐彼有伏，反乘我也。"⑩〔以数守之〕数，星宿运行度数，此处引申为实施火攻的条件。守，等待、等候。此句意为等候具备火攻的条件。杜牧注："须算星躔之数，守风起日，乃可发火，不可偶然而为之。"又，张预注："不可止知以火攻人，亦当防人攻己。推四星之度数，知风起之日，则严备守之。"

◎ 大意

凡是火攻，必须根据以下五种因火攻所引起的变化，来灵活地加以处置。在敌营内部放火，就要及时派兵从外面机动策应。火已烧起而敌军依然保持镇静，我方就应持重等待，不可立即发起进攻，且待火势旺盛后，再根据情况做出决定，可以进攻就进攻，不可以进攻就停止。火可以从外面燃放，这时就不必等待内应，只要适时放火就行了。要从上风口放火，不要面对下风口发起进攻。白天风刮得时间久了，夜晚风就容易停止。军队都必须掌握五种火攻方法的灵活运用，等待放火的条件具备时再进行火攻。

故以火佐攻者明，以水佐攻者强①。水可以绝②，不可以夺③。

◎ **注释**

①〔以火佐攻者明，以水佐攻者强〕佐，辅佐，辅助。明，明显，指效果显著。张预注："用火助攻，灼然可以取胜。"一说"明"即"强"，两字异文同义。如《经传释词》引王念孙语曰："明，犹强也。"又一说，"强"意为勉强，转义为稍、次，即言水攻稍次于火攻（参见华星白《孙子稗疏》）。②〔绝〕隔绝，断绝。③〔不可以夺〕夺，夺取、剥夺，这里指焚毁敌人的物资器械。此句曹操注："不可以夺敌蓄积。"一说，此句当作"火可以夺"，"不"与"火"字形近，易误，且与"水可以绝"句相对称。

◎ **大意**

用火来辅助军队进攻，效果殊为显著；用水来辅助军队进攻，攻势必能加强。水可以把敌军分割隔绝，但不能焚毁敌人的军需物资。

夫战胜攻取，而不修其功者，凶①，命曰费留②。故曰：明主虑之③，良将修之④。非利不动⑤，非得不用⑥，非危不战⑦。主不可以怒而兴师⑧，将不可以愠⑨而致战；合于利而动，不合于利而止；怒可以复喜，愠可以复悦，亡国不可以复存，死者不可以复生⑩。故明君慎之，良将警之⑪，此安国全军之道也⑫。

◎ 注释

①〔而不修其功者，凶〕言如不能及时论功行赏以巩固胜利成果，则祸患至矣。"功"，指胜利成果。凶，祸患。按，《文选·魏都赋》注引《孙子兵法》文，"功"作"赏"。②〔命曰费留〕命，命名的意思。费留，财货耗费而军队衰疲淹留的意思。张预注："财竭军队衰疲而不得归，费留之谓也。"一说，打了胜仗而不及时论功行赏，会挫伤将士的积极性，最终增大耗费。李筌注："赏不逾日，罚不逾时，若功立而不赏，有罪而不罚，则士卒疑惑，日有费也。"③〔明主虑之〕虑，谋虑、思考的意思。《说文》："虑，谋思也。"张预注："君当谋虑攻战之事。"④〔良将修之〕修，治、处理。张预注："将当修举克捷之功。"按，"修"在此处含有"儆戒"的意思。如《国语·鲁语》"吾冀而朝夕修我"，韦昭注"儆也"。⑤〔非利不动〕没有利益就不行动。于鬯《香草续校书·孙子》云："当指士卒言，谓非有所利，则不为我动也。"⑥〔非得不用〕不能取胜就不要用兵。得，取胜。用，用兵。⑦〔非危不战〕不到危急关头不轻易开战。张预注："兵，凶器；战，危事。须防祸败，不可轻举，不得已而后用。"危，危急、紧迫。⑧〔主不可以怒而兴师〕主，指国君。以，因为、由于。⑨〔愠〕恼怒，怨愤，愤懑。⑩〔亡国不可以复存，死者不可以复生〕梅尧臣注："一时之怒，可返而喜也；一时之愠，可返而悦也。国亡，军死，不可复已！"《战国策》载吴起语曰："国破不可复完，卒死不可复生。"和孙子此语如出一辙。⑪〔故明君慎之，良将警之〕慎，慎重。警，警惕。之，指用兵打仗。此句意谓国君与将帅当以十分谨慎的态度对待战争。梅尧臣注："主当慎重，将当警惧。"⑫〔此安国全军之道也〕这是安定国家保全军队的根本道理。安国，安邦定国。全，保全。此句张预注："君常慎于用兵，则可以安国，将常戒于轻战，则可以全军。"

◎ 大意

凡是打了胜仗，攻取了土地城邑，而不能巩固其战争胜利成果的，就必定会有祸患。这种情况叫作"费留"。所以说，明智的国君要慎重地考虑这个问题，贤良的将帅要严肃地对待这个问题。没有好处不要行动，没有取胜的把握不要用兵，不到危急关头不要开战。国君不可因一时的愤怒而发动战争，将帅不可因一时的愤懑而出阵求战。符合国家利益才用兵，不符合国家利益就停止。愤怒还可以重新转变为欢喜，愤懑也可以重新转变为高兴，但是国家灭亡了却不能复存，人若是死了也不能再生。所以，对待战争，明智的国君应该慎重，贤良的将帅应该警惕，这是安定国家保全军队的基本原则。

◎ 教学引导

"烈火张天照云海"，"赤壁楼船扫地空"，这两行大气磅礴的诗句，出自唐代大诗人李白之《赤壁歌送别》。它同宋代大文豪苏东坡的千古绝唱《念奴娇·赤壁怀古》一样，为人们绘声绘色、惟妙惟肖地重现了公元208年赤壁大战的生动而又惨烈的场景。这场决定魏、蜀、吴三国鼎立之命运的大战，特色就是"火攻破敌"。孙刘联军巧妙地以火助攻，一把冲天大火烧得数十万曹操雄师丢盔弃甲，溃不成军，狼狈北窜。曹孟德横槊赋诗、并吞寰宇的雄心，"周公吐哺，天下归心"的壮志，就此付诸东流，抱恨终天！

在漫长的中国古代战争历史上，除了野战、城池攻守等常规战法之外，还有许许多多形式各异、惊心动魄的特殊战法，例如山地战、丛林战、荒漠戈壁战、夜战、雪战、水战、火攻等。这中间尤以火攻为人们所广泛瞩目，曾上演过一幕幕惊天地泣鬼神的战争场面。历史上不少经典的战例，往往与火攻相联系，仅就三国时期而言，几场关键性的战役——官渡之战、赤壁之战、彝陵之战，都是火攻制敌的典范。

所谓火攻，就是通过放火的途径，猛烈打击敌人，歼敌有生力量，毁敌战争资源，从而争取主动，克敌制胜。在古代冷兵器作战的条件下，火攻称得上是威力最为强大、效果至为明显的作战手段之一。火攻一旦奏效，便会使敌方的器械物资、城池营垒片刻之间化为乌有，三军人马瞬息之间毁伤殆尽，从而为纵火的一方主动进攻创造良好的作战态势。所以，明代杰出的军事家戚继光曾不无感慨地说："夫五兵之中，唯火最烈；古今水陆之战，以火成功最

211

多。"（《练兵实纪·杂集》）

孙子所处的春秋晚期，属于典型的冷兵器时代，所使用的兵器主要是戈、戟、矛、殳、弓箭、佩剑等。锋刀相接、弓矢交射的作战形式，主要靠的是力与力的直接对抗与较量，"杀人一千，自伤八百"，战胜敌人往往要付出相当规模的代价，人员和物资的消耗相对较大，战争的效益比相对较低。在这种条件之下，火攻作为一种投入较小而产出较大的重要进攻方式，自然要引起当时兵学家的高度重视，孙子当然也不例外。为此，他要在《孙子兵法》一书中专门开辟一篇，来集中论述火攻的问题，其内容包括火攻的基本种类、实施火攻的条件和方法、兵攻与以火助攻的关系等，对春秋时期火攻作战经验做出了全面的总结。

本篇的思想要义大致包括以下几个方面：

第一，充分肯定火攻战术在军事斗争中的地位与作用。孙子认为，以火助攻乃是提高军队战斗力，卓有成效打击和消灭敌人，夺取作战胜利的重要战术手段，"以火佐攻者明"。有了这样的认识，再讨论火攻的具体战术问题才具备了基础，这叫作"纲举而目张"。

第二，根据所要打击对象的不同，孙子把火攻的方式具体归纳为五种：一是焚烧敌方的人马，这是最主要的类型，如赤壁之战、彝陵之战的情况；二是焚烧掉敌军的粮草，让他们饿肚子，大大削弱其战斗力，如官渡之战中曹操采纳许攸的献计，一把火烧掉了袁绍囤积在乌巢的军粮；三是焚烧敌军的辎重，"军无辎重则亡"，对手没有了装备，便只有挨打的份，没有还手之力；四是焚烧敌军的仓库，破坏对手的后方战略资源；五是焚烧敌人的军事交通和转运设施。

以上五种火攻破敌的方式，分别之实际上就是两大类：一是以敌人的有生力量为目标，直接打击和消灭敌人的肉体；二是以敌人的物资工具为目标，即摧毁敌人的后勤机器，剥夺敌人赖以支持战争的物质资源，使得敌人心有余而力不足，最终输掉整个战争。它们几乎囊括了古代作战所涉及的各个重要方面。

第三，论述实施火攻的具体条件，指出要避免火攻流于形式，使其发挥应有的作用，就必须正确选择火攻的时机。火攻的具体操作是有相当大的难度的，孙子强调指出，火攻的实施必须依赖于一定的条件。这种条件概括起来主要有两个方面：一是气象条件，一是物质条件。

"万事俱备，只欠东风"，这里的"东风"，就是气象条件。孙子认为应该

"发火有时，起火有日"，即要选择有利的时机，如气候干燥，月亮行经箕、壁、翼、轸等星宿位置（古人迷信，认为月亮在这些位置时会刮大风）等。孙子又说"行火必有因，烟火必素具"，即火攻用的物资必须在平时预做准备，不要平时不烧香，急来抱佛脚，这便是物质条件。孙子认为，一旦具备了这些条件，那么就可以考虑在作战当中运用火攻了。

孙子这样看问题，是有他自己的道理的。因为孙子这里所谈的火攻，同后世（火器时代）乃至当代（核武器时代）的火攻是截然不同的事情。在当时的历史条件下，火攻主要是利用松脂、艾草等易燃物品，依靠风力的作用，四下纵火来给敌方造成伤亡和损失。它受到多种因素的制约，尤其是天气条件的限制，不可能随时随地使用，而只能作为一种特殊的辅助性进攻手段，所以必须先讲求有关的气候及物质条件。

第四，火攻与兵攻有机结合，相辅相成。火攻不是简单地用纵火的方法去惊扰敌人，而必须按照一定的战术来运作。它的基本要领，就是不要让火攻成为一种单纯、孤立的进攻手段，而要使它和兵攻有机地结合起来，以兵攻为主导，以火攻为辅助，从而发挥出最大的战斗能量。为此，孙子明确提出了"必因五火之变而应之"的战术原则，即利用纵火所引起的敌情变化，采取不同的火攻战术，并且及时以主力进行相应的配合策应，指挥部队发起凌厉的攻击，来扩大战果，一举奠定胜局。按孙子的观点，这才是火攻破敌的上乘境界。

孙子这样辩证地分析问题，的确非常有必要。因为火攻固然威力强大，效果显著，但利与弊形影相随，有大利者必有大害，这乃是事物的一般规律。"风物长宜放眼量"，如果在火攻问题上不知道灵活掌握，随机处宜，就不能使这种战法发挥应有的作用，有时反而会给自己带来灾难性的后果。孙子早在两千五百年之前便注意到这个问题，系统提出"必知有五火之变，以数守之"的方法，告诉大家要掌握"火发于内，则早应之于外""火发上风，无攻下风"等具体要领。

赤壁之战是中国历史上火攻的典型战例，充分体现了孙子火攻理论的精髓。在这场战争中，弱小的孙权、刘备联军面对屡战屡胜、兵锋正锐的曹操大军，没有自乱方寸，而是在知彼知己、知天知地的基础上，针对曹操骄傲轻敌、舍长用短（"舍鞍马而就舟楫"）的特点，利用地理、天时方面的有利条件，果断采取"以火佐攻"的作战方针，乘敌之隙，一把火烧出一个三国鼎立的崭新局面。

在具体的作战过程中，孙刘联军也认真贯彻了孙子火攻战法的基本原则。首先，他们充分做好了实施火攻的准备，即预先准备了充足的火攻器材——干草、油脂，以及用于突击冲锋的火攻载体——蒙冲、斗舰，这就是所谓的"行火必有因，烟火必素具"。其次，他们也做到了"发火有时，起火有日"，即充分利用东南风大起的机会，及时地放火焚烧曹军的战船和大营。再就是如孙子所说，"火发于内，则早应之于外"，使火攻与兵攻有机地结合起来。周瑜、刘备等人，在实施火攻袭击方案顺利得手的情况之下，不失时机地统率主力船队横渡长江，乘着敌人惊慌失措、混乱不堪之际，奋勇攻击，大创曹军，从而扩大了战果，赢得了完全的胜利。孙刘联军在赤壁大鏖战中的胜利，证明了孙子火攻战术思想在冷兵器作战时代所具有的独到价值与深远影响。从这个意义上说，孙子的火攻战术原则及其具体方法，业已经受住历史老人的公正验证，而成为中华兵学宝库的璀璨瑰宝。

本篇的另一重要内容，是孙子的慎战思想。他强调君主和将帅对战争要谨慎从事，做到"非利不动，非得不用，非危不战"。对于那种缺乏政治目的和战略目标而轻起战端的愚妄行为，孙子持坚决反对的态度。他着重指出国君不可以凭个人喜怒而发动战争，将帅也不可以逞一时意气而随便动武。无论是战是和，都必须以利益大小或有无为依据，"合于利而动，不合于利而止"，这才是真正的"安国全军之道"。否则到头来一定会受到现实的惩罚，甚至丧师辱身，为天下笑。历史上这样的例子也不少，如曹操在夺取荆州之后，忘乎所以，志满意得，没有把握住千载难逢的统一天下之良机，拒绝了高参贾诩先稳定新占地盘，再伺机攻打东吴的正确建议，轻敌冒进，率意开战，从而埋下了兵败赤壁的种子。在具体作战部署上，曹操又犯了连接战船等一系列错误，加上对孙刘联军可能实施火攻的情况疏于戒备，轻信了黄盖的诈降之计，最终导致了惨重的失败，葬送了兵扫六合、统一全国的大好机会，其教训的确是非常深刻的。

孙子为什么在一篇专门讨论火攻战术的文字里，会包含这类表面看上去并不相关的内容，两者之间又有什么内在逻辑联系，这真叫人百思不得其解，以至众说纷纭，莫衷一是，留下了一个很大的谜团，甚至有学者认为所谓"安国全军之道"云云，很有可能是错简。其实，往深处去想，我觉得解开这个谜团还是有线索可寻的：烈火的破坏性、威胁性是最为巨大的，所谓"如火燎原，不可向迩"，战争的性质正与它相同，对战争的后果自应有高度的警惕，所以由火攻引申出慎战的道理，提倡"安国全军之道"也就是理有固宜了。孙子的机心精密，雅人深致，于此可见一斑。

◎ **释疑解惑**

1. "水可以绝，不可以夺"的"不"，或为"火"之误

"以火佐攻者明，以水佐攻者强"，这里，"明"和"强"二字可以参互比较，是对一种理想作战效果的比喻。而"水可以绝，不可以夺"的"不"，或许应当作"火"，很可能系形近致误。这么说并非臆断，因为至少有一些版本支持这种意见。比如《戊笈谈兵·孙子》中的"不"即为"火"。此外，《武经七书合笺·孙子》曰："不可，一作火可。"从《孙子兵法》注重并擅长用对偶、排比等修辞的角度考虑，以"不"为"火"亦更合逻辑，因为"火可以夺"恰好与"水可以绝"句对称。孙子拿水攻作为比照，强调火攻和水攻一样，都是能对敌造成巨大杀伤，取得理想作战效果的利器。但是，相较而言，火攻比水攻威力更大，效果更佳。"绝"是"伤其十指"，而"夺"则意味着彻底剥夺，是"断其一指"。

2. 从"夫战胜攻取，而不修其功者，凶，命曰费留"看孙子的忧患意识

《孙子兵法》的文化精神中，还有一个常为人们所忽略，但十分重要的内涵，这就是强烈的忧患意识。

中国古代的哲人，尤其是那些堪称思想巨人的大师，都有一种非常可贵的传统，即朝乾夕惕，忧患系心。如孟子尝言"无敌国外患者，国恒亡"，又说"生于忧患，死于安乐"。孙子作为伟大的兵学家，对兵凶战危尤有切身的体会，因此，忧患意识在他的身上特别充沛，一部《孙子兵法》自始至终在字里行间渗透着"慎战节兵"的价值取向，洋溢着"以战止战"的文化理念。

这种忧患意识不仅体现在战争观、战略论的层面，而且反映在具体作战指导的细节中；不仅在战争之前、战争之中有鲜明的体现，而且在战争善后问题上有突出的表露；不仅在处于逆境时一再强调，而且在处于顺境时反复重申。如"兵者，国之大事，死生之地，存亡之道，不可不察也"，"夫钝兵挫锐，屈力殚货，则诸侯乘其弊而起，虽有智者，不能善其后矣"，"夫战胜攻取，而不修其功者，凶，命曰费留"等格言，均是其忧患意识的集中流露，反映了一位优秀思想家对国家安危、民众存亡乃至人类命运的终极关怀。也正是由于这强烈的忧患意识，《孙子兵法》才超越了普通的兵书层次，而升华到了伟大哲学

理论的高度。

这种忧患意识，是值得今天的人们倍加珍视，积极弘扬的宝贵遗产。《礼记·曲礼上》有言，"敖不可长，欲不可从，志不可满，乐不可极"，它提醒人们最大的危险，来自于志满意得，放松警惕，沾沾自喜，无所用心，让胜利冲昏头脑，让太平消磨斗志，而忘记了"反者，道之动""祸兮，福之所倚；福兮，祸之所伏"的道理。

一个人在逆境中奋斗、自强固属不易，而在顺境中自重、进取实在更难。只有具有强烈忧患意识的人，才能够跨越这个巨大的陷阱，实现人生的升华。这就如同《孙子兵法》中所说的那样："是故智者之虑，必杂于利害。杂于利而务可信也，杂于害而患可解也。"

所以，对所有人而言，忧患意识都是不可或缺的。人们要善于从逆境中奋起，更要学会在顺境之中戒骄戒躁，善始善终，"战战兢兢，如履薄冰"。这才是做人处世的理想境界，也是我们今天领略《孙子兵法》精辟哲理时所应该具备的现代意识。

◎ 思考辨析题

1. 为什么孙子将"安国全军之道"的观点放置在《火攻篇》中？

2. 除赤壁之战，你还能列举哪些古代历史上的著名火攻战例？

用 间 篇

　　本篇主要论述在战争活动中使用间谍的重要性，以及间谍的种类划分、基本特点、使用方式等。孙子主张战争指导者必须做到"知彼知己"，而要"知彼"，即"知敌之情"，最为重要的手段之一就是用间。孙子认为同战争的巨大耗费相比，用间实在是代价小而收效多的好办法，必须充分运用。接着，孙子充分论证了使用间谍的原则和方法。他把间谍划分为五大类，即因间、内间、反间、生间、死间，指出"五间"的不同特点和功用，主张"五间"并用，而以反间为主。他还提出了"三军之事，莫亲于间，赏莫厚于间，事莫密于间"的用间三原则。孙子还指出了用间的必要条件，即"非圣智不能用间，非仁义不能使间，非微妙不能得间之实"，并把它们看作是正确发挥用间威力的重要保证。最后，孙子列举历史上用间的成功经验，进一步肯定了用间的意义和作用。但他将战争的胜负主要归功于间谍的作用，这是过于偏颇的。

　　此篇曹操、李筌注："战者必用间谍，以知敌之情实也。"张预注："欲素知敌情者，非间不可也。然用间之道，尤须微密，故次《火攻》。"其说皆甚是。

孙子曰：凡兴师十万，出征千里，百姓之费①，公家之奉②，日费千金；内外骚动③，怠于道路④，不得操事者⑤，七十万家⑥；相守数年⑦，以争一日之胜，而爱爵禄百金⑧，不知敌之情者，不仁之至也⑨，非人之将也，非主之佐也，非胜之主也⑩。故明君贤将，所以动而胜人⑪，成功出于众者，先知也⑫。先知者，不可取于鬼神⑬，不可象于事⑭，不可验于度⑮，必取于人，知敌之情者也⑯。

◎ **注释**

①〔百姓之费〕汉简本作"百生之费"。按，"生"为"姓"之古字。《尚书·舜典》孔颖达疏："生，姓也。"②〔公家之奉〕公家，指国家（公室）。"奉"同"俸"，指军费开支。③〔内外骚动〕指举国上下混乱不安。内外，前方后方的通称。骚动，动乱不安。④〔怠于道路〕梅尧臣注："输粮供用，公私烦役，疲于道路。"《说文·心部》："怠，慢也。"引申有疲惫、疲劳义。⑤〔不得操事者〕不得，不能够。操事，操作农事。此句梅尧臣注："废于耒耜也。"⑥〔七十万家〕此句言战争对从事正常农业生产影响之大。曹操注："古者八家为邻。一家从军，七家奉之。言十万之师举，不事耕稼者七十万家。"⑦〔相守数年〕意即相持多年。相守，相持、对峙的意思。《韩非子·喻老》："天下无道，攻击不休，相守数年不已。"⑧〔而爱爵禄百金〕

而，如果、倘若。王引之《经传释词》："而，犹'若'也。"爱，吝啬、吝惜。《老子·第四十四章》："多爱必大费，多藏必厚亡。"爵，爵位。禄，俸禄。百金，泛指金钱财宝。此句李筌注曰："惜爵赏不与间谍。"⑨〔不仁之至也〕不仁慈，不恩惠到了极点。至，极、极点。⑩〔非胜之主也〕意谓这不是能主宰胜利者。主，主宰。梅尧臣注："非致胜主利者也。"另一说，"主"指人主、国君。⑪〔动而胜人〕意为一出兵就能够克敌制胜。动，行动、举动，此处指出兵。而，则、就的意思。⑫〔成功出于众者，先知也〕出于，超过、胜于。先知，预先察明敌情。王皙注："先知敌情，制胜如神也。"又张预注："先知敌情，故动则胜人，功业卓然，超绝群众。"⑬〔不可取于鬼神〕指不可以通过祈祷、祭祀鬼神和占卜等方法去求知敌情。张预注："视之不见，听之不闻，不可以祷祀而取。"⑭〔不可象于事〕象，类比、比附。杜牧注："象者，类也。"事，事情。此句意为不可用与其他事情做类比这一办法去求知敌情。曹操注："亦不可以事类而求也。"⑮〔不可验于度〕指不能用征验星辰运行度数的办法去求知敌情。验，应验、验证。度，度数，指日月星辰运行的度数（位置）。⑯〔必取于人，知敌之情者也〕一定要取之于人，取之于那些了解敌人内情的人。

◎ 大意

孙子说：凡是兴兵十万，出征千里，百姓的耗费，公室的开支，每天都要千金；前方后方动乱不安，百姓疲惫地在路上奔波，不能从事正常耕作生产的，就有七十万家。这样相持数年，就是为了决胜于一旦。如果吝惜爵禄和金钱，不肯用来重用间谍，以至于因为不能掌握敌情而导致失败，那就是不仁慈到极点了。这种人不配做军队的统帅，称不得是国家的辅佐，也不是胜利的主宰者。所以，英明的君主和贤良的将帅，他们之所以一出兵就能战胜敌人，功业超越普通人，就在于能够预先掌握敌情。要事先了解敌情，不可用求神问鬼的方式来获取，不可拿相似的事情类比推测来得到，不可用日月星辰运行的度数来验证。一定要取之于人，从那些熟悉敌情的人那里去获取。

gù yòng jiàn yǒu wǔ　　yǒu yīn jiàn　　yǒu nèi jiàn　　yǒu fǎn jiàn　　yǒu

故 用 间 有 五： 有 因 间①， 有 内 间， 有 反 间， 有

sǐ jiàn　　yǒu shēng jiàn　　wǔ jiàn jù qǐ　　mò zhī qí dào　　shì wèi shén

死 间， 有 生 间。 五 间 俱 起， 莫 知 其 道②， 是 谓 神

jì③　　rén jūn zhī bǎo yě　　yīn jiàn zhě　　yīn qí xiāng rén ér yòng zhī④

纪③， 人 君 之 宝 也。 因 间 者， 因 其 乡 人 而 用 之④。

nèi jiàn zhě　　yīn qí guān rén ér yòng zhī⑤　　fǎn jiàn zhě　　yīn qí dí jiàn

内 间 者， 因 其 官 人 而 用 之⑤。 反 间 者， 因 其 敌 间

ér yòng zhī⑥　　sǐ jiàn zhě　　wéi kuáng shì yú wài　　lìng wú jiàn zhī zhī

而 用 之⑥。 死 间 者， 为 诳 事 于 外⑦， 令 吾 间 知 之，

ér chuán yú dí jiàn yě⑧　　shēng jiàn zhě　　fǎn bào yě⑨

而 传 于 敌 间 也⑧。 生 间 者， 反 报 也⑨。

◎ 注释

①〔因间〕即下文的"乡间"。张预注："因间当为乡间，故下文云'乡间可得而使'。"②〔五间俱起，莫知其道〕此言五种间谍同时使用起来，使任何敌人都无法摸清我们用间的行动规律。王晳注："五间俱起，人之不测。"道，规律、途径。③〔是谓神纪〕这就是神妙莫测的方法。是，这、此。纪，方法、法度。《吕氏春秋·孟春纪》："无变天之道，无绝地之道，无乱人之纪。"神纪，意即神妙莫测之道。张预注："神妙之纲纪。"④〔因间者，因其乡人而用之〕因间就是利用敌国当地普通人作为己方的间谍。张预注："因敌国人，知其底里，就而用之，可使伺候也。"因，根据、依据，引申为利用。乡人，敌国的普通人。⑤〔内间者，因其官人而用之〕官人，指敌方的官吏。此句是说，内间是收买敌国的官吏为间谍。梅尧臣注："因其官属，结而用之。"⑥〔反间者，因其敌间而用之〕所谓反间，就是收买和利用敌方的间谍，使其为我所用。杜牧注："敌有间来窥我，我必先知之，或厚赂诱之，反为我用，或佯为不觉，示以伪情而纵之，则敌人之间，反为我用也。"⑦〔为诳事于外〕诳，欺骗、瞒惑。诳事，假情报。此句意为故意向外散布虚假的情况来欺骗和迷惑对手。⑧〔令吾间知之，而传于敌间也〕让我方间谍了解自己

故意散布的假情报并传给敌方间谍，诱使敌人上当受骗。在这种情况下，事发之后，我方间谍往往难免一死，所以称之为"死间"。王皙注："作吾间，使敌得之，间以吾诈告敌，事决必杀之也。"另一说，死间乃打入敌方长期固定潜伏之间。于鬯《香草续校书》："唯其待于敌，故谓之死间也。非真使此间者死也。"⑨〔生间者，反报也〕所谓生间，是那些到敌方了解情况后能够活着回来报告敌情的人。张预注："选智能之士，往视敌情，归以报我。"反，同"返"。

◎ **大意**

间谍的运用方式有五种，即因间、内间、反间、死间、生间。这五种间谍同时使用起来，使敌人无从捉摸我用间的规律，这就是使用间谍的神秘莫测的方法，也正是国君克敌制胜的法宝。所谓因间，是指利用敌国的当地人充当间谍。所谓内间，就是利用敌方的官吏作间谍。所谓反间，就是使敌方间谍为我所用。所谓死间，是指故意散布假情报，并通过我方间谍将假情报传给敌间（诱使敌人上当受骗，一旦真情败露，我方间谍就难免一死）。所谓生间，就是侦察后能够活着回来报告敌情的人。

故三军之事，莫亲于间①，赏莫厚于间②，事莫密于间③。非圣智不能用间④，非仁义不能使间⑤，非微妙不能得间之实⑥。微哉微哉！无所不用间也⑦。间事未发⑧，而先闻者，间与所告者皆死⑨。

◎ **注释**

①〔莫亲于间〕于，比。亲，亲密。意谓关系的亲密无过于所委派的间谍。张预注："三军之士，然皆亲抚，独于间者以腹心相委，是最为亲密也。"②〔赏莫厚于间〕此言军中的赏赐，没有比间谍所受更为优厚的。王晳注："军功之赏，莫厚于此。"③〔事莫密于间〕指军机事务，没有比间谍之事更为机密的。密，秘密、机密的意思。④〔非圣智不能用间〕不是才智超群的人不能使用间谍。张预注："圣则事无不通，智则洞照几先，然后能为间事。"圣智，非凡的才智，指具有杰出才智的人。⑤〔非仁义不能使间〕指如果吝啬金钱、爵禄，不能做到以诚相待，就无法使间谍乐于效命。张预注："仁则不爱爵禄，义则果决无疑，既啖以厚利，又待以至诚，则间者竭力。"⑥〔非微妙不能得间之实〕微妙，精细奥妙，这里指用心精密，手段巧妙。实，实情。此句意谓如果不能够做到用心精细、手段巧妙，就无法对所获取情报的真伪进行正确的分析判断。张预注："须用心渊微精妙，乃能察其真伪。"⑦〔无所不用间也〕言无时无地不可使用间谍。王晳注："当事事知敌之情也。"⑧〔间事未发〕发，开展、施行的意思。《汉书·王吉传》"慎勿有所发"，颜师古注"发谓兴众举事"。此句言间事还未施行。⑨〔而先闻者，间与所告者皆死〕先闻，事先知道，即暴露。此句谓间事先行暴露，则间谍和知情者必须杀掉，以灭其口。张预注："间敌之事，谋定而未发，忽有闻者来告，必与间俱杀之。一恶其泄，一灭其口。"《六韬·龙韬·阴符》："若符事泄，闻者、告者皆诛之。"

◎ **大意**

所以军队事务方面，在人事上，没有比间谍更为亲近的；在奖赏上，没有比间谍更为优厚的；在事情上，没有比间谍更为秘密的。不是才智超群的人不能使用间谍，不是仁慈慷慨的人不能指使间谍，不是谋略精细的人不能分辨间谍所提供的情报。微妙呀！微妙呀！到处都用得着间谍！如果间谍的工作还未开展，而秘密却已泄露出去，那么间谍和听到秘密的人都要被处死。

fán	jūn	zhī	suǒ	yù	jī		chéng	zhī	suǒ	yù	gōng		rén	zhī	suǒ	yù
凡	军	之	所	欲	击①	，	城	之	所	欲	攻	，	人	之	所	欲

杀，必先知其守将、左右、谒者、门者、舍人②之姓名，令吾间必索知③之。

◎ 注释

①〔军之所欲击〕此句为宾语前置结构句式，即"（吾）所欲击之军"。后文"城之所欲攻""人之所欲杀"句式同此。②〔守将、左右、谒者、门者、舍人〕守将，主将。左右，指守将身边的亲信。谒者，负责通报的人员。门者，负责把守城门的官吏。舍人，门客，指谋士幕僚。③〔索知〕侦察了解。索，搜索、侦察。

◎ 大意

凡是要准备攻打的敌方军队，要准备攻占的敌方城池，要准备刺杀的敌方人员，都必须预先了解其主管将领、左右亲信、负责传达的官员、守门官吏和门客幕僚的姓名，指令我方间谍一定要将这些情况侦察清楚。

必索敌人之间来间我者，因而利之①，导而舍之②，故反间可得而用也。因是而知之③，故乡间、内间可得而使也④；因是而知之，故死间为诳事，可使告敌；因是而知之，故生间可使如期⑤。五间之事，主必知之。知之必在于反间，故反间不可不厚也⑥。

◎ 注释

①〔因而利之〕趁机收买和利用敌间。因，由、就，可理解为顺势、趁机。利，杜佑注："遗以重利。"意即收买。②〔导而舍之〕要对敌加以诱导，然后放他回去，以为己用。赵本学曰："厚利以诱其心，导之以伪言伪事，而纵遣之。彼归告其主，则犹为我之间也。"导，诱导、引导。舍，释放、放行。一说，"舍"作"居止"解。③〔因是而知之〕此指从反间那里获悉敌人内情。④〔乡间、内间可得而使也〕意谓通过利用反间，乡间和内间才能有效地加以使用。梅尧臣注："其国人之可使者，其官人之可用者，皆因反间而知之。"⑤〔故生间可使如期〕如期，按期，此指按期返回报告敌情。杜牧注："可使往来如期。"⑥〔反间不可不厚也〕厚，厚待，也包含重视的意思。五间之中，以反间最为关键，因此必须给予反间以十分优厚的待遇。张预注："人主当用五间以知敌情。然五间皆因反间而用，则是反间者岂可不厚待之耶？"

◎ 大意

一定要搜查出那些前来侦察我方军情的敌方间谍，趁机用重金收买他，引诱开导他，然后再放他回去。这样，反间就可以为我所用了。通过反间了解敌情，这样乡间、内间也就可以利用起来了。通过反间了解敌情，这样就可以使死间传播假情报给敌人了。通过反间了解敌情，这样就能使生间按预定时间返回报告敌情了。五种间谍的运用，国君都必须了解。了解情况的关键在于反间的使用，所以，对反间不可不给予优厚的待遇。

昔^{xī} 殷^{yīn} 之^{zhī} 兴^{xīng} 也^{yě}①，伊^{yī} 挚^{zhì} 在^{zài} 夏^{xià}②；周^{zhōu}③ 之^{zhī} 兴^{xīng} 也^{yě}，吕^{lǚ} 牙^{yá}④ 在^{zài} 殷^{yīn}。故^{gù} 惟^{wéi} 明^{míng} 君^{jūn} 贤^{xián} 将^{jiàng}，能^{néng} 以^{yǐ} 上^{shàng} 智^{zhì}⑤ 为^{wéi} 间^{jiàn} 者^{zhě}，必^{bì} 成^{chéng} 大^{dà} 功^{gōng}。此^{cǐ} 兵^{bīng} 之^{zhī} 要^{yào}⑥，三^{sān} 军^{jūn} 之^{zhī} 所^{suǒ} 恃^{shì} 而^{ér} 动^{dòng} 也^{yě}⑦。

◎ 注释

①〔昔殷之兴也〕殷，即商朝。公元前17世纪，商汤灭夏，建都于亳（今河南商丘北），史称商朝。公元前13世纪，商王盘庚迁都至殷（今河南安阳小屯村），因此商又称为殷。传至纣王帝辛时，灭于西方的属国周。兴，兴起。②〔伊挚在夏〕伊挚，即伊尹，商朝开国元勋。原为夏桀的臣子，后归附商汤，被商汤任用为相。在灭夏过程中，伊尹发挥了很大的作用。夏，夏朝，大禹之子夏启所建立的中国历史上第一个统治王朝，共传十七世，至夏桀时为商汤所灭。③〔周〕周朝，公元前11世纪周武王伐纣灭商后所建立的王朝，建都于镐京（今陕西西安）。公元前771年，周平王迁都洛邑（今河南洛阳），故又划分为西周和东周。④〔吕牙〕即姜尚、姜子牙，俗称周太公，曾为商纣王之臣。祖先封于吕，故又称为"吕牙"。他辅佐周武王推翻了商朝的统治，后被分封于齐地（在今山东境内），为齐国开创者。⑤〔上智〕最有智谋的人。⑥〔此兵之要〕这就是军事行动中的关键所在。张预注："用师之本，在知敌情。故曰'此兵之要'也。"要，要害、要务、关键的意思。⑦〔三军之所恃而动也〕军队要依靠间谍所提供的情报展开活动，实现既定的战略目标。

◎ 大意

从前殷商的兴起，关键在于伊挚曾经在夏为间，熟悉夏的内情；周朝的兴起，关键在于吕牙曾经在殷为间，熟悉殷商的内情。所以，明智的国君和贤能的将帅，能够任用智慧高超的人充当间谍，就一定能够建立大功。这是用兵的关键步骤，整个军队都要依靠间谍所提供的敌情来策划军事行动。

◎ 教学引导

本篇的主要内容，是论述在战争活动中使用间谍以侦知、掌握敌情的重要性，以及间谍的种类划分、基本特点、使用方式等。它是一篇从战略层面探讨用间问题的精彩文字，为我国古代用间理论的不祧之祖。

第一，从战略的高度，强调用间以掌握第一手敌情的重要性。孙子认为，能否成为胜利的主宰者，关键是能否"遍知"（全面了解敌情），能否"先知"（预先掌握敌情），有没有真正做到"知彼知己"。而要"知彼"，关键则在于"知敌之情"，达到这一目的的最重要手段之一，便是巧妙使用间谍。在孙子的眼中，用间是投入较少而回报较多的合算买卖，具有战略全局的意义，"故惟明君贤将，能以上智为间者，必成大功。此兵之要，三军之所恃而动也"。既然合理又合算，自然不能随便拒绝。

从更深的层次考察，我们可以发现，孙子重视用间不是偶然的，它至少是由三个因素促成的。

一是孙子的用间观属于其战争效益理论的必有之义，也就是说，孙子提倡用间，是他认真合计战争成本之后所做出的明智选择。孙子认为，参与战争是要付出巨大代价的，可在当时的历史条件下，战争又是不可避免的。如何在参与战争的同时，尽可能将战争所造成的损失降到最低，是每一位理智的战争指导者应积极解决的问题，毕竟"一将功成万骨枯"并不是什么值得夸耀的事情。而同战争的巨大耗费相比较，给间谍发放丰厚的奖金，实在是微不足道的开销。既然用间开销小、成本低，又能掌握主动，出奇制胜，那么何必放着阳关大道不走，去走死打硬拼、费力不讨好的独木桥。如果太小家子气，为了节省一些钱财而不重视谍报工作，盲目开展行动，导致战争以失败收场，那便是"不仁之至"，必将成为国家的罪人。

二是孙子的用间观念，称得上是对陈旧"军礼"传统的勇敢挑战与大胆否定。在"动之以仁义，行之以礼让"这样的"军礼"传统氛围之下，用间被看作不道德的行为，它同贵"偏战"而贱"诈战"的原则相违背，有碍公平交手，所以正人君子不屑为之。孙子认为，这样看问题未免太迂腐可笑了，完全违背了军事斗争的根本宗旨（打得赢）和一般规律（打得巧）。按这样的逻辑去办事，仗是必输无疑，而仗打输了，其他一切便无从谈起，这才是真正的不仁义，真正的不人道，所谓"图虚名而处实祸"。所以，他旗帜鲜明地主张用间，为用间正名，为胜利呐喊。

三是孙子的用间观念，是对卜筮占验迷信风气的一次根本性的革命。孙子生活的时代，上古三代的卜筮占验歪风依然刮得很厉害，人们往往依据烧龟甲、摆蓍草得出的结果，来选择作战的时间和地点，判断胜负的定数，即所谓"卜筮至预见表象，先图其利"（《史记·龟策列传》）。可是孙子不信这一套，而是讲"先知者，不可取于鬼神，不可象于事，不可验于度"，强调获取情报、预知胜负的唯一方法就是"取于人"。这实际上是倡导在掌握敌情问题上，要最大限度发挥人的主观能动作用，充满了朴素的唯物精神，摆脱了当时笼罩在兵学思想界的妖氛鬼雾，使得自己的"先知"主张牢牢地建立在比较科学的基础之上。

第二，系统全面地说明了使用间谍的一般原则和具体方法。应该说，用间作为军事斗争的一种重要手段，它的发明权不属于孙子，在孙子之前早已有人运用了。夏代少康复国中兴过程中，派遣女艾"殪浇"，就是一次非常成功的打入敌人内部，虎口拔牙的间谍战。孙子让我们佩服的地方，是他善于总结前人的经验，并且加以理性的提炼和升华，使得中国古代用间思想实现了一次质的飞跃。

首先，孙子对间谍的种类进行了比较准确的划分。孙子将用间活动按其性质和特点划分为五种。第一种叫作"因间"，又称作"乡间"。中国人喜欢讲人情，老乡观念特别重，乡间，就是指利用敌方阵营中的同乡亲友关系打入敌人内部，探消息，搞情报。第二种为"内间"，即舍得花大本钱，收买敌方的官员充当间谍，如战国时期秦国贿赂赵王宠臣郭开等人，除掉赵国名将李牧。第三种为"反间"，就是设法使敌人的间谍自觉或不自觉地为我方所利用，从而达到扰乱敌人视听，搜集各种情报的目的。第四种为"死间"，故意散布一些虚假情报，以牺牲自己方面间谍的代价，诱使敌人上当受骗。第五种为"生间"，就是让自己的间谍在完成搜集情报的任务之后，能够巧妙脱身，平平安安返回大本营报告敌情。应当说，孙子关于"五间"的划分是相当合理和准确的，综观古今中外著名的间谍活动，大多不超出"因间""内间"以及"反间"的范围。

在说明"五间"的不同特点和功用后，孙子进而主张"五间俱起"，使敌人无法了解我方用间的规律，处处被动挨打，时时防不胜防。孙子特别强调，在用间问题上不能不分主次，平均使力，而要抓住关键，突出重点。这个关键，就是在"五间"之中要以"反间"为主，带动其他"四间"，运用各种手段窃取敌人的情报，使得敌人的反间谍机构"莫知其道"，陷入一筹莫展的困窘境地，从而获得良好的效果。

孙子"五间俱起"而以"反间"为主的用间方法论，富有深刻的哲理性。在用间问题上善于运用多种手段，真真假假，虚虚实实，应变无穷，既突出重点，又灵活制宜、不拘一格，这种"因情用兵"的思想方法，表明孙子真正参透了神妙无比的用间之道，进入了用间的上乘境界。

其次，孙子系统地提出了用间的三项基本原则，进一步论证了间谍工作在军事活动中的地位，说明了谍报问题的关键性、优越性和机密性，这就是所谓的"三军之事，莫亲于间，赏莫厚于间，事莫密于间"。

孙子用间三原则的关键，是怎样对用间行动提供保障，以获得预期的成功。道理很浅显，间谍活动既然直接关系着战争的胜负，那么就必须以最大的努力去做好它。而要做好用间工作，真正发挥用间的作用，关键又在于在用间的过程中严格保密，滴水不漏，使敌人根本无法了解我方用间的动态，掌握我方用间的规律，所以说"事莫密于间"。

正因为需要高度保密，所以间谍的人选，不能不是将帅最亲近之心腹。为将者十分熟悉他们的性格、才能以及爱好，能够牢牢地加以掌控；同时他们也甘心服从军队的整体利益，不计个人的安危得失，矢志不渝地效忠于将帅本人。所以说"三军之事，莫亲于间"。间谍工作带有极大的危险性，随时随地有被捕乃至牺牲的可能。为了鼓励人们解除后顾之忧，心甘情愿去从事这个危险的行当，严守机密，默默奉献，实在有必要在物质上为他们提供最优厚的补偿，以酬谢他们为国家、为军队所做出的重大贡献，于是便有了"赏莫厚于间"这一原则的确立。由此可见，孙子的用间三项基本原则，乃是一个完整而连贯的思路，彼此互为前提，互为补充，缺一不可，这充分反映了孙子用间基本理论的严谨缜密。

第三，孙子提出了用间的必要条件。在孙子看来，用间同其他军事活动一样，必须具备一定的素质和条件。这些素质与条件，概括起来就是"圣智""仁义"和"微妙"，即所谓"非圣智不能用间，非仁义不能使间，非微妙不能得间之实"。前两项决定着统帅能否高明地动员和驱使间谍不遗余力去执行并完成任务。因为只有聪明睿智的统帅，才会把用间当作克敌制胜的法宝，也只有仁慈慷慨、素孚众望的统帅，才能赢得间谍的由衷信赖和热忱拥戴，使他们愿意尽最大的努力去攫取敌方的情报。后一项则决定着军事统帅能否睿智地判断间谍所提供的情报之可靠程度。因为间谍所搜集的情报往往真伪混杂，虚实相间，只有通过火眼金睛的仔细分辨，去伪存真，去芜存精，才能使得这些情报在战争中真正派上用场，而不至于弄巧成拙，让对手用反间计来愚弄、暗算自己。而能够避免这种尴尬处境的，也只能是那些谋虑精细、见微知著的军事统帅。由此可见，这三项条件互为关系，不可或缺，共同成为有效发挥间谍强大威力的保证。

孙子的用间思想，系统完整而又条分缕析，高明卓绝而又不乏可操作性，因此，后世兵家无不奉为圭臬。如《百战奇法》的作者就说："凡欲征伐，先用间谍，觇敌之众寡、虚实、动静，然后兴师，则大功可立，战无不胜。"把"大功可立"同"用间谍"直接联系在一起。《经武要略》的作者也讲："兵家之有采探，犹人身之有耳目也。耳目不具则为废人，采探不设则为废军。"把间谍对军队的重要性，形象地比喻为人的耳朵和眼睛。这类言辞在中国古代兵书中可谓比比皆是，说到底都是对孙子用间理论的衣钵相承。

◎ 释疑解惑

"非仁义不能使间"之"仁义"，原本作"仁"

在《用间篇》中，孙子提出用间的三个前提条件，把它们看作正确发挥用间威力的重要保证。传世本作"非圣智不能用间，非仁义不能使间，非微妙不能得间之实"，从文义上讲，这当然讲得通。然而"非圣智不能用间"，汉简本作"非圣□□□□"，"圣"字下残缺四字，疑原无"智"字。"非仁义不能使间"，汉简本作"非仁不能使……"下缺。"仁"下无"义"字。应该说，汉简本的文字更为接近《孙子兵法》的原貌。因为战国中期之前，单音词使用更频繁，战国中期之后，才普遍使用双音节词，故孔子更习惯于单称"仁"，到孟子那里才热衷于"仁义"并称。[①]《孙子兵法》成书于春秋晚期，那时用词的习惯当是"仁""圣"相称，而不宜"圣智""仁义"相称。在这里，我们可以从一个侧面了解到汉简本保存《孙子兵法》原始风貌之价值，实可谓难能可贵。

◎ 思考辨析题

1. 结合史实，简要说明孙子用间三原则的重要军事学价值。

2. 为什么说"反间"为"五间"中的重点，在用间中起着关键的作用？

---

① 刘笑敢的观点似可为本文这一看法做佐证。刘笑敢指出：在汉语词汇中首先出现的是单纯词，只是随着社会生活的发展，复合词才逐步出现……在几类不同时期的文字材料中，只要每一类材料都有一定的可比性和足够的代表性，那么，使用复合词较少的一类，必然是早出的，使用复合词较多的一类，必然是晚出的。参见氏著：《庄子哲学及其演变》，中国人民大学出版社，2010年修订版。

附 录

附录一　孙子本传

　　孙子武者，齐人也。以兵法见于吴王阖庐。阖庐曰："子之十三篇，吾尽观之矣，可以小试勒兵乎？"对曰："可。"阖庐曰："可试以妇人乎？"曰："可。"于是许之，出宫中美女，得百八十人。孙子分为二队，以王之宠姬二人各为队长，皆令持戟。令之曰："汝知而心与左右手背乎？"妇人曰："知之。"孙子曰："前，则视心；左，视左手；右，视右手；后，即视背。"妇人曰："诺。"约束既布，乃设铁（fū）钺，即三令五申之。于是鼓之右，妇人大笑。孙子曰："约束不明，申令不熟，将之罪也。"复三令五申，而鼓之左，妇人复大笑。孙子曰："约束不明，申令不熟，将之罪也；既已明而不如法者，吏士之罪也。"乃欲斩左右队长。吴王从台上观，见且斩爱姬，大骇，趣使使下令曰："寡人已知将军能用兵矣。寡人非此二姬，食不甘味，愿勿斩也。"孙子曰："臣既已受命为将，将在军，君命有所不受。"遂斩队长二人以徇。用其次为队长，于是复鼓之，妇人左右前后跪起皆中规矩绳墨，无敢出声。于是孙子使使报王曰："兵既整齐，王可试下观之。唯王所欲用之，虽赴水火，犹可也。"吴王曰："将军罢休就舍，寡人不愿下观。"孙子曰："王徒好其言，不能用其实。"于是阖庐知孙子能用兵，卒以为将。西破强楚，入郢，北威齐晋，显名诸侯，孙子与有力焉。

孙子既死，后百余岁有孙膑。膑生阿、鄄之间，膑亦孙武之后世子孙也。

（选自《史记》卷六十五《孙子吴起列传》）

附录二　十家注孙子遗说并序

荥阳郑友贤撰

求之而益深者，天下之备法也；叩之而不穷者，天下之能言也。为法立言，至于益深不穷，而后可以垂教于当时，而传诸后世矣。儒家者流，惟苦《易》之为书，其道深远而不可穷；学兵之士，尝患武之为说，微妙而不可究，则亦儒者之《易》乎？盖《易》之为言也，兼三才，备万物，以阴阳不测为神。是以仁者见之谓之仁，智者见之谓之智，百姓日用而不知。武之为法也，包四种，笼百家，以奇正相生为变。是以谋者见之谓之谋，巧者见之谓之巧，三军由之而莫能知之。迨夫九师百氏之说兴，而益见大《易》之义，如日月星辰之神，徒推步其辉光之迹，而不能考其所以为神之深。十家之注出，而愈见十三篇之法，如五声、五色之变，惟详其耳目之所闻见，而不能悉其所以为变之妙。是则武之意，不得谓尽于十家之注也。然而学兵之徒，非十家之说，亦不能窥武之藩篱；寻流而之源，由径而入户，于武之法，不可谓无功矣。顷因余暇，撮武之微旨，而出于十家之不解者，略有数十事，托或者之问，具其应答之义，名曰《十注遗说》。学者见其说之有遗，则始信益深之法、不穷之言，庶几大《易》不测之神矣。

或问：死生之地，何以先存亡之道？曰：武意以兵事之大，在将得其人。将能，则兵胜而生；兵生于外，则国存于内。将不能，则兵败而死；兵死于外，则国亡于内。是外之生死，系内之存亡也。是故兵败长平而赵亡，师丧辽水而隋灭。太公曰："无智略大谋，强勇轻战，败军散众，以危社稷，王者慎勿使为将。"此其先后之次也。故曰："知兵之将，生民之司命，国家安危之主也。"

或问：得算之多，得算之少，况于无算，何以是多、少、无之义？曰：武之文，固不汗漫而无据也。盖经之以五事，校之以七计，彼我之算，尽于此矣。五事之经，得三四者为多，得一二者为少；七计之校，得四五者为多，得二三者为少。五七俱得者为全胜，不得者为无算，所谓冥冥而决事，先战而求胜，图干没之利，出浪战之师者也。

或问：计利之外，所佐者何势？曰：兵法之传有常，而其用之也有变。常者，法也；变者，势也。书者，可以尽常之言，而言不能尽变之意。五事、七计者，常法之利也；诡道不可先传者，权势之变也。守常而求胜，如胶柱鼓瑟，以书御马。赵括所以能书而不能战，易言而不知变也。盖法在书之传，而势在人之用。武之意，初求用于吴，恐吴王得书听计而弃己也，故以此辞动之，乃谓书之外，尚有因利制权之势，在我能用耳。

或问：因粮于敌者，无远输之费也，取用必于国者，何也？曰：兵械之用，不可假人，亦不可假于人。器之于人，固在积习便熟，而适其短长重轻之宜，与夫手足不相龃龉，而后可以济用而害敌矣。吾之器，敌不便于用；敌之器，吾不习其利。非国中自备，而习惯于三军，则安可一旦仓卒假人之兵而给己之用哉？《易》曰："萃除戎器，以戒不虞。"太公曰："虑不先设，器械不备。"此皆言取用于国，不可因于人也。

或问：兵以伐谋为上者，以其有屈人之易，而无血刃之难；伐兵攻城，为之次下，明矣。伐交之智，何异于伐谋之工，而又次之？曰：破谋者，不费而胜；破交者，未胜而费。帷幄樽俎之间，而揣摩折冲，心战计胜其未形已成之策，不烦毫厘之费，而彼奔北降服之暇者，伐谋之义也。或遣使介，约车乘聘币之奉。或使间谍，出土地金玉之资。张仪散六国之从，阴厚者数年；尉缭子破诸侯之援，出金三十万。如此之类，费已广而敌未服，非加以征伐之劳，则未见全胜之功，宜乎次于晏婴、子房、寇恂、荀彧之智也。

或问：武之书皆法也，独曰此谋攻之法也，此军争之法也？曰：余法概论兵家之术，惟二篇之说及于用，诚其易用而称其所难。夫告人以所难，而不济之以成法，则不足为完书。盖谋攻之法，以全为上，以破次之。得其法，则兵不钝而利可全；非其法，则有杀士三分之灾。军争之法，以迂为直，以患为利。得其法，则后发而先至；非其法，则至于擒三将军。此二者，岂用兵之易哉？乃云："必以全争于天下。"又云："莫难于军争。"难之之辞也。欲济其所难者，必详其法。凡所谓屈人非战、拔城非攻、毁国非久者，乃谋攻之法也。凡所谓十一而至，先知迂直之计者，乃军争之法也。见其法而知其难于余篇矣。

或问：将能而君不御者胜，后魏太武命将出师，从命者无不制胜，违教者率多败失；齐神武任用将帅出讨，奉行方略，罔不克捷，违失指教，多致奔亡。二者不几于御之而后胜哉？曰：知此而后可以起武之意。既曰，将能而君不御者胜，则其意固谓将不能而君御之则胜也。夫将帅之列，才不一概，智愚勇怯，随器而任。能者付之以阃寄，不能者授之以成算。亦犹后世责曹公使诸将以《新书》从事，殊不知公之御将，因其才之小大而纵抑之。张辽、乐进，守、斗之偏才也，合淝之战，封以函书，节宣其用；夏侯惇兄弟，有大帅之略，假以节度，便宜从事，不拘科制，何尝一概而御之邪？《传》曰："将能而君御之，则为縻军；将不能而君委之，则为覆军。"惟公得武法之深，而后太武、神武，庶几公之英略耳，非司马宣王，安能发武之蕴哉？

或问：胜可知而不可为者，以其在彼者也；佚而劳之，亲而离之，佚与亲在敌，而吾能劳且离之，岂非可为欤？曰：《传》称用师观衅而动，敌有衅不可失。盖吾观敌人无可乘之衅，不能强使为吾可胜之资者，不可为之义也。敌人既有可乘之隙，吾能置术于其间，而不失敌之败者，可知之义也。使敌人主明而贤，将智而忠，不信小说而疑，不见小利而动，其佚也安能劳之？其亲也安能离之？有楚子之暗与囊瓦之贪，而后吴人亟肆以疲之；有项王之暴与范增之隘，而后陈平以反间疏之。夫衅隙之端，隐于佚亲之前；劳离之策，发于衅隙之后者，乃所谓可知也；则惟无衅隙者，乃不可为也。

或问：守则不足，攻则有余，其义安在？曰：谓吾所以守者力不足，吾所以攻者力有余者，曹公也。谓力不足者可以守，力有余者可以攻者，李筌也。谓非强弱为辞者，卫公也。谓守之法要在示敌以不足，攻之法要在示敌以有余者，太宗也。夫攻守之法，固非己实强弱，亦非虚形视敌也。盖正用其有余不足之形势，以固己胜敌。夫所谓不足者，吾隐形于微，而敌不能窥也；有余者，吾乘势于盛，而敌不能支也。不足者，微之称也。当吾之守也，灭迹于不可见，韬声于不可闻，藏形于微妙不足之际，而使敌不知其所攻矣。所谓藏于九地之下者是也。有余者，盛之称也。当吾之攻也，若迅雷惊电，坏山决塘，作势于盛强有余之极，而使敌不知其所守矣。所谓动于九天之上者是也。此有余、不足之义也。

或问：三军之众，可使必受敌而无败者，奇正是也。受敌、无败，二义也，其于奇正有所主乎？曰：武论分数、形名、奇正、虚实四者，独于奇正云云者，知其法之深而二义所主未白也。复曰：凡战，以正合，以奇胜。正合者，正主于受敌也；奇胜者，奇主于无败也。以合为受敌，以胜为无败，不其明哉！

或问：武论奇正之变，二者相依而生，何独曰善出奇者？曰：阙文也。凡所谓如天地、江河、日月、四时、五色、五味，皆取无穷无竭、相生相变之义，故首论以正合奇胜，终之以奇正之变，不可胜穷，相生如循环之无端，岂以一奇而能生变，交相无已哉！宜曰“善出奇正者无穷如天地”也。

或问：其势险者，其义易明，其节短者，其旨安在？曰：力虽甚劲者，非节量短近而适其宜，则不能害物。鲁缟之脆也，强弩之末不能穿；毫末之轻也，冲风之衰不能起；鸷鸟虽疾也，高下而远来，至于竭羽翼之力，安能击搏而毁折哉？尝以远形为难战者此也。是故麴义破公孙瓒也，发伏于数十步之内，周访败杜曾也，奔赴于三十步之外。得节短之义也。

或问：十三篇之法，各本于篇名乎？曰：其义各主于题篇之名，未尝泛滥而为言也。如《虚实》者，一篇之义，首尾次序，皆不离虚实之用，但文辞差异耳。其意所主，非实即虚，非虚即实，非我实而彼虚，则我虚而彼实。不然，则虚实在于彼此，而善者变实而为虚，变虚而为实也。虽周流万变，而其要不出此二端而已。凡所谓待敌者佚者，力实也，趋战者劳者，力虚也。致人者，虚在彼也；不致于人者，实在我也。利之也者，役彼于虚也；害之也者，养我之实也。佚能劳之，饱能饥之，安能动之者，佚、饱、安，实也，劳、饥、动，虚也；彼实而我能虚之也。行于无人之地者，趋彼之虚，而资我之实也。攻其所不守者，避实而击虚也；守其所不攻者，措实而备虚也。敌不知所守者，斗敌之虚也；敌不知所攻者，犯我之实也。无形无声者，虚实之极而入神微也。不可御者，乘敌备之虚也；不可追者，畜我力之实也。攻所必救者，乘虚则实者虚也；乖其所之者，能实则虚者实也。形人而敌分者，见彼虚实之审也；无形而我专者，示吾虚实之妙也。所与战约者，彼虚无以当吾之实也；寡而备人者，识虚实之形也。众而备人己者，能料虚实之情者，千里会战者，预见虚实也。左右不能救者，信人之虚实也。越人无益于胜败者，越将不识吴之虚实也。策之、候之、形之、角之者，辨虚实之术也。得也、动也、生也、有余也者，实也；失也、静也、死也、不足也者，虚也。不能窥谋者，外以虚实之变惑敌人也，莫知吾制胜之形者，内以虚实之法愚士众也。水因地制流，兵因敌制胜者，以水之高下喻吾虚实变化不常之神也。五行胜者，实也；囚者，虚也。四时来者，实也；往者，虚也。日长者，实也；短者，虚也。月生者，实也；死者，虚也。皆虚实之类，不可拘也。以此推之，余十二篇之义，皆仿于此，但说者不能详之耳。

或问：军争为利，众争为危，军之与众也，利之与危也，义果异乎？曰：武之辞未尝妄发而无谓也。军争为利者，下所谓军争之法也；夫惟所争而得此军争之法，然后获胜敌之利矣。众争为危者，下所谓举军而争利也；夫惟全举三军之众而争，则不及于利而反受其危矣。盖军争者，案法而争也；众争者，举军而趋也。为利者，后发而先至也；为危者，擒三将军也。

或问：兵以诈立，以利动，以分合为变，立也、动也、变也，三者先后而用乎？曰：先王之道，兵家者流，所用皆有本末先后之次，而所尚不同耳。盖先王之道，尚仁义而济之以权；兵家者流，贵诈利而终之以变。《司马法》以仁为本，孙武以诈立，《司马法》以义治之，孙武以利动；《司马法》以正，不获意则权，孙武以分合为变。盖本仁者治必为义，立诈者动必为利。在圣人谓之权，在兵家名曰变。非本与立无以自修，非治与动无以趋时，非权与变无以胜敌。有本立而后能治动，能治动而后可以权变。权变所以济治动，治动所以辅本立。此本末先后之次略同耳。

或问：武所论举军动众皆法也，独称此用众之法者何也？曰：武之法，奇正贵乎相生，节制权变，两用而无穷。既以正兵节制自治其军，未尝不以奇兵权变而胜敌。其于论势也，以分数、形名居前者，自治之节制也；以奇正、虚实居后者，胜敌之权变也。是先节制而后权变也。凡所谓立于不败之地，而不失敌之败，修道而保法，自保而全胜者，皆相生两用先后之术也。盖鼓铎、旌旗，所以一人之耳目，人既专一，勇者不得独进，怯者不得独退，此何法也？是节制自治之正法也，止能用吾三军之众而已。其法也，固未尝及于胜人之奇也。谈兵之流，往往至此而止矣。武则不然，曰：此用吾众之法也。凡所谓变人之耳目，而夺敌之心气，是权谋胜敌之奇法也。

或问：夺气者必曰三军，夺心者必曰将军，何也？曰：三军主于斗，将军主于谋；斗者乘于气，谋者运于心。夫鼓作斗争，不顾万死者，气使之也；深思远虑，以应万变者，心主之也。气夺则怯于斗，心夺则乱于谋；下者不能斗，上者不能谋，敌人上下怯乱，则吾一举而乘之矣。《传》曰：一鼓作气，三而竭者，夺斗气也；先人有夺人之心者，夺谋心也。三军、将军之事异矣。

或问：自《计》及《间》，上下之法皆要妙也，独云此用兵之法妙者，何也？曰：夫事至于可疑，而后知不疑者为明；机至于难决，而后知能决者为智。用兵之法，出于众人之所不可必者，而吾之明智了然不至于犹豫者，其所得固过于众人，而通于法之至妙也。所谓高陵勿向，背丘勿逆，盖亦有可向、可逆之机。佯北勿从，锐卒勿攻，亦有可从、可攻之利。饵兵勿食，归师勿遏，亦有可食、可遏之理。围师必阙，穷寇勿追，亦有不阙、可追之胜。此兵家常法之外，尚有反复微妙之术，智者不疑而能决，所谓用兵之法妙也。

或问：九变之法，所陈五事者何？曰：九变者，九地之变也。散、轻、争、交、衢、重、圮、围、死，此九地之名也。一其志、使之属、趋其后、谨其守、固其结、继其食、进其涂、塞其阙、示不活，此九地之变也。九而言五者，阙而失次也。下文曰："将通于九变之地利者，知用兵矣；将不通九变之利者，虽知地形，不能得地之利矣。"是九变主于九地，明矣。故特于《九地篇》曰："九地之变，人情之理，不可不察也。"然则既有九地，何用九变之文乎？曰：武所论将不通九变之利，又曰治兵不知九变之术。盖九地者，陈变之利，故曰不知变不得地之利；九变者，言术之用，故曰不知术不得人之用。是故六地有形，九地有名，九名有变，九变有术。知形而不知名，决事于冥冥；知名而不知变，驱众而浪战；知变而不知术，临用而事屈。此所以六地、九地、九变皆论地利，而为篇异也。李筌以涂有所不由而下五利兼之为十变者，误也；复指下文为五利，何尝有五利之义也？绝地无留，当作轻地，盖轻有无止之辞。

或曰：凡军好高而恶下，太公曰"凡三军处山之高，则为敌所栖"，岂好高之义乎？曰：武之高，非太公之高也。公所论天下之绝险也，高山盘石，其上亭亭，无有草木，四面受敌。盖无草木，则乏刍牧樵采之利，四面受敌，则绝出入运馈之路。可上而不可下，可死而不可久。此固有栖之之害也。武之所论，假势利之便也：处隆高丘陵之地，使敌人来战，则有登隆、向陵、逆丘之害，而我得因高乘下、建瓴走丸、转石决水之势；加以养生处实，先利粮道。战则有乘势之便，守则有处实之固，居则有养生足食之利，去则有便道向生之路。虽有百万之敌，安能栖我于高哉？太武栖姚兴于天渡，李先计令遣奇兵邀伏，绝柴壁之粮道，此兴犯处高之忌，而先得栖敌之法，明矣。学孙武者，深明好高之论，而不悟处于太公之绝险，知其势利之便者，后可与议其书矣。

或问：六地者，地形也，复论将有六败者何？曰：恐后世学兵者，泥胜负之理于地形也。故曰：地形者，兵之助，非上将之道也。太公论主帅之道，择善地利者三人而委之，则地形固非将军之事也。所谓料敌制胜者，上将之道也。知此为将之道者，战则必胜，不知此为将之道者，战则必败。凡所言，曰走、曰弛、曰崩、曰陷、曰乱、曰北者，此六者，败之道，将之至任，不可不察也。是胜败之理，不可泥于地形，而系于将之工拙也。至于九地亦然，曰刚柔皆得，地之理也，将军之事，静以幽，正以治，驱三军之众如群羊往来，不知其所之者，将军之事也。特垂诫于六地、九地者，孙武之深旨也。

或问："死焉不得，士人尽力"诸家释为二句者何？曰：夫人之情，就其甚难者，不顾其甚易；舍其至大者，不吝其至微。死，难于生也，甘其万死之难，则况出于生之甚易者哉？身，大于力也，弃其一身之大，则况用于力之至微者哉？武意以谓三军之士，投之无所往，则白刃在前，有所不避也。死且不避，况于生乎？身犹不虑，况于力乎？故曰：死且不北。夫三军之士，不畏死之难者，安得不人人尽其力乎？"死焉不得，士人尽力"，诸家断为二句者，非武之本意也。

或曰：方马埋轮，诸家释方为缚，或谓缚马为方陈者，何也？曰：解方为缚者，义不经；据缚而方之者，非武本辞。盖方当作放字。武之说，本乎人心离散，则虽强为固止，而不足恃也。固止之法，莫过于柅（nǐ）其所行。古者用兵，人乘车而战，车驾马而行，今欲使人固止而不散，不得齐勇之政，虽放去其马而牧之，陷轮于地而埋之，亦不足恃之为不散也。噫！车中之士，辕不得马而驾，轮不得辙而驰，尚且奔走散乱而不一，则固在以政而齐其心也。

或问：兵情主速，又曰为兵之事，夫情与事义果异乎？曰：不可探测而蕴于中者，情也；见于施为而成乎其外者，事也。情隐于事之前，而事显于情之后。此用兵之法，隐显先后之不同也。所谓兵之情主速者，盖吾之所由、所攻，欲出于敌人之不虞、不诫也。夫以神速之兵，出于人之所不能虞度而诫备者，固在中情秘密而不露，虽智者深间，不能前谋先窥也。所谓为兵之事者，盖敌意既顺而可详，敌衅已形而可乘，一向并敌之势，千里杀敌之将，使陈不暇战而城不及守者，彼败事已显，而吾兵业已成于外也。故曰，所谓巧能成事者，此也。是则情事之异，隐显先后也。

或问：九地之中，复有绝地者，何也？曰：兴师动众，去吾之国中，越吾之境土，而初入敌人之地，疆场之限，所过关梁津要，使吾踵军在后，告毕书绝者，所以禁人内顾之情，而止其还遁之心也。《司马法》曰："书亲绝，是谓绝顾壹虑。"《尉缭子·踵军令》曰："遇有还者，诛之。"此绝地之谓也。然而不预九地者何？九地之法皆有变，而绝地无变；故论于九地之中，而不得列其数也。或以越境为越人之国，如秦越晋伐郑者，凿也。

或问："不知诸侯之谋，不能预交；不知山林、险阻、沮泽之形，不能行军；不用乡导，不能得地利"，重言于《军争》《九地》二篇者，何也？曰：此三法者，皆行师、争利、出没、往来、迟速、先后之术也。盖军争之法，变迂为直、后发先至之为急也；九地之利，盛言为客深入利害之为大也。非此三法，安能举哉？噫！与人争迂直之变，趋险阻之地，践敌人之生地，求不识之迷涂，若非和邻国之援，为之引军，明山川、林麓、险难、阻厄、沮洳、濡泽之形而为之标表，求乡人之习熟者为之前导，则动而必迷，举而必穷，何异即鹿无虞，惟入于林，不行其野，强违其马，欲争迂直之胜，图深入之利，安能得其便乎？称之二篇，不其旨哉！

或问：何谓无法之赏、无政之令？曰：治军御众，行赏之法，施令之政，盖有常理。今欲犯三军之众，使不知其利害，多方误敌，而因利制权，故赏不可以拘常法，令不可以执常政。噫！常法之赏，不足以愚众；常政之令，不足以惑人。则赏有时而不拘，令有时而不执者，将军之权也。夫进有重赏，有功必赏，赏法之常也。吴子相敌，北者有赏；马隆募士，未战先赏。此无法之赏也。先庚后甲，三令五申，政令之常也。武曰："若驱群羊往来，莫知所之。"李愬袭元济，初出，众请所向，曰："东六十里止。"至张柴，诸将请所止。复曰："入蔡州。"此无政之令也。

或问：用间使间，圣智仁义，其旨安在？曰：用间者，用间之道也。或以事，或以权，不必人也。圣者无所不通，智者深思远虑，非此圣智之明，安能坐以事权间敌哉？使间者，使人为间也。吾之与间，彼此有可疑之势：吾疑间有覆舟之祸，间疑我有害己之计。非仁恩不足以结间之心，非义断不足以决己之惑。主无疑于客，客无猜于主，而后可以出入于万死之地而图功矣。秦王使张仪相魏，数年无效，而阴厚之者，恩结间之心也。高祖使陈平用金数十万离楚君臣，平，楚之亡虏也，吾无问其出入者，义决己之惑也。

或问：伊挚、吕牙，古之圣人也，岂尝为商、周之间邪？武之所称，岂非尊间之术而重之哉？曰：古之人立大事，就大业，未尝不守于正；正不获意，则未尝不假权以济道。夫事业至于用权，则何所不为哉？但处之有道，而卒反于正，则权无害于圣人之德也。盖在兵家名曰间，在圣人谓之权。汤不得伊挚，不能悉夏政之恶；伊挚不在夏，不能成汤之美。武不得吕牙，不能审商王之罪；吕牙不在商，不能就武之德。非此二人者，不能立顺天应人、伐罪吊民之仁义，则非为间于夏、商而何？惟其处之有道，而终归于正，故名曰权。兵家之间，流而不反，不能合道，而入于诡诈之域，故名曰间。所谓以上智成大功者，真伊、吕之权也。权与间，实同而名异。

或问：间何以终于篇之末？曰：用兵之法，惟间为深微神妙，而不可易言也。所谓非圣智不能用间，非微妙不能得间之实者，难之之辞也。武始以十三篇干吴者，亦欲以其书之法，教阖闾之知兵也。教人之初，蒙昧之际，要在从易而入难，先明而后幽，本末次序而导之，使不惑也。是故始教以计量、校算之法，而次及于战攻、形势、虚实、军争之术，渐至于行军、九变、地形、地名、火攻之备，诸法皆通，而后可以论间道之深矣。噫！教人之始者，务令明白易晓，而遽期之以圣智微妙之所难，则求之愈劳，而索之愈迷矣，何异王通谓不可骤而语《易》者哉？或曰：庙堂多算，非不难也，何不列之终篇也？曰：计之难者，"经之以五事，校之以七计而索其情"也。夫敌人之情，最为难知，不可取于鬼神，不可求象于事，不可验于度，先知者必在于间。盖计待情而后校，情因间而后知，宜乎以间为深而以计为浅也。孙武之蕴至于此，而后知十家之说不能尽矣。

附录三　历代名家评孙子

明之吴越，言之于齐，曰智知孙氏之道者，必合于天地。

——《孙膑兵法·陈忌问垒》附简

有提十万之众，而天下莫敢当者谁？曰桓公也。有提七万之众，而天下莫敢当者谁？曰吴起也。有提三万之众，而天下莫敢当者谁？曰武子也。

——《尉缭子·制谈篇》

临武君与孙卿子议兵于赵孝成王前。

王曰："请问兵要。"

临武君对曰："上得天时，下得地利，观敌之变动，后之发，先之至，此用兵之要术也。"

孙卿子曰："不然。臣所闻古之道，凡用兵攻战之术，在乎壹民。弓矢不调则羿不能中微，六马不和则造父不能致远，士民不亲附则汤武不能以必胜也。故善附民者，是乃善用兵者也，故兵要在乎善附民而已。"

临武君曰："不然。兵之所利者势利也，所行者变诈也。善用兵者感忽悠暗，莫知其所从出，孙吴用之无敌于天下，岂必待附民哉？"

孙卿子曰："不然。臣之所道，仁人之兵，王者之志也。君之所贵权谋势利也，所行攻夺变诈也，诸侯之事也。"

——《荀子·议兵》

境内皆言兵，藏孙吴之书者家有之，而兵愈弱，言战者多，披甲者少也。

——《韩非子·五蠹》

吾治生产，犹伊尹、吕尚之谋，孙、吴用兵，商鞅行法是也。是故其智不足与权变，勇不足以决断，仁不能以取予，强不能有所守，虽欲学吾术，终不告之矣。

——《史记·货殖列传》白圭语

自是之后，名士迭兴，晋用咎犯，而齐用王子，吴用孙武，申明军约，赏罚必信，卒伯诸侯，兼列邦土，虽不及三代之诰誓，然身宠君尊，当世显扬，可不谓荣焉？岂与世儒暗于大较，不权轻重，猥云德化，不当用兵，大至君辱失守，小乃侵犯削弱，遂执不移等哉！

——《史记·律书》

世俗所称军旅，皆道《孙子》十三篇。《吴起兵法》，世多有，故弗论，论其行事所施设者。

——《史记·孙子吴起列传》

非信廉仁勇不能传兵论剑，与道同符，内可以治身，外可以应变，君子比德焉。作《孙子吴起列传》第五。

——《史记·太史公自序》

非兵不强，非德不昌，黄帝、汤、武以兴，桀、纣、二世以崩，可不慎欤！《司马法》所从来尚矣，太公、孙、吴、王子能绍而明之，切近世，极人变。

——《史记·太史公自序》

春秋之后，灭弱吞小，并为战国……雄杰之士因势辅时，作为权诈以相倾覆，吴有孙武，齐有孙膑，魏有吴起，秦有商鞅，皆禽敌立胜，垂著篇籍。当此之时，合纵连横，转相攻伐，代为雌雄。齐愍以技击强，魏惠以武卒奋，秦昭以锐士胜。世方争于功利，而驰说者以孙、吴为宗。

——《汉书·刑法志》

孙武、阖庐，世之善用兵者也。知或学其法者，战必胜；不晓什伯之阵，不知击刺之术者，强使之军，军覆师败，无其法也。

——《论衡·量知篇》

操闻上古有弧矢之利，《论语》曰"足兵"，《尚书》八政曰"师"，《易》曰"师贞，丈人吉"，《诗》曰"王赫其怒，爰征其旅"，黄帝、汤、武，咸用干戚以济世也。《司马法》曰："人故杀人，杀之可也"。恃武者灭，恃文者亡，夫差、偃王是也。圣人之用兵，戢时而动，不得已而用之。吾观兵书战策多矣，孙武所著深矣！孙子者齐人也，名武，为吴王阖闾作兵法一十三篇，试之妇人，卒以为将，西破强楚，入郢，北威齐晋。后百岁余有孙膑，是武之后也。审计重举，明画深图，不可相诬。而后世人未之深亮训说，况文烦富，行于世者失其旨要，故撰为《略解》焉。

——《孙子十家注·孙子序》曹操语

孙武所以能制胜于天下者，用法明也。

——《三国志·马谡传》诸葛亮语

阖闾信其威，夫差用其武，内果伍员之谋，外骋孙子之奇，胜强楚于柏举，栖劲越于会稽，阙沟乎商鲁，争长于黄池。

——左思《吴都赋》

抱瘤疾而言精和、鹊之技，屡奔北而称究孙、吴之算，人不信者，以无效也。

——葛洪《抱朴子·微旨》

孙武兵经，辞如珠玉，岂以习武而不晓文也！

——刘勰《文心雕龙·程器》

朕观诸兵书，无出孙武；孙武十三篇，无出虚实。夫用兵识虚实之势，则无不胜焉。

——《唐太宗李卫公问对》卷中，李世民语

案《曹公新书》曰："己二而敌一，则一术为正，一术为奇；己五而敌一，则三术为正，二术为奇。"此言大略耳。唯孙武云："战势不过奇正，奇正之变，不可胜穷。奇正相生，如循环之无端，孰能穷之。"斯得之矣，安有素分之邪？若士卒未习吾法，偏裨未熟吾令，则必为之二术。教战时，各认旗鼓，迭相分合，故曰分合为变，此教战之术尔。教阅既成，众知吾法，然后如驱群羊，由将所指，孰分奇正之别哉？孙武所谓"形人而我无形"，此乃奇正之极致。是以素分者，教阅也；临时制变者，不可胜穷也。

——《唐太宗李卫公问对》卷上，李靖语

太宗曰："严刑峻法，使众畏我而不畏敌，朕甚惑之。昔光武以孤军当王莽百万之众，非有刑法临之，此何由乎？"

靖曰："兵家胜败，情状万殊，不可以一事推也。如陈胜、吴广败秦师，岂胜、广刑法能加于秦乎？光武之起，盖顺人心之怨莽也，况又王寻、王邑不晓兵法，徒夸兵众，所以自败。臣案《孙子》曰：'卒未亲附而罚之，则不服；已亲附而罚不行，则不可用。'此言凡将先有爱结于士，然后可以严刑也。若爱未加而独用峻法，鲜克济焉。"

太宗曰："《尚书》言：'威克厥爱，允济；爱克厥威，允罔功。'何谓也？"

靖曰："爱设于先，威设于后，不可反是也。若威加于前，爱救于后，无益于事矣。《尚书》所以慎戒其终，非所以作谋于始也。故《孙子》之法，万代不刊。"

——《唐太宗李卫公问对》卷中

太宗曰："兵法孰为最深者？"

靖曰："臣常（尝）分为三等，使学者当渐而至焉。一曰道，二曰天地，三曰将法。夫道之说，至微至深，《易》所谓'聪明睿智神武而不杀'者是也。夫天之说，阴阳；地之说，险易。善用兵者，能以阴夺阳，以险攻易，孟子所谓'天时地利'者是也。夫将法之说，在乎任人利器，《三略》所谓'得士者昌'，管仲所谓'器必坚利'者是也。"

太宗曰："然。吾谓不战而屈人之兵者，上也；百战百胜者，中也；深沟高垒以自守者，下也。以是校量，孙武著书，三等皆具焉。"

——《唐太宗李卫公问对》卷下

语有之曰：天时不如地利，地利不如人和。诚谓得兵术之要也，以为孙武所著十三篇，旨极斯道。故知往昔行师制胜，诚当皆精其理。今辄捃摭与孙武书之义相协并颇相类者纂之，庶披卷足成败在斯矣。

——杜佑《通典》卷一四八《兵一》

自古以兵书著列于后世，可以教于后生者，凡十数家，且百万言。其孙武所著十三篇，自武死后凡千岁，将兵者有成者，有败者，勘其事迹，皆与武所著书一一相抵当，犹印圈模刻，一不差跌。

——杜牧《注孙子序》

武之所论，大约用仁义，行机权也。

——杜牧《注孙子序》

战国诸侯言攻战之术，其间以权谋而辅仁义，先智诈而后和平，惟孙子十三篇而已。

——施子美《武经七书讲义·孙子·计篇》引《张昭兵法》语

武之书本于兵，兵之术非一，而以不穷为奇，宜其说者之多也。

——《欧阳文忠公集·居士集·孙子后序》

孙武十三篇，兵家举以为师。然以吾评之，其言兵之雄乎！今其书，论奇权密机，出入神鬼，自古以兵著书者罕所及。以是而揣其为人，必谓有应敌无穷之才，不知武之用兵乃不能必克，与书所言远甚……

且吴起与武一体之人也，皆著书言兵，世称孙吴。然而吴起之言兵也，轻法制，草略无所统纪，不若武之书辞约而意尽，天下之兵说皆归其中。然吴起始用于鲁，破齐；及入魏，又能制秦兵；入楚，楚复霸。而武之所为反如是，书之不足信也，固矣。

——苏洵《嘉祐集·权书·孙武》

神宗论孙武书，爱其文辞，意指。王安石曰："言理而不言事，所以文约而所该者博。"士论及韩信，安石曰："信但用孙武一二言，即能成功名。"

——《涧泉日记》

古之言兵者，无出于孙子矣。利害之相权，奇正相生，战守攻围之法，盖以百数，虽欲加之而不知所以加之矣。然其所短者，智有余而未知其所以用智，此岂非其所大阙欤？

夫兵无常形，而逆为之形；胜无常处，而多为之地。是以其说屡变而不同，纵横委曲，期于避害而就利，杂然举之，而听用者之自择也。是故不难于用，而难于择……

古之善用兵者，见其害而后见其利，见其败而后见其成。其心闲而无事，是以若此明也。不然，兵未交而先志于得，则将临事而惑，虽有大利，尚安得而见之！若夫圣人则不然。居天下于贪，而自居于廉，故天下之贪者，皆可得而用。居天下于勇，而自居于静，故天下之勇者，皆可得而役。居天下于诈，而自居于信，故天下之诈者，皆可得而使。天下之人欲有功于此，而即以此自居，则功不得而成。是故君子居晦以御明，则明者毕见；居阴以御阳，则阳者毕赴。夫然后孙子之智，可得而用也。

易曰："介于石，不终日。贞吉。"君子方其未发也，介然如石之坚，若将终身焉者；及其发也，不终日而作。故曰：不役于利，则其见之也明。见之也明，则其发之也果。今夫世俗之论则不然，曰：兵者，诡道也。非贪无以取，非勇无以得，非诈无以成。廉静而信者，无用于兵者也。嗟夫，世俗之说行，则天下纷纷乎如鸟兽之相搏，婴儿之相击，强者伤，弱者废，而天下之乱何从而已乎？

夫武，战国之将也，知为吴虑而已矣。是故以将用之则可，以君用之则不可。今其书十三篇，小至部曲营垒、刍粮器械之间，而大不过于攻城拔国用间之际，盖亦尽于此矣。天子之兵，天下之势，武未及也。

——《苏轼文集》卷三《孙武论》

昔以兵为书者无若孙武。武之所可以教人者备矣；其所不可者，虽武亦无得而预言之，而唯人之所自求也。故其言曰："兵家之胜，不可先传。"又曰："奇正之变，不可胜穷。"又曰："人皆知我所胜之形，而莫知吾所以制胜之形，故其战胜不复，而应形于无穷。"善学武者，因诸此而自求之，乃所谓方略也。去病之不求深学者，亦在乎此而已。嗟乎！执孙吴之遗言以程人之空言，求合乎其所以教，而不求其所不可教，乃因谓之善者，亦已妄矣。

——何去非《何博士备论·霍去病论》

言兵无若孙武，用武无若韩信、曹公。武虽以兵为书，而不甚见于其所自用；韩不自为书，曹公虽为而不见于后世，然而传称二人者之学皆出于武，是以能神于用而不穷。窃尝究之，武之十三篇，天下之学兵者所通诵也，使其皆知所以用之，则天下孰不为韩、曹也？韩、曹未有继于后世，则凡得武之书伏而读之者，未必皆能办于战也。武之书，韩、曹之术皆在焉，使武之书不传，则二人者之为兵，固不戾乎武之所欲言者；至其所以因事设事，因而不穷者，虽武之言有所未能尽也。驱市人白徒而置之死地，惟若韩信者然后能斩陈馀；遏其归师与之死地，惟若曹公者然后能克张绣。此武之所以寓其妙，固有待乎韩、曹之俦也。

——何去非《何博士备论·魏论下》

自六经之道散而诸子作，盖各有所长，而知兵者未有过孙子者。

——陈直中《孙子发微》

孙子十三篇，论战守次第与山川险易、长短、大小之状，皆曲尽其妙。摧高发隐，使物无遁情，此尤文章之妙。

——吕本中《童蒙训》

孙武之书十三篇，众家之说备矣。奇正、虚实、强弱、众寡、饥饱、劳逸、彼己、主客之情状，与夫山泽、水陆之阵，战守攻围之法，无不尽也。微妙深密，千变万化而不穷。用兵，从之者胜，违之者败，虽有智巧，必取则焉。可谓善之善者矣。然武操术，有余于权谋而不足于仁义，能克敌制胜为进取之图，而不能利国便民为长久之计；可以为春秋诸侯之将，而不可以为三代王者之佐也。

——戴溪《将鉴论断·孙武》

孙子十三篇，不惟武人之根本，文士亦当尽心焉。其辞约而缛，易而深，畅而可用，《论语》《易大传》之流，孟、荀、扬著书皆不及也。以正合，以奇胜，非善也；正变为奇，奇变为正，非善之善者也，即奇为正，即正为奇，善之善者也。

——郑厚《艺圃折衷》

世多谓书生不知兵，犹言孙武不善属文耳。今观武书十三篇，盖与《考工记》《穀梁传》相上下。

——陈傅良《止斋先生文集》

司马迁谓世所称师旅，多道孙子十三篇。始管子、申、韩之学行于战国、秦汉，而是书独为言兵之宗。及董仲舒、刘向修明孔氏，其说皆已黜，而是书犹杰然尊奉逮今，又将传之至于无穷。此文武所以卒为二途也。

——叶适《习学记言》卷四十六《孙子》

《吴子》之正，《孙子》之奇，兵法尽在是矣。《吴子》似《论语》，《孙子》似《孟子》。

——罗大经《鹤林玉露》卷二《孙吴》

世之言兵者祖孙氏，然孙武事阖闾而不见于《左氏传》，未知其果何代人也。

——陈振孙《直斋书录解题·兵书类》

孙子言兵，首谓"兵者，国之大事，死生之地，存亡之道"，而切切欲导民使之"与上同意"，欲"不战而屈人之兵"，欲"先为不可胜，以待敌之可胜"，欲"无恃其不来，恃吾有以待之"。至论将，则谓"进不求名，退不避罪，惟民是保而利合于主"。盖始终未尝言杀，而以久于兵为戒。所异于先王之训者，惟诡道一语，特自指其用兵变化而言，非欲情所事奸诈之比。且古人诡即言诡，皆其真情，非后世实诈而反谬言诚者比也。若孙子之书，岂特兵家之祖，亦庶几乎立言之君子矣！诸子自荀、扬外，其余浮辞横议者莫与比。

——黄震《黄氏日钞·读诸子·孙子》

以朕观之，武之书杂出于古之权书，特未纯耳。其曰"不仁之至""非胜之主"，此说极是。若虚实变诈之说，则浅矣。苟君如汤、武，用兵行师，不待虚实变诈而自无不胜。然虚实变诈之所以取胜者，特一时诡遇之术，非王者之师也，而其术终亦变耳。盖用仁者无敌，恃术者必亡，观武之言与其术亦有相悖。盖武之书必有所授，而武之术则不能尽如其书也。

——《明实录·明太祖宝训·评古》

不有大智，其何能谋；不有深谋，其何能将；不有良将，其何能兵；不有锐兵，其何能武；不有武备，其何能国？欲有智而多谋，善将而能兵，提兵而用武，备武而守国，舍是书何以哉！

——刘寅《武经七书直解·自序》

武，齐人，吴阖闾用以为将，西破强楚，入郢，北威齐晋，显名诸侯。叶适以不见载于《左传》，疑其书乃春秋末、战国初山林处士之所为，予独不敢谓然。春秋时列国之事，赴告者则书于策，不然则否。二百四十二年之间，大国若秦、楚，小国若越、燕，其行事不见于经传者有矣，何独武哉！

——宋濂《诸子辨》

孙子上谋而后攻，修道而保法，论将则曰仁智信勇严，与孔子合。至于战守攻围之道，批亢捣虚之术，山林险阻之势，料敌用间之谋，靡不毕具。其它韬钤机略，孰能过之？

——谈恺《孙子集注十三卷·自序》

十三篇之所论，先计谋而后攻战，先知而后料敌，用兵之事周备明白。虽不足与于仁义之师，苟以之战，则岂非良将乎？视彼恃力之徒，驱赤子而陷之死地者，犹狼残虎噬耳。呜呼！武亦安可得哉！

——方孝孺《逊志斋集·杂著·读孙子》

由直解而知七书之意，融会贯通而求知夫用兵之术，于以登坛号令，附国家元功，为旷世良将，讵弗伟哉！

——张居正增订《孙武子直解》

窃维天地之间，有人则有争，有争则有乱。乱不可以鞭朴治也，则有兵。

兵之为凶器，不可以妄用也，则有法。其事起于斗智角力也，则其法不得不资于权谋。用兵而不以权谋，则兵败国危而乱不止。君子不得已而用权谋，正犹不得已而用兵也。用之合天理则为仁义，合王法则为礼乐。……孙子十三篇，实权谋之万变也。数千年来，儒者未尝一开其扃钥。……儒者生于其时，遇国家有难而主兵，何不可之有？其曰猥云德化，不当用兵，当迂儒保身之谋，卖国之罪也。

——赵本学《孙子书校解引类·序》

噫！孙武子兵闻拙速一言，误天下后世徒读其书之人，杀天下后世千千万人之命，可胜恨哉！可胜恨哉！世之徒读其书者，每以师老财匮为辞，不知列国相争，师老财匮则诸侯乘其弊而起，故胜亦宜速，不胜亦宜速。其在后世，堂堂讨罪，有征无战之兵，必为万全之画。夫苟一时攻之未暇，取之未克，师老矣，再请新师以益之；财匮也，再请多财以继之，必大破之而后已。愚见世人欲图速成之倖功，视三军之命如草芥，往往而然焉，皆孙武子一言误之也！孟子以杀人盈地、盈野者宜服上刑，然则孙武子一言杀天下后世之人不可胜计，使孟子而在，将以何刑加之乎？恨之深，恶之切，作《拙速解》下。

——俞大猷《正气堂续集·杂文·拙速解》

愚尝读孙武书，叹曰：兵法其武库乎？用兵其取诸库之器乎？兵法其药肆乎？用兵其取诸肆之材乎？及读诸将传，又悟曰：此固善握器而妙用材者乎！学者欲求下手着实工夫之门，莫逾于此。数年间，予承乏浙东，乃知孙武之法，纲领精微莫加焉，第于下手详细节目，则无一及焉。犹禅者上乘之教也，下学者何由以措？

——戚继光《纪效新书·自序》（十八卷本）

夫习武者，必宗孙、吴。是习孙、吴，皆孙、吴之徒也。自夫世好之不同也，每于试文必讥诋其师，无所不至。试使毁其师者，受国家戡定之寄，而攘外安内，如孙、吴者几人哉！夫业彼之业而诋其短，是无师矣。以无师之心，而知忠爱之道者，能之乎？

——戚继光《纪效新书·练将或问》（十四卷本）

孙武子兵法，文义兼美，虽圣贤用兵，无过于此。非不善也，而终不列之儒。设使圣贤其人，用孙武之法，武经即圣贤之作用矣。苟读六经，诵服圣贤，而行则狙诈，六经即孙武矣。顾在用之者，其人何如耳。故因变用智，在君子则谓之行权，在小人则谓之行术。均一智也，而君子、小人所以分者，何也？盖有立心不正，则发之自异耳。奚足怪哉！

……将有五德，智、信、仁、勇、严也。智者，仁之辨也；信者，仁之实也；仁者，人之本也；勇者，仁之志也；严者，仁之助也。任机权之真于义理，慎机权之似于诈伪，作仁之道，岂不在是哉。夫信、仁、勇、严，非智不能辨其弊。信之弊也执，仁之弊也姑息，勇之弊也暴，严之弊也刻，皆不得其当矣。故直看则智为首，横看则仁居中。苟智、信、勇、严而不重夫仁，则皆为虚器，为礼文矣。

——戚继光《止止堂集·愚愚稿上·大学经解》

司马穰苴、孙武，天下之言兵者归之。穰苴兵法不可见，所见孙子十三篇，其精切事理，吾以为太公不能过也。而太史公独称穰苴兵法"闳廓深远，虽三代征伐未能竟其义"。如其文若尔，穰苴其尤胜耶？然太史公于穰苴则仅详其斩庄贾，于孙武仅详其斩爱姬而已，以为用兵之道，一赏罚尽之矣。……至于吴之强，伍员力耳，柏举之战虽能乘胜入郢，而班处其官，使秦师得用其救，再合再败而后归，又不能预防夫概之为内孽，安在其为武也？太史公又称其"北威齐晋，显名诸侯"，恐亦附会之过。当其时，武必先死矣。不然，而携李之败绩，会稽之许成，舍腹心之越从事于石田之齐，武胡为谏救也？太史公亦云"能行之者未必能言，能言之者未必能行"，盖颇见微指云。

——王世贞《读书后·书司马穰苴孙武传后》

孙武十三篇，百代谭兵之祖。考汉《艺文志》有八十二篇，杜牧以曹公芟其繁芜，笔其精粹，以成此书。然太史武传固有十三篇之目，而其文章之妙，绝出古今，非魏晋所能润削。……孙武之谭兵，当在穰苴之后，吴起之前。叶正则以《左传》无之而并疑其人，则太过。然武为吴将，入郢，其说或未尽然。丘明于吴事最详练，又喜夸好奇，武灼灼吴楚间，不应尽没其实。盖战国策士以武圣于谭兵，耻以空言令天下，为说文之耳。

——胡应麟《少室山房笔丛·九流绪论》

吾独恨其不以《七书》与《六经》合而为一，以教天下万世也。故因读《孙武子》，而以魏武之注为精当，又参考六书以尽其变，而复论著于各篇之后焉。感叹深矣！

——李贽《孙子参同·自序》

古今兵法，亡虑数十百家，世所尊为经者七，而首孙子。孙子之言曰："奇正之变，不可胜穷也。"又曰："微乎微乎，至于无形；神乎神乎，至于无声。"合而言之，思过半矣。

……

今古兵法尽于七经，而七经尽于孙子……

——《孙子参同·梅国祯序》

愚今无暇究十三篇之先后，孙子之有无，姑据其所作评之。其书先计而后战，修道而保法，论将则曰智、信、仁、勇、严，与太公之言吻合。至于战守攻围之法，山泽水陆之军，批亢捣虚之术，料敌用间之方，靡不毕具。是以战国以来，用兵者从之则胜，违之则败。虽一时名帅，莫能出其范围。

——何守法《孙子音注·孙子十三篇源委》

自古谈兵者，必首孙武子。故曹孟德手著之，又为《兵家接要》二十万言，大约集诸家而阐明孙子者也。世有《武侯新书》者，亦所以明孙子，然赝书也，无所短长。孟德书不传，然孙子在，有心者可以意迎之，他书可弗传也。先秦之言兵者六家，前孙子者，孙子不遗；后孙子者，不能遗孙子。谓五家为孙子注疏可也。……要之，学兵诀者，学孙子焉可也。

——茅元仪《武备志·兵诀评序》

昔者贤良之任将也，如己身有疾委之良臣，必曰除疾易而体气无伤焉。孙子十三篇，智通微妙，然知除疾而未知养体也。夫为将者，智足于军，未善也，军不可遍也；智足于战，未善也，战不可渎也；智足于破敌，未善也，破一敌又有一敌也。善军者，使天下不烦军；善战者，使天下不欲战；善破敌者，使天下不立敌。

——唐甄《潜书·全学》

惟孙子十三篇，简而赅，精而有则，即其始计篇曰"令民与上同意"，则其言近于道，而治国治兵之理，若符券焉。……

孙子一书，自始计以迄用间，如同条，如共贯，原始要终，层次井井，十三篇如一篇也。至一篇之中，节有旨，句有义，亦靡不纲举目张，主宾互见。……

救乱如救病，用兵犹用药。善医者因症立方，善兵者因敌设法。孙子十三篇，治病之方也。古今帝王将相之战功往迹，名医之案也。医不通晓方案，不谓之名医；将不贯通古今，得谓之名将乎？兹于每篇中语足以法。

……孙子十三篇，无篇不可为法，无句不可为训。

——邓廷罗《兵镜备考》

此书凡有二疑。一则名之不见于《左传》也。……一则篇数之不侔也。史迁称孙子十三篇，而汉志有八十二篇。……然则孙武者，其有耶？其无耶？其有之而不必如史迁之所云耶？其书自为耶？抑其后之徒为之耶？皆不可得而知也，故入之未定其人例中。若夫篇数，其果为史迁之传而非曹瞒之删，汉志八十二篇或反为后人附益，刘歆、任宏辈不察而收之耶？则亦不可得而知也。

——姚际恒《古今伪书考·未足定其著书之人者·孙子》

兵家之推孙吴，尚矣。《诗》曰"不测不克"，孙子其不测者也。七子首孙子，次吴子而三司马，不其允哉！……程子曰："荀子才大其过多，扬子才小其过少。"余于孙吴也，亦云。……若夫孙子之弃齐即吴，非君也；师久于郢，非作战也；夫概自战，非节也；以班处官，非道也；而未闻谋言。犹未去也，以观沂败。虽高蹈也，庸可愈乎！故其所著书，知机权之制胜也，而不及国家之本也。本既失矣，枝虽万全，不可保也，讵曰论成败哉！夫用兵之法，仁义为先，国之本也；节制次之，以治已也；机权为后，顺应而已。然则司马其庶几乎，孙子末也。……孙子十三篇，其近正者，惟《始计》《作战》二篇。其最妙者，则《军形》《兵势》《虚实》三篇，而最险者，亦无逾于此三篇。至于《用间》，不足怪矣。然则握奇制变，孙子为最；而正大昌明，孙子为下。

——汪绂《戊笈谈兵·司马吴孙总论》

古今谈兵之雄者，首推孙子。盖孙子能推黄帝太公之意，而武侯卫公又皆推孙子之意，故言兵者以孙子为宗，第孙子之微旨不传。

——郑端《孙子汇征·自序》

孙、吴、司马穰苴之书，言言硕画，字字宏谟，上筹国计，下保民生，实以佐《大学》治平之未逮者。

——杨谦《武经三子体·注序》

孙武子十三篇，治病之法尽之矣。

——徐大椿《医学源流论·用药如用兵论》

是书所言皆战国事尔。其用兵法，乃秦人以虏使民法也，不仁之言也。然自是，言兵者以为莫武若矣。

——姚鼐《惜抱轩文集·题跋·读孙子》

武书为百代谈兵之祖。叶适以其人不见于《左传》，疑其书乃春秋末战国初山林处士之所为。然《史记》载阖闾谓武曰："子之十三篇，吾尽观之矣。"则确为武所自著，非后人嫁名于武也。

——《四库全书总目提要·子部·兵家类》

诸子之文，皆由没世之后门人小子撰述成书。惟此是手定，且在列、庄、孟、荀之前，真古书也。

——孙星衍《孙渊如全集·问字堂集·孙子略解序》

兵家言惟孙子十三篇最古。古人学有所受，孙子之学或即出于黄帝，故其书通三才、五行，本之仁义，佐以权谋，其说甚正。古之名将用之则胜，违之则败，称为兵经，比于六艺，良不愧也。……今世泥孔子之言，以为兵书不足观；又泥赵括徒能读父书之言，以为成法不足用；又见兵书有权谋，有反间，以为非圣人之法，皆不知吾儒之学者！……兵凶战危，将不素习，未可以人命为尝试，则十三篇之不可不观也。项梁教籍兵法，籍略知其意，不肯竟学，卒以倾覆。不知兵法之弊，可胜言哉！宋襄、徐偃仁而败，兵者危机，当用权谋。孔子犹有要盟勿信，微服过宋之时，安得妄责孙子以言之不纯哉！

——孙星衍《孙子十家注·孙子兵法序》

武子之书，即兵论兵，出奇无穷，以贵速、不战为能，攻城、破军为下。传曰："临事而惧，好谋而成。"然则所以胜诸家者，在是矣。

——张九镡《笙雅堂文集·孙子评序》

《易》其言兵之书乎！"亢之为言也，知进而不知退，知存而不知亡，知得而不知丧"，所以动而有悔也。吾于斯见兵之情。《老子》其言兵之书乎！"天下莫柔于水，而攻坚强者，莫之能先"，吾于斯见兵之形。《孙武》其言道之书乎？"百战百胜，非善之善者也；不战而屈人之兵，善之善者也。故善用兵者，无智名，无勇功"，吾于斯见兵之精。故夫经之《易》也，子之《老》也，兵家之《孙》也，其道皆冒万有，其心皆照宇宙，其术皆合天人、综常变者也。

——魏源《古微堂外集·孙子集注序》

《孙子》奇而不必法，而无不法也。云行空中，因风之势；水流地上，肖地之形。此有何法？但见其奇耳。此有何奇？但见其法耳。

——张象津《白云山房文集·集录弈谱小引》

孙子十三篇，后世学兵者多祖之，而儒者或不道。问其故，诈谋也，圣贤不尚诈谋。呜呼！圣贤不尚诈，圣贤岂不尚谋？吾谓一也。自圣贤人出之，将以救世也，为忠谋；自不圣贤人出之，将以乱世也，为诈谋，庸其谋耶？忠与诈，视其人如何也。以孙子之术为盗贼，则不圣贤之诈谋也，诚有所不可；以孙子之术诛盗贼，则圣贤之忠谋，奚不可哉！柳下惠见饴曰"可以养老"，盗跖见饴曰"可以粘牡"，见物同而所用异也。吾于孙子亦云。

——陈荣昌《虚斋文集·读孙子》

精辟粹语，批郤导窾，较司马子更为过之。孙吴并称，吾谓孙之用奇，更优于吴之用正也。一言以蔽之，曰兵不厌诈而已。宰相须用读书人，即大将亦乌可以不读书乎？然则治军之道，韬略为先，而器械其后焉者也。明乎此，乃足以安内攘外，强国本，绝边患。

——方颐《二知轩文存·读孙武子》

"百战百胜，非善之善者也；不战而屈人之兵，善之善者也。"其言粹然进于王者之道矣。周亚夫之坚壁以败吴楚，赵充国之屯田以制羌人，是深得孙子谋攻之旨者。

——沈宗祉《泖东草堂笔记》